노라야

ノラや
内田百閒

노라야

우치다 햣켄 지음
홍부일 옮김

연암서가

지은이 우치다 햣켄(內田百閒, 1889~1971)

본명은 우치다 에조(內田榮造)로 별호는 햣키엔(百鬼園)이다. 오카야마에서 양조장집 외아들로 태어난 그는 도쿄대학 독문학과에 입학해 나쓰메 소세키 문하 아쿠타가와 류노스케, 스즈키 미에키치, 고미야 도요타카, 모리타 소헤이 등과 친교를 맺었다. 도쿄대학 졸업 후 육군사관학교, 해군사관학교, 호세이대학에서 독일어 교수를 역임했다.
1934년 호세이대학 교수직을 사임한 뒤 문인으로서 본격적인 창작 활동을 시작했다. 초기 소설로『명도(冥途)』,『뤼순 입성식(旅順入城式)』등 뛰어난 작품이 있고,『햣키엔 수필』을 통해 독자적인 문학세계를 확립한 그는 해학적 풍자와 유머 사이로 인생의 심원한 단면을 내비치는 독특한 작풍을 선보인다. 다른 저작으로『햣키엔 수필』,『속 햣키엔 수필』,『햣키엔 하이쿠집』, 소설『실화 소헤이기』,『바보 열차』등이 있다.

옮긴이 홍부일

서강대학교 철학과를 졸업하고 현재 한국고전번역원 고전번역교육원 연수과정에 있다. 일본 교토에 거주하면서 아쿠타가와 류노스케, 엔도 슈사쿠, 요시다 겐이치, 이시카와 다쿠보쿠 등의 일본 근대 문인에게 관심 가지게 되었다. 옮긴 책으로는『햣키엔 수필』이 있으며, 한일 간 문학 교류 중 특히 경술국치 시기 문인들 간의 교류를 현대 한글로 옮겨 보려 노력하고 있다.

노라야 ノラや

2019년 9월 10일 초판 1쇄 인쇄
2019년 9월 15일 초판 1쇄 발행

지은이 | 우치다 햣켄
옮긴이 | 홍부일
펴낸이 | 권오상
펴낸곳 | 연암서가

등 록 | 2007년 10월 8일(제396-2007-00107호)
주 소 | 경기도 고양시 일산서구 호수로 896, 402-1101
전 화 | 031-907-3010
팩 스 | 031-912-3012
이메일 | yeonamseoga@naver.com
ISBN 979-11-6087-050-3 03830

값 15,000원

들어가는 글

햣켄 선생이 사랑한
어린 시절의 풍경

웨스 앤더슨 감독의 영화는 놀라움의 연속이었던, 그러나 지금은 완전히 무너져 버린 어린 시절의 환상적인 세계를 재현해내는 게 목표라고 한다. 굳이 환상적이진 않더라도, 안타깝게도 비참하고 음울한 어린 시절이었다고 해도 어린 시절의 여러 기억은 쉽게 뽑아낼 수 없는 말뚝이 되어 이후의 삶을 붙잡아 둔다. 이 책의 저자인 햣켄 선생 또한 대학생이 되어 도쿄로 상경할 때까지 머물렀던 고향 오카야마(岡山)에서의 여러 기억을 소중히 간직하면서 그 기억을 토대로 드넓은, 너무 드넓어서 어처구니없어 보이기까지 하는 문학 세계를 구축했다. 그러므로 햣켄 선생의 언뜻 허무맹랑한 일상과 여러 글 또한 어린 시절의 몇몇 단편을 통해 둘러볼 수 있다.

고향에서의 기억, 그 그리움의 근원에는 조모인 우치다 치쿠(內田竹)

가 자리한다. 햣켄의 무모하고 맹랑한 성격은 조모의 한없는 사랑 아래에서 무럭무럭 자란 게 틀림없다. 유복한 양조장에서 외동아들로 태어난 햣켄은 소띠로 태어나서 소와 관련된 장난감을 많이 사다 주었는데 어린 햣켄이 이런 가짜 말고 진짜 소가 보고 싶다고 조르는 바람에 뜰 한편에 외양간을 지어서 직접 황소를 키울 수 있게 해줬다는 이야기는 장차 쑥쑥 자라 기인의 풍모를 두르게 된 햣켄 선생의 모습과 별반 달라 보이지 않는다. 작은 새를 너무 사랑한 나머지 50마리도 넘게 키우곤 했던 햣켄의 취향도 조모의 작은 새 사랑에서 영향을 받은 것이다. 이 외에도 시골 마을을 배경으로 진한 그리움과 슬픔이 배어 있는 조모와의 추억이 도쿄라는 대도시에 완벽하게 적응한 말년 수필가의 작품 안에도 자주 등장한다.

그렇게 햣켄을 아꼈던 조모가 한 가지 당부하던 게 있었는데, 일찍부터 무슨 낌새라도 차린 건지 조모는 학교를 졸업하기 전까진 절대 술은 안 된다며 햣켄의 어린 시절부터 금주령을 내렸다. 당시에는 음주에 연령 제한이 없었다. 그러나 햣켄 선생은 "청주는 술이지만 맥주는 술이 아니다"라는 주장 아래 18살 때부터 술을 음미하며 고등학교 시절을 보낸다. 글 속 햣켄은 대개 반은 취해 있고 반은 이제 막 취하려 하는 상태이다. 게다가 대단한 대식가이기도 해서 술자리를 한 번 열면 준비해야 하는 음식량도 무시무시했다고 한다. 햣켄의 노년 생일 축하연 자리였던 마아다카이(摩阿陀숲; 발음이 '아직이냐'라는 표현과 같음)에서는 70이 넘은 햣켄이 절대 작지 않은 자신의 머리보다도 커다란 잔에 생맥주를 들이부어 원샷을 하곤 했다고 한다. 그리고서 마아다카이를 열어 준 제자들에게 답례한다는 핑계로 신년 모임을 거하게 열어 다시 술판을 벌이곤 했다.

그렇게 공식적인 자리에서 술판을 벌이기도 했지만 또 다른 널리 알려진 햣켄의 단골 술자리는 달리는 열차 안이었다. 아무런 목적도 없이, 오직 기차를 타기 위해서 기차 위에 올라 잔뜩 취해서 벌어지는 사건들을 그린 기행 산문이 햣켄의 대표작인 『바보 열차』이다. 이러한 기차 사랑 또한 어린 시절부터 시작되었다. 앞으로는 세토내해를 접하고, 사방으로 히로시마, 돗토리, 오사카, 교토 등등 대도시를 잇는 요충지였던 오카야마는 신칸센 철도 전 노선이 지나갔다고 한다. 기차에 오르는 게 좋아서 늘 조모를 따라 기차에 올라탄 건 물론, 달려가는 기차를 따라 함께 달려가며 지켜보고 싶어서 4킬로미터가 넘도록 자전거로 질주하기도 했다고 한다. 오카야마역에서 시간표를 받아와 그 복잡한 열차 노선과 시간을 익혀 두는 건 기본이었다.

이렇게 보자니 마냥 대책 없는 천덕꾸러기로 보일지도 모르지만 그만큼 한 번 좋아하면 정도가 없이 좋아해 버리는 작가였다고 이해하자. 그리고 어린 시절의 그 연모와 동경의 대상 중 가장 크게 자리 잡았던 건 너무 존경해서 실제로 마주하면 고개조차 들지 못했다고 하는 일본의 대문호이자 당시 국민작가 나쓰메 소세키(夏目漱石)이다. 당시 신문에 연재되던 소세키의 문장을 보고 깊은 감명을 받은 중학생 햣켄은 정형 단시조인 하이쿠(俳句) 짓기에 발을 들이게 된다. 중학교 재학 중에 문예지 「중학세계」에 하이쿠를 투고해 입선하고 뒤이어 「문장세계」에 다른 시를 투고하여 호평을 받는다. 오카야마 제6고등학교에 입학해서는 본격적으로 하이쿠 교우회를 만들어 시 짓기를 나누는 한편 산문 「늙은 고양이」를 지어 직접 나쓰메 소세키에게 비평을 구하고 회신을 받기도 한다. 마침내 도쿄대학에 입학하여 나쓰메 소세키를 만나고 제자로 받아들여지지만 스승의 생전에는 차마 작품을 발표하지 못할 정도로 소세키와 소세키의 문장을 사모하고 동경했다. 푸릇한 소년 같은 감수성과 시적인 문장이 유독 그의 수필에 자주 보이는 이유이다.

글과 함께 중학교 때부터 일본 전통 거문고인 고토(琴)를 배우기 시작했다. 아버지가 요절한 무렵부터 몰두하여 당시 이미 상당한 실력에 올랐다고 하는데 도쿄로 상경해 아쿠타가와 류노스케(芥川龍之介) 등의 문인과 친분을 쌓는 동시에 맹인 음악가 미야기 미치오(宮城道雄)와도 교류하며 본격적으로 고토 연주를 사사하게 된다. 훗날 직접 연주회도 열고 신문에도 기사가 날 만큼의 실력자가 되었으며, 미야기 미치오와 함께 고토 외의 다양한 음악 장르를 섭렵하고 함께 소감을 나누는 모임을 만들기도 했다. 음악에 관한 여러 일화 또한 술이나 하이쿠와 어우러져 여러 수필에 비치고 있다.

그렇게 조모 아래에서 작은 새를 보고 자라며 몰래 술을 홀짝이다가 달리는 기차를 따라 달려가 보기도 하고 소세키와 하이쿠를 흠모하며 벅차올라 하다가 고상하게 고토 연주를 즐기던 독특한 풍류의 저명한 수필가 우치다 햣켄이 68세가 되던 1956년, 불쑥 새끼 들고양이 '노라'를 만나게 되었다. 우치다 햣켄은 어린 시절 집에서 가족들이 고양이를 키우긴 했으나 그다지 관심을 가지지는 않았다고 한다. 하지만 그렇다면 과연 노라와의 만남은 단지 '불쑥'인 것일까? 이후 오랜 시간에 걸쳐 쫓게 되는 노라도 어쩐지 오카야마의 어린 햣켄과 동떨어져 있지 않은 듯한 기분이 든다. 노라와 함께 술을 마시고 음식을 나눠먹고, 기차에 올라 차창 바깥 풍경을 바라보며 노라를 생각하고, 소세키 선생의 책 표지를 보며 노라를 만나는 노년의 햣켄. 어린 시절의 추억이 모이고 응축되어 이 한 마리 고양이와 필연적으로 만나게 된 게 아닐까. 그리고 그런 고양이라서 더욱 놓지 못하고 벗어나지 못하는 게 아닐까. 다만 한 번 좋아하면 정도를 모르는 햣켄 선생이기 때문에 그 풍류가 너무 부풀어 오른 것 같지만 우리로서야 시대와 국경을 잊고 어린아이처럼, 푸릇한 소년처럼 재미있게 따라 읽으면 될 것이다.

2019년 여름
홍부일

차례

들어가는 글 햣켄 선생이 사랑한 어린 시절의 풍경 ◆5

그는 고양이로소이다 ◆13
노라야 ◆24
노라야 노라야 ◆81
센초千丁의 버드나무 ◆111
노라에게 내리는 가을 소나기 ◆139
노라, 아직 돌아오지 않다 ◆166
고양이 귀에 가을바람 ◆177
고양이 로맨티시즘 ◆192
쿠루야, 너냐? ◆204
울보 ◆239

카터 쿠루쓰 부록 ◆245
울타리 너머 이웃집 ◆253
쿠루가 지나가는 길 ◆257
「노라야」 ◆261

부록 고양이가 말을 했다 ◆266
역자 해설 핫켄 선생이 사랑한 변치 않을 고양이들 ◆269
수록 작품 발표 지면 ◆278
작가 연보 ◆279

일러두기

오늘날 역사와 인권의식에 비춰 보았을 때 부적절한 표현이 더러 보이긴 하지만 시대적 배경과 작품의 가치를 감안하여 그대로 간행하였습니다. 당시 사회적 상황을 충분히 이해해 주시고 읽어 주시길 부탁드립니다.(편집자 주)

- 초판 단행본 『노라야』 이후 오랜 기간에 걸쳐 발표된 단편을 함께 모은 작품집으로 발표 지면은 전부 월간지 「소설신초(小説新潮)」의 「햣키엔 수필(百鬼園随筆)」임.
- 외래어표기법을 대개 준수했으나 독일어 등 기타 언어권 용어는 해당 언어권 표기법을 따름.
- 본문 내 지명과 인명 등 명칭에 한자를 병기 표기함.
- 단행본 작품은 『』, 단편작은 「」로 표기함.
- 본문 내 '저자 주'라고 표기되지 않은 주석은 전부 역자가 단 주석임.

그는 고양이로소이다

1

집안 뜰에 들고양이(野良猫; 일본어로 발음이 '노라')가 점점 배가 불러오는 것 같더니 어디선가 새끼를 낳은 듯하다. 몇 마리나 되는지 모르겠지만 그중 한 마리가 늘 어미 고양이 옆에 따라붙어서 부엌 헛간 지붕에 올라 어미와 새끼가 서로 마주 본 채 앉은잠을 자다가 하품을 하거나 하는 모습이 어느새 우리 눈에도 친숙해지기 시작했다.

아직 젖을 떼지 못해 보이는 새끼는 밤이면 어미와 어디에서 자는 건지 알 수 없었지만 낮이 되면 매일 같은 장소에 나와서 어쩐지 재밌어 죽겠다는 듯 뛰논다. 장난스레 어미 고양이에게 달라붙어 시끄럽게 굴자 어미 고양이는 휙 뒤로 돌아 앉은잠을 자려 하지만 내내 멈추지 않는다. 상대에게서 아무런 반응이 없자 이내 시시해진 듯하다. 빨래장대를 타고 부엌 뜰로 내려와 아내가 물을 긷고 있던 국자 손잡이에 매달린다. 곁에서 너무 시끄럽게 구는 바람에 하는 수 없이 아내가 국자를 흔들며 내쫓으려 하자 새끼고양이는 자신을 상대해 준다고 착각한 건지 국자의 움직임에 맞춰 탄력적으로 폴짝폴짝 뛰어오르다가 건너편 엽란(葉蘭) 그늘 밑 금붕어가 들어 있던 물동이 안으로 힘껏 뛰어들고 말았다.

시끄러워서 쫓아내려 하긴 했지만 물에 빠진 꼴이 안쓰럽다. 바로 가장자리로 기어 올라온 고양이를 보며 고양이는 젖는 걸 싫어하니까 위문 겸 밥이라도 주자고 내가 말했다.

그가 물동이로 뛰어든 게 이른바 인연의 시작이 되었다. '그'라고 부르는 것은 수컷이었기 때문이다. 시즈오카(静岡) 토산물인 고추냉이 무침을 담던 얕은 통에 밥과 생선을 섞어 아내가 헛간 앞에 놓아두었다. 맛있게 먹는 것 같다가도 어느새 어디론가 사라져 버리는 모습이 하여간 들고양이 새끼라서 뭔가를 먹을 때도 사방에 주의를 기울이는 것 같다. 다음에 다시 통에 넣어주자 궁금해하면서도 조심스러운 발걸음으로 살금살금 몰래 다가오려고 해서 좀 더 주변에서 보이지 않도록 엽란 그늘 밑에 놓아두어야 할 정도였다.

어느새 고양이에게 밥을 주는 게 버릇이 되어서 상에서 먹다 남은 생선 머리나 뼈다귀를 고양이에게 줘야겠다는 생각이 들었다. 새끼고양이도 점점 익숙해져서 우리를 너무 경계하지 않게 되었지만 언제나 같은 장소에 만찬이 나온다는 걸 어미 고양이도 알고, 다른 들고양이도 알고, 근처에서 미국인이 키우던 강아지도 냄새를 맡고 찾아와 순식간에 고추냉이 무침 통이 텅 비어버리곤 했다. 그래서 먼저 그를 부르고 난 뒤 밥을 주기로 했다.

비가 억수로 내리는 날에도 비가 온들 배는 고플 테니 준비해두긴 하지만 고양이는 젖는 걸 싫어한다. 언제나의 그 장소가 아닌 부엌으로 올라오는 입구에 놓아두자 고양이가 한 반짝 집 안으로 들어오고 그 이후 날씨 좋은 날에도 고추냉이 무침 통은 그곳에 놓아두게 되었다.

이젠 완전히 젖을 뗀 듯 그다지 어미 고양이 뒤를 쫓지 않는다. 어미 고양이는 그사이에 다른 새끼를 낳았는지 그를 귀찮게 여기기 시작했다. "아무튼 부디 잘 부탁드립니다" 하고 입 밖으로 꺼낸 건 아니지만 그렇게라도 말한 것처럼 어디론가 떠나 버렸다.

아내와 나는 이 새끼고양이를 키워 보기로 상의했다. 그런데 집에는 작은 새들이 있다. 다네가시마(種子島)의 아키히게('붉은 수염'이라는 뜻으로 일본에만 서식하는 울새의 일종)와 미야자키(宮崎) 현의 동박새와 어디 종인지 알 수 없는 도쿄 근처의 동박새까지 있다. 그곳에 들고양이 새끼를 맞아들일 순 없다. 하지만 그렇다고 불쌍한 이 새끼고양이를 내쫓아 버릴 수도 없다. 내쫓은들 떠나지 않을 것이다. 전후 상황에 어쩔 수 없이 이 들고양이는 들고양이로 키우기로 했다. 다다미엔 절대 들이지 않으면 되겠지, 하고 결정되었다.

그 결정에 따라 그는 부엌 입구에서부터 흙 묻은 발 그대로 올라왔다. 다다미는 들어가는 것뿐만 아니라 안을 엿보는 것도 금지다. 엿보다간 작은 새가 보인다. 그러므로 그 방향으로 고개를 돌리면 머리를 때리며 쳐다보면 안 되는 이유를 들려준다. 그가 있어도 좋은, 돌아다녀도 괜찮은 영역은 부엌 장판 안쪽과 짧은 복도, 세면장 아래 그늘과 목욕장뿐이다. 하지만 집 근처 뜰 일대는 그의 영역이므로 매화나무 줄기를 기어오른다거나, 연못가를 뛰어다니거나, 속새(木賊; 목적이라고도 불리는 식물로 1미터 정도 높이로 곧게 자람) 사이를 빠져 다니거나 하는 건 그의 자유이다. 툇마루 아래도 물론 그의 담당으로 맡겨둔다. 애초에 들고양이니까 태어난 곳과 관계 깊은 곳을 뛰어 돌아다니는 게 안성맞춤이다.

　들고양이를 들고양이로 키운다고 해도 키우게 된 이상 이름이 있는 편이 좋다. 들고양이니까 '노라'(野良)라는 이름을 붙였다. 다만 입센의 노라는 여자지만 그는 수컷이다. 성이 뒤바뀐 이름이 이상할지도 모르나 시대가 변해 인간 또한 남자인지 여자인지 불분명하게 변치 않으리란 법도 없으니 남자 노라도 괜찮다고 결정하게 되었다.

2

　키우게 되었다면 먹을 것과 잠잘 곳을 보살펴 주어야 한다. 작은 헛간 판벽을 살짝 빗겨 세워 조그만 노라가 드나들 수 있을 정도의 구멍을 뚫고 그 안쪽에 고추냉이 무침 통과 감귤 상자를 놓아두었다. 감귤 상자 안쪽에는 걸레로 쓰던 누더기 조각이 겹겹이 쌓여 있어 따듯해 보였다.

얼마 안 있어 그는 그 장치에 안주하기 시작해 어디로 간 건가 보면 헛간 안쪽 감귤 상자에 기분 좋게 잠들어 있곤 했다. 배가 고프면 부엌 입구로 나와 냐아- 냐아- 하고 시끄럽게 졸라댄다. 아직 새끼라서 그 냐아- 냐아- 하는 울음소리도 가슴 떨리도록 가늘다.

　며칠 후 그가 감기에 걸렸다. 나는 고양이가 감기에 걸린다는 사실이 신기했다. 기력을 완전히 잃어 밥도 생선도 먹지 않는다. 당황해서 저민 소고기에 버터를 반죽해 달걀을 넣어주자 약간 받아먹었다. 물 대신 우유를 먹이고 감귤 상자 안에는 위스키병에 뜨거운 물을 담아 유탄포(湯婆; 질그릇 등의 그릇 안에 뜨거운 물을 담아 몸을 데우는 일본식 온열 기구) 대신 넣어주었다.

　손 써본 게 효과가 있었는지 이삼일 정도 뒤 기운을 차렸지만 그사이 아내가 가여워하며 계속 껴안아 준 탓에 들고양이 주제에 어지간히 우리에게 친근감을 품게 된 모양이었다. 다시 찬비가 연달아 내리기 시작해 어느샌가 헛간 안 고추냉이 무침 통은 부엌 입구 봉당(土間; 문이나 입구 앞에 장판 대신 타일을 깔아서 앉은 채로 신발을 신을 있도록 마련해두는 일본 건축 양식)으로 옮겨오고, 밤이 되어도 헛간으로 돌아가지 않고 목욕장으로 들어가 욕조 뚜껑 위에서 잠들곤 했다. 그가 언제 그 장소를 발견한 건지 알 수 없지만 나는 매일 욕조에 들어가기 때문에 그 안에는 대개 따뜻한 물이 늘 들어 있어서 뚜껑은 이를 수 없을 정도로 따뜻하다. 조선의 온돌을 들어보기만 했지 실제로 본 적은 없는데 고양이는 마치 그런 식으로 욕조 뚜껑 위에서 잠드는 게 틀림없다.(일본 전통가옥 내 다다미방은 온돌과 같은 바닥 온열 장치가 없음)

들고양이를 들고양이로 키우려 했지만 점점 집 안으로 들어와 눌러앉기 시작했다. 고양이에겐 들고양이를 들고양이로 키운다거나 하는 귀찮은 일들은 생각하기 번거로울지도 모른다. 우선 그는 우리 인간을 어떤 식으로 생각하고 있는지, 이쪽으로선 고양이의 생각을 근본적으로 정확히 알 수 없다.

고양이가 욕조 뚜껑 위에 엎드려 잠든 모습을 바라보면 방약무인(傍若無人)이 따로 없다. 뚜껑의 떳장을 베개 삼아 조그마한 삼각형 머리를 얹고 네 다리를 뻗을 수 있는 만큼 뻗어 대자로 누워 있다. 인간으로 치면 난봉꾼이 잠든 것만 같아서 혹시 이 고양이가 네코타마(猫又; 나이를 먹어서 둔갑이 가능해진 고양이 요괴)가 된 게 아닐까 싶다. 인기척을 내도, 옆에서 소리를 내도 아무것도 모른다는 표정을 짓고 있다. 동물에게는 외부의 적에 맞서서 태세를 갖추는 본능이 있다고 하던데 그는 완전히 무방비한 상태로 잠든다. 찔러 보아도 실눈을 뜬 채 사람 얼굴을 바라보다가 귀찮다는 듯 다시 눈을 감고 잠들어 버린다. 벌러덩 누워 잠들 때도 있다. 날다람쥐 같은 꼴로 겨드랑이 아래를 뒤집어 까고 있길래 간질여 보았지만 태연하다. 인간처럼 간지러워하지도 않는다.

언해(言海; 메이지 시대에 편찬된 일본 최초의 현대 국어사전) 언해류(言海流)의 어원 천착에 따르면 고양이(猫, 일본어 발음으로 '네코')는 자주 잠들어서 (寝る, '잠자다'라는 뜻의 동사로 일본어 발음으로 '네루') 네코(寝子, 잠든 아이라는 뜻으로 발음이 '네코')가 되었다고 한다. 어렸을 때 집에서 고양이를 키운 적이 있어서 고양이란 동물에 대해 모르는 건 아니었지만 이 정도로 자주 자는지는 몰랐다. 근방에서 놀고 있는 게 아니라면 대개는 언제나 자고 있다. 낮이고 밤이고 다르지 않다. 밤이 되면 목욕탕 안이 완전히 어두컴컴해지지만 고양이는 어둠 속에서도 아무런 문제가 없다. 눈동자를 가늘게 뜨다가 동그랗게 뜨거나 해서 그 무엇이라도 볼 수 있다. 고양이가 쉬고 있는 어두운 장소에 스위치를 눌러 불을 켜면 불쑥 환해져 눈부시다는 듯이 군다. 다시 껐다가, 또다시 켰다가를 반복하며 고양이를 놀린다. 하지만 아무리 고양이 눈이라고 한들 그렇게 전등 명멸에 맞춰 눈동자를 조절하다 보면 감을 잃고 눈이 나빠져서 안경을 써야 할지도 모른다. 고양이가 안경을 쓴다니 이상할지도 모르지만 실제로 고양이가 안경을 쓴 것처럼 생긴 사람도 있으니까 노라는 걱정하지 않아도 된다.

아무튼 욕조 뚜껑을 어떻게 할 수가 없다. 밤이 되어 내가 욕조에 들어가려 하면 그가 그 위를 점령하고 있어 잡아다가 떼어놓는다. 그렇게 놔두고 옷을 벗은 뒤 가보면 다시 들어가 있다. 하는 수 없이 다시 잡아다가 떼어놓는다. 몸에 물을 끼얹느라 그 주변에 온통 물을 뿌려도 또다시 들어가 있다. 더는 뚜껑은 없다. 그러자 그는 욕조 가장자리에 선 채 좁다란 난간 위에서 떨어지지 않도록 중심을 잡고 있다. 고양이와의 혼욕은 곤란하다.

3

실컷 자고 난 뒤 일어나 하품을 한다. 나도 자주 하품을 하는 편이지만 고양이 편이 훨씬 더 자주 한다. 가늘고 볼품없는 혀를 면전에 내밀며 거리낌 없이 입을 열어젖힌다. 그동안 앞발로 입을 막는다든지 하는 예의범절을 알지 못한다. 하품하더라도 침을 흘리진 않기 때문에 개나 사람 아이보다는 품위가 있을지도 모른다. 그러나 사람이 뭔가를 먹고 있는 입 주변만 보면 시끄럽게 치근대며 냐아— 냐아— 하고 운다. 그럴 땐 겨자나 초무침, 단무지, 시치미(七味: 일곱 가지 재료를 갈아 만든 자극적인 향신료), 산초(山椒: 매운 냄새가 나는 약초) 따위를 코앞에 들이밀어 문지르면 괴로운 듯한 표정을 지으며 옆으로 물러나 버린다. 개다래 나무(고양이가 매우 좋아한다고 알려져 있음)는 아직 사준 적이 없지만 조만간 사다가 대접하려 한다.

메이지 38년(1905년) 10월 니혼바시(日本橋)의 오쿠라(大倉) 서점에서 나온 나쓰메 소세키(夏目漱石: 일본의 대문호로 우치다 햣켄의 스승) 선생님

『나는 고양이로소이다』 초판 상권 삽화

의 『나는 고양이로소이다吾輩は猫である』 초판본을 나는 소장하고 있다. 국판(菊判: 전지 16절 크기의 책) 천금(天金: 양장 도서의 윗머리에 입히는 금박)으로 하시구치 고요(橋口五葉)가 장정(裝訂: 책 표지와 도안 등을 디자인)하고 나카무라 후세쓰(中村不折)가 그려 넣은 표지삽화에는 꼬리가 달린 고양이가 축 매달려 있는 그림이 실려 있다. 나도 그런 풍취를 노라에게

시험해보기 위해 그를 붙잡았다.

　노라는 꼬리 길이가 다소 짧긴 하지만 매달아 보는 데는 문제가 없다. 털이 자라 있어서 보는 것만으론 꼬리 끝을 분별할 수 없지만 손에 쥔 채 살펴보면 안쪽 심이 갈고리처럼 휘어 있다. 그 갈고리를 손가락으로 휘감듯 매달아 보았다. 규우―라든가, 냐아―라든가 하고 울진 않지만 재미있지도 않은 듯 허공에 매달린 네 다리를 휘젓고 있다. 들기엔 퍽 무게가 나간다. 처음 만났을 때와 비교해보면 꽤 자란 것 같아서 꼬리를 끈으로 묶어 부엌 찬장에 있는 막대 저울로 무게를 재보려다가 그만두었다. 너무 오래 하면 고양이 머리에 피가 쏠려 상태가 안 좋아질 것 같고, 또 동물 무게를 잰다거나 하는 건 나중에 요리해 먹으려는 것처럼 보일 수도 있다. 고양이를 먹을 생각은 추호도 없으므로 그런 의심스러운 행동으로 고양이에게 오해를 산다면 유감스럽다.

　고양이는 7대가 부정을 탄다고 한다. (고양이를 죽이면 7대가 화를 입는다는 일본의 속설) 노라를 괴롭힐 생각은 없었기 때문에 꼬리를 붙잡고 매달았다 해도 괴롭힌 것도 아니고 부정을 탈 걱정은 없지만, 앙심을 품은 상대에겐 그 정도로 집요하게 구는 주제에 은혜를 입은 상대에겐 마치 아무 관계도 없는 듯이 구는 게 예로부터 고양이의 일반적인 습성이다. 들고양이 노라도 거두어 주셔서 감사하다느니 감격스러워 보이지 않는다. 사흘의 은혜도 잊지 않는다는 개보다 어슬렁어슬렁 달라붙지 않는 고양이 쪽이 나로서는 더 호감이 가므로 은혜를 몰라주는 게 오히려 황송할 따름이다. 은혜를 주고받고 빌리고 갚는 건 인간사회만으로 족하니까 노라께선 부디 안심하시길 바란다.

막대 저울에 재볼 겨를도 없이 노라는 쑥쑥 자랐지만 아직 아이 티를 버리지 못한 듯 한 번 날뛰면 끝이 없다. 휴지통이 혼자서 굴러가고 있길래 들여다보면 노라가 안에 들어가 있다. 뜰에 텅 빈 숯 자루가 움직이기 시작해 아내가 들여다보면 안에서 숯가루를 뒤집어쓴 채 곧장 달려들어 사람에게 안기려 해서 옷이 엉망이 된다. 아침과 저녁, 하루에 두 번 시간을 정해두고 즐거워하는 듯하다. 흥이 한 번 오르면 멈출 수가 없는지 사람 발치에 달라붙어 곧장 벌러덩 드러눕고 그 근처를 깨물어 댄다. 깨문다고 해봐야 장난치는 정도라서 심각한 건 아니지만 이빨이 있어 다소 아프다. 아예 질린 아내는 고양이의 그 시간대가 되면 몸뻬를 꺼내 입는다. 나는 집에 있을 땐 제복을 착용하기 때문에 멀쩡하다. 그의 창끝을 피하고자 탁구공 두 개를 사다가 건네주고서 구르는 공에 푹 빠져 쫓아다니는 틈을 타 그 앞을 지나간다.

노라가 변 실수를 할 때가 있다. 그럴 땐 배탈이 나서 어쩔 수 없었는지 모르지만 세면장 발 닦개 한가운데 실수를 해놓곤 그 헝겊을 구겨 문질러 놓는다. 분명 뒷발로 모래를 걷어차던 요령 그대로 발 닦개 헝겊을 발로 걷어찼을 것이다

우리 집 옆에는 초등학교가 있다. 오후 늦은 시간이 되면 확성기에서 선생님의 목소리가 튀어나온다. "아직 운동장에서 놀고 계시는 분들은" 아이들을 향해 선생님이 이상한 말투를 쓴다. 유치원도 있다. 유치원 선생님이 참깨 알갱이만 한 아이들을 향해 "남성분들은, 여성분들은," 하고 말한다. "미끄럼틀은 거꾸로 오르시지 못하게 되어 있습니다." '오르면 안 돼!' 하고 말하지 않는다.

그러므로 나도 노라에게 말해 준다. "고양이 님께선 이곳에 변을 보시지 못하게 되어 있습니다."

아마기 군과 고양이에 관해 이야기했다. "고양이는 예전 소세키 선생님처럼 위가 약한 것 같아" "고양이가 위병이 있어요?" "명치가 쓰린가 보더라고. 너무 기름진 걸 주면 배탈이 나." "정말인가요?" "소화하려고 가끔 뜰로 나가서 풀을 먹기도 해. 요전에는 저기에 실수했었어."

세면장 발 닦개 사건을 이야기하는데 부엌 문턱 맹장지 건너편에서 으득으득 할퀴는 소리가 들린다.

"변 누는 상자에는 누지 않는 건가요?" "원래부터 들고양이였으니까."

"제가 말입니까?" 하고 들린 듯한 기분이 든다.

노라야

1

고양이 노라가 부엌 복도 마루와 거실 문턱에 올라와 앉아 있다.

바깥은 깊은 밤, 오다 그치다 하던 비가 어느새 장대비가 되어 함석 지붕을 두들기는 빗소리에 집안이 시끄럽다.

밥상 위에는 먹다 남은 그릇이 아직 치워지지 않은 채 흩어져있고, 앉아 있는 주변에는 청주와 맥주병이 어질러져 있어 멍청히 일어섰다가는 걸려 넘어질 듯하다.

하지만 이미 젓가락도 내려놓아서 뒤편 기둥에 기대 담배를 한 대 피운다.

그 연기 꼬리를 바라보던 노라가 앉은 자세를 바꿨다. 요컨대 양손에 해당하는 앞발을 내밀어 바꿔 앉는 정도이다.

노라는 절대 밥상으로 오지 않는다. 예의범절을 숙지하고 있다.

고양이는 연기가 신경 쓰이는 모양이다. 사라져 가는 연기의 행방을 노라가 집중하여 바라보고 있다. 그가 좀 더 어렸을 때는 아내에게 안긴 채 내가 뿜는 담배 연기로 살금살금 앞발 양발을 내뻗어 연기를 움켜쥐어보려 하곤 했다. 하지만 이젠 벌써 어엿한 한 마리 청년 고양이이므로 그런 유치한 흉내는 내지 않는다. 사라질 때까지 지그시 지켜본다.

"이봐, 노라 넌 고양이 주제에 무슨 사색을 하는 거야."

"냐아—" 하고 대답하며 이쪽을 바라본다. 노라는 요새 대답을 한다. 애초에 어느 고양이든 대답을 할지도 모른다. 지금까지도 어렸을 때 집에 고양이가 있었다는 사실을 기억하고 있지만 스스로 고양이를 키워보고자 한 적도 없고 고양이에 어떤 흥미도 없었다. 그러므로 고양이의 습성 따윈 아무것도 알지 못한다. '노라' 하고 부르면 대답을 하긴 하지만 다른 고양이에게도 '노라' 하고 불러보면 역시나 대답을 할지도 모르고 노라를 향해 다른 사람의 이름을 부르면 똑같이 냐아— 하고 대답할지도 모른다. 그런 식의 실험을 해본 적이 없으므로 뭐가 어떤지 알 수 없다.

노라는 문턱에 잠시 앉아 있다가 무슨 계기인지는 모르겠지만 허리를 들어 기지개를 켠 뒤 사람 얼굴을 바라보며 입을 크게 벌려 한껏 하품을 하고서 건너편으로 떠나 버렸다. 아마 욕실에 들어가 욕조 뚜껑 위, 언제나 노라를 위해 펴 둔 방석 위에 올라가 잠들었을 것이다.

이 원고는 「그는 고양이로소이다」의 속편이다. 재작년 초가을, 지금은 헐어버린 야트막한 작은 헛간에서 내려온 들고양이 새끼가 우리 집에서 자라며 성장하게 되었지만 나도 아내도 특별히 고양이가 좋아서 키우기로 한 것은 아니다. 우리 집 고양이가 된 자연스러운 경위는 위의 「그는 고양이로소이다」에 자세히 쓰여 있다. 그 원고에서도 밝힌 대로 '노라'라는 이름은 입센의 『인형의 집』의 '노라'에서 따온 것이 아니다. 그렇다면 여자여야 하지만 우리 집의 노라는 수컷 새끼 들고양이(野良猫)이므로 노라(野良)라고 부른다. 그러므로 노라라는 이름은 세계 문학사와는 전혀 관계가 없다.

우리 집의 노라가 강림한 다카치호노미네(高千穗ノ峰; 일본 태고신화에서 초대 천황의 증조인 니니기노 미코토邇邇芸命가 강림했다고 전해하는 미야자키 현의 화산 봉우리)는 작은 헛간이다. 작년 가을에 이전 야트막한 헛간을 헐고 난 뒤 새 헛간을 지어 올렸다. 새 헛간은 꽤 훌륭하고 견고하고 지붕도 높다. 지붕은 페인트를 칠한 함석지붕이다. 노라는 곧장 새 헛간 지붕으로 올라가 페인트칠 위를 거닐고 돌아와서 아내에게 안기는 바람에 아내의 덧옷이 페인트 범벅이 되었다. 노라의 발 뒤쪽을 알코올과 벤젠으로 문질러 주고 덧옷 뒤처리를 하느라 한바탕 시끄러웠다.

우리 집에는 작은 새가 있다. 동박새 두 마리와 아키히게로 낮 동안에는 새장에서 꺼내 다다미방에 풀어 둔다. 고양이에게 작은 새는 눈엣가시임이 틀림없다. 노라가 어린 시절엔 복도에서 다다미방의 작은 새 우리 방향을 지그시 응시하다가 허리를 푸는 듯한 동작을 하는 경우가 있었다. 덤벼들려고 하는 것이다. 혼을 내며 머리를 때리자 그만

두었는데 그게 습관이 되어 노라는 절대 다다미방 위로 올라오지 않았다. 무심코 들어오려 할 땐 내가 노려보면 멈춰 선 채 주저앉아 버린다. 고양이를 노려볼 때도 기합이 필요하다. 학교 교사 시절 학생을 노려보던 눈초리는 고양이에겐 통하지 않는다.

이전에 요쓰야(四谷) 오요코초(大橫町)의 작은 새 가게에 있던 고양이가 동박새와 멧새 우리 사이에서 낮잠을 자던 모습을 본 적이 있다. 고양이라 해도 버릇을 들여 익숙하게만 한다면 작은 새를 노리지 않게 할 수 있다는 실례를 나는 알게 되었다.

몸집이 꽤 자란 노라가 나와 아내 둘뿐인 사람 없는 집에 완전히 동화되어 가족의 작은 일원이 된 듯하다. 생김새는 특히 눈매가 귀엽고 또 영리한 고양이라 사람이 말하는 걸 잘 알아듣는다. 언제나 아내 곁으로 달라붙기 때문에 아내가 귀여워하며 줄곧 끌어안고 있다. 부엌에서 뭔가 말소리가 들려와 누가 온 거냐고 목소리를 내서 물어보면 노라와 이야기하던 중이라는 대답이 들린다.

"착한 꼬마, 착한 꼬마, 우리 노라는"

짧은 가락을 붙여 그렇게 읊으며 부엌에서 복도를 향해 걸어오더니 문턱 안쪽으로 문을 열며 "네, 오늘은" 하고 고양이 얼굴을 내 쪽으로 들이민다. 노라는 안긴 채로 아내의 앞치마 위에 앞이 살짝 휜 꼬리를 문지르다가 꼬리 전체로 앞치마를 통통 두들기고 있다.

태어난 지 아직 일 년도 지나지 않았던 작년 여름, 뜰에 나와 다른 곳 고양이와 겨루며 다투는 듯한 소리가 들렸다. 그러나 대체로 어느 고양이에게도 대적이 되지 않아서 그런 목소리가 들리면 언제나 아내가 하던 일을 던져두고 가세하러 달려갔다. 노라는 우리 집 뜰 바깥으론 나가본 적이 없는 듯 언제나 그 근처 문 옆이나 담장 위에서 서로 노려보고 있어서 가세만 해도 도움이 된다.

우리 집에는 문이 두 개가 있다. 바깥 도로를 향해 난 문에서부터 양편 이웃집을 잇는 좁고 기다란 통로로 들어가는 곳에 안쪽 문이 하나 더 있다. 그 문과 문 사이를 잇는 콘크리트 통로 절반 너머로도 노라는 나아가지 않는다. 도로를 향한 문까지 나가 바깥을 내다보는 일은 한 번도 없었다. 가끔 아내가 우편을 부치러 나가거나 근처에 볼일이 있어서 나갈 때도 노라는 안쪽 문 옆까지만 나오고 그보다 앞으로는 나아가지 않는다. 돌아오면 그곳에 똑바로 앉아 기다리고 있어서 아내가 끌어안아 볼을 비비며 부엌으로 데리고 들어온다.

뜰 바깥으로 나가지 않아도 담장을 접한 건너편 구둣방 후지 고양이 (호랑이처럼 전신에 줄무늬가 난 고양이 종류로 이마에 M자 모양의 검은 무늬를 특징으로 함)가 어린 시절부터 노라와 사이가 좋아서 언제나 놀러 왔기 때문에 친구로 곤란을 겪을 일은 없었을 것이다. 그 후지 고양이는 노라 전후로 태어난 수컷으로 수컷 동지라 해도 마음이 맞는 상대였는지 모른다. 언제나 둘이서 어울리며 코를 맞댄 채 볕을 쬐거나 언제까지고 정원석 위에 나란히 쪼그려 앉아 있곤 한다. 노라의 친구였기 때문에 아내가 접시에 우유를 담아 가져다주면 구둣방 후지 고양이가 맛있게 핥는 모습을 노라는 곁에서 지켜볼 뿐, 방해하지도, 자신이 먹으려 하지도 않는다.

하지만 구둣방 후지 고양이가 아닌 다른 고양이가 정원에 오면 노라는 기분이 상하는 듯하다. 쫓아 버리려고 해도 그럴 실력이 없어 과장된 목소리를 내기만 하다가 결국은 도망쳐 돌아온다.

다른 곳에서 온 고양이 중엔 한 마리 굉장히 강해 보이는, 털북숭이에 무서운 얼굴을 한 고양이가 있었다. 노라는 그 고양이에겐 전혀 이빨을 세우지 않는다. 한두 마디 다투다 언제나 키얏- 하고 울며 도망쳐 돌아온다.

어느 여름 더운 날 오후, 노라는 거실 문턱을 접한 복도 구석 벽에 기대서 낮잠을 자고 있었다. 돌연 고양이 비명이 들리더니 우당탕 무시무시한 소리가 들려와 깜짝 놀라서 내가 거실로 뛰쳐 가보자 어느샌가 털북숭이 고양이 그 못된 놈이 더워서 열어 놓은 부엌문으로 집 안에 들어와 팔자 좋게 낮잠을 자고 있던 노라의 아마도 허리 부근을 깨문 것이다. 키얏- 하고 울며 도망친 노라를 쫓아 복도 막다른 곳 세면장 아래에서 당고(밀가루 반죽을 쪄서 동글게 빚어 꼬치에 꿴 일본 화과자)처럼 부둥켜 다투던 끝에 노라가 문이 열려 있던 욕실로 도망쳐 들어가는 걸 다시 쫓아 두 마리가 함께 바깥으로 나가 버렸다.

가운뎃방에 있던 아내가 뛰어들어와 노라에게 가세하러 왔지만 벌써 그 근방을 떠난 후였다. 복도나 욕실 대나무 깔개에는 노라가 뿌린 듯한, 순간 괴로운 나머지 흘린 소변의 흔적이 뚝뚝 떨어져 있다. 무심히 자고 있던 노라를 괴롭힌 못된 놈에게 크게 화가 치밀었는데 아내는 한층 더 분개하며 "언제고서 노라를 괴롭히더니만 결국 이런 일까지 저지르다니. 앞으로 발견하기만 하면 냅다 두들겨 패고 푹푹 찔러대서 내쫓아 버릴 거야" 하고 말했다.

노라는 그 못된 녀석의 추적을 피해 도망갔다가 얼마 안 있어 돌아왔다. 아내는 곧바로 안아 올려 볼을 비벼대면서 다친 곳은 없는지 곳곳을 확인했다. 끌어안은 노라의 가슴이 이렇게 쿵쿵 뛰고 있다며 가여워했다.

아내는 그 못된 녀석의 목소리를 기억해냈다. 노라가 집에 있을 때 그 녀석이 다른 고양이와 다투는 소리가 들리면 뛰어나가서 쫓아 버렸다. 노라가 바깥으로 나와 있을 때 그 녀석의 소리가 들리면 뭔가 하던 것도 내팽개치고 기다란 빨래 장대를 들고 현장으로 나가서 녀석을 푹푹 찔러버린다. 노라는 집안 뜰 밖으로 나가지 않기 때문에 대개 아내의 가세가 효과를 드러냈다. 언제나 그렇게 응수하자 결국에는 아내가 바깥으로 나가기만 해도 녀석은 그 모습을 보고 도망쳐 버렸다. 노라는 자신이 강해졌다고 생각할지도 모른다.

노라가 어렸을 때 배탈이 나서 세면장 앞에 불미스러운 일을 저지른 적이 있었다. 자신이 싸놓은 끈적끈적한 변을 발 닦개 헝겊 한가운데 문질러 놓은 건 모래 위에 누던 때의 요령대로 뒷발로 헝겊을 걷어차 덮으려고 한 것이겠지만 신용이 상했다며 뒤처리를 하던 아내에게 크게 혼났다.

그 이후론 배변 상자 모래 안에 해야 함을 잘 기억해 두 번 다시 실수하지 않았지만 너무 잘 기억한 나머지 하지 않아도 될 때도 하게 되어 버렸다. 바깥에서 돌아와 갑자기 부엌 좁은 봉당에 놓여 있는 배변 상자 모래 안에 소변을 눈다. "집으로 돌아와선 그렇다 쳐도 바깥에는 모래가 깔린 장소가 얼마든지 있으니까 처리하고 돌아오면 될 텐데"

하고 아내가 투덜댄다. 방금 모래를 갈았는데 다시 새로 갈아야 한다. 정말이지 속을 알 수 없는 고양이다.

그렇게 모래투성이 발로 올라온 부엌 주방과 복도를 빗자루로 쓴다.

바깥으로 나갔을 때도 똑같이 모래 상자에 쪼그려 앉아 싶으면 소변을 누고 모래를 덮어 둔 후 뜰로 나간다. "뜰로 나갔으면 뜰에 하면 좋을 텐데" 아내가 중얼거리며 다시 모래를 간다.

음식은 처음엔 우리가 집에서 먹다 남긴 거라면 뭐든지 잘 먹었지만 재작년 늦가을 아직 너무나 어렸던 당시에 감기에 걸려 시름시름 앓느라 아무것도 먹지 못하고 심하게 걱정을 끼친 적이 있었다. 오이소(大磯)의 요시다 씨와 식사하러 갔을 때 일이라 그 전후 상황을 제대로 기억하고 있다. 아내가 안쓰러워하며 끌어안았다. 버터와 계란과 콘비프를 섞어 반죽하여 만들어 먹이자 아무것도 먹지 않더니 그건 잘 받아먹었다. 그리고서 건강을 되찾았다.

노라는 이 세상에 맛있는 음식이 있다는 사실을 그때 처음으로 알게 된 건지도 모른다.

고양이에게 주는 조린 생선은 싱겁게 하는 편이 좋다는 이야기를 들어서 특별히 싱겁게 조려서 주던 걸 조림보다는 날 것으로 주는 편이 낫다고 다시 배워서 날 것 그대로 주자 대단히 좋아하며 받아먹는다. 고양이를 키운 경험이 없어서 잘 모르겠지만 정어리는 좋아하지 않는 듯하다. 작은 전갱이 토막만 먹을 뿐이다. 노라는 받은 음식을 접시 바깥으로 물고 나가지 않는다. 주변을 조금도 더럽히지 않은 채 접시 안을 깨끗이 비운다.

오래된 네덜란드 치즈가 있어서 얇게 썰어 밥에 섞어 주자 대단히 좋아하길래 계속 섞어 주었다. 붉고 둥근 알의 치즈가 다 떨어지자 새로운 걸 사서 다시 썰어 먹였다.

그사이 더는 먹고 싶지 않은 눈치라 밥을 멈추고 오로지 날 전갱이 토막과 우유만 주었다. 작은 전갱이는 대개 생선가게에 있긴 했지만 집에 들르는 생선가게에는 작은 전갱이가 없는 날도 있었다. 그럴 때는 가까운 시장에 언제나 약을 사는 약국에 부탁해 같은 시장 생선가게에서 사다 주거나, 근처 아파트의 구역소에 다니는 미망인에게 부탁해 돌아오는 길 생선가게에서 사다 주거나 하며 조달한다.

날 전갱이 토막을 담은 접시 옆엔 우유병이 놓여 있다. 그는 대개 전갱이를 먼저 먹은 뒤 우유를 마신다. 한 홉에 15엔인 보통 우유로는 성에 차지 않는다. 툭하면 옆으로 돌아서 버린다. 21엔 간디 우유라면 언제나 즐겁게 마신다. 건방진 고양이라고 중얼거리면서 투덜투덜 무심결에 고양이 비위를 맞춰드린다.

그 외 카스텔라와 남은 우유로 만든 푸딩을 먹는다. 노라가 가장 좋아하는 음식은 언제나 배달시키는 초밥가게 주먹밥의 계란부침으로 지붕을 올린 듯한 반쪽을 남겨놨다가 아내가 후에 건네준다. 노라는 우리가 뭔가를 먹고 있어도 절대로 그 근처에서 졸라대지 않는다. 나중에 따로 줄 때까지 기다린다.

우리가 식사를 마친 뒤 아내가 부엌으로 나와 개수대 앞 조그만 의자에 앉아서 "자 나와 보렴" 하고 말하면 신이 나 그 무릎에 양손을 얹고 기지개를 켜는 듯한 동작으로 기다란 꼬리를 쭉 뻗으며 아내의 손에서 계란부침을 조각조각 즐겁게 받아먹는다. 초밥가게의 계란부침은 보통 집에서 만든 것과는 달리 강가 어시장에서 매입해온 생선 진액 비슷한 국물을 넣는다고 해서 고양이 입에는 틀림없이 맛있을 것이다. 그 즐거워하는 모습이 보고 싶어서 아내는 항상 노라를 위해 계란부침을 남겨둔다.

하지만 초밥가게에서 배달함에 배달하러 와도, 노라가 앉아 있는 부엌 주방에 놓아두어도 노라는 그곳에 손을 뻗지 않는다. 부엌 선반에도 올라가지 않는다. 생선가게에서 두고 간 생선토막이 선반에 놓여 있어도 노라는 그걸 가져간 적이 한 번도 없다.

요컨대 먹을 만큼만 먹는다는 예절을 알고 있는 걸까. 태연자약한 동작은 급하지 않고 만사 어떻게 된들 좋다는 표정을 짓고 있다. 생각에 잠겨 있다거나 할 리는 없지만 한 곳에 가만히 앉아 뭔가를 응시하며 어학 단어를 암기 중인 학생 같은 표정을 짓기도 한다.

아내가 화장실에 가려 하면 늘 같이 따라 나와 문 바깥 복도에 앉아서 기다린다. 묘하게 달라진 모리 란마루(森蘭丸; 아즈치모모야마 시대 오다 노부나가를 섬긴 충신이자 무장) 같기도 하다. 나와 보면 오래 기다렸다는 듯이 허풍스럽게 기지개를 켜고 하품을 하며 뒤를 따라 걷는다.

집에는 사람이 적어 음식을 처리하기가 수월하지 않다. 고양이가 먹지 않으면 그 뒤처리는 우리가 해야만 한다. 작은 전갱이를 너무 많이 사서 남기게 되면 노라에게 잔뜩 떠맡겨도 먹지 않기 때문에 결국 우리가 초무침이라든지 튀김으로 해 먹게 된다. 초밥가게 배달원이 노라와 친해져 "이거 노라한테 주세요" 하고 말하며 살이 많이 붙은 생선

뼈를 가져다주었다. 아내가 조려서 줬지만 조금도 먹지 않는다. 하지만 굉장히 좋은 생선 뼈다귀라 죄송스러워서 다시 한 번 사람 입에 맞도록 조려 나와 아내가 빨아 먹었다.

나는 작년에 두 번, 봄과 가을 규슈(九州; 일본 남쪽 지방의 명칭으로 후쿠오카, 하카타, 나가사키, 구마모토 등의 도시가 유명)에 갔었다. 그 어디에서였는지, 또 가던 길이었는지 돌아오는 길이었는지 확실하지 않지만 아마도 돌아오는 길이었던 듯, 이토자키(糸崎)였는지 오노미치(尾道)였는지 그 근방에서 침대에 누웠지만 잠이 잘 오지 않았다. 꿈이 아니라 흐리멍덩한 얼굴로 그런 생각을 떠올리며 비몽사몽 하던 중이었는지도 모른다. 통과역 역내 서점 오른편, 창고인지 변소인지 모를 조그만 건물의 작은 반지(半紙; 붓글씨를 연습하는 갱지) 절반 정도 크기 유리창에 노라의 얼굴이 비치고 있었다.

심히 걱정이 들어 눈이 번쩍 뜨였다. 부재중에 노라가 어떻게 되기라도 한 건 아닐지 안절부절못하며 도쿄에 돌아와 도착하면 바로 들리기로 한 역내 호텔 로비 카운터에서 집으로 전화를 걸어 지금 돌아간다고 전하며 동시에 노라는 어떤지 물어보자 아무 일 없이 건강하다고 하여 안심했다.

집으로 돌아오자 노라는 나를 며칠 만에 만나 냐아— 냐아— 몇 번이나 계속 울어댔다.

건강해서 살이 찐 것쯤은 아무런 걱정도 되지 않는다. 점점 덩치가 커져 어른이 되어갔다. 집 안에 있으면 어슬렁거려도 뜰에 나가면 이곳저곳 대단한 속도로 뛰어다니며 그 기세로 단숨에 매화나무 줄기를 타고 올라간다. 운동이 부족한 건 아닌 것같다. 그렇게 점점 맛있는 음식에 맛을 들여 사치스럽게 변한 고양이가 오만을 부린다. 눈에 들어오는 털의 광택이 보기 좋고, 눈도 깨끗하고, 무게에 관해서는 보이진 않지만 한 관(貫: 무게 단위로 열 근인 3.75킬로그램에 해당) 이상, 더 재보면 한 관 두세 돈 정도일까 싶다.

그리고 작년 가을, 태어나서 처음으로 교미기가 왔다. 즉 발정이 난 것이다. 집 안에 있어도 부산스럽게 소란을 떨며 바깥으로 나가려 한다. 집에는 고양이 전용 출입구가 없고 문을 만들면 다른 고양이가 들어올지 모른다는 걱정도 들어서, 행여 다른 고양이가 들어왔다가 노라와 달리 작은 새를 노릴지도 모르기 때문에 만들지 않았지만 그 탓에 노라가 출입할 땐 일일이 우리가 문을 여닫아야만 한다. 나가고 싶을 땐 나가게 해달라는 듯 졸라댄다. 돌아와선 부엌문을 몸으로 미는지 시끄럽게 콩, 콩 소리를 낸다. 동시에 냐아— 하고 운다. 열어 주는 게 늦어지면 들어오면서 냐아— 하고 울며 "늦었잖아!" 하고 말하는 듯하다. 밤이 되어 돌아올 땐 잘도 서재 유리창 바깥으로 기어 올라와 서재 곁방 안 책상에 앉아 있는 나를 향해 소리를 낸다. 냐아— 냐아— 하고 부르길래 일어나서 유리창을 열면 나를 기다리고 있다. 하지만 그곳에서 다다미방으로 넘어와 부엌으로 가려고 하지는 않는다.

"노라야, 돌아온 게냐, 저쪽으로 가 있거라" 하고 말하며 유리창을 닫은 뒤 부엌문을 열어 주러 가려고 하면 그는 창가 아래 경사를 타고 벌써 부엌문을 향해 가고 있다.

작업 중에 몇 번이나 일어났는지 모른다. 서재 창으로 올라오는 건 뜰을 통해 돌아올 때일 것이다.

첫 발정이 났을 때는 출입이 빈번해서 고양이에게 서비스하기 위해 일어섰다가 앉았다가를 반복해야만 했다.

그럴 때도 노라는 사이가 좋은 구둣방 후지 고양이와 함께 행동한다. 잘 싸우지 않는다 싶어도 한 마리 암컷 고양이를 끼고서 가만히 앉아 양쪽 모두 기분이 좋아 보인다.

살짝 손을 내밀어 보려 하면 암컷이 화를 내며 괴상한 목소리를 낸다. "뭐 하는 거야! 이런 지긋지긋한 애송이 같으니" 하고 말하며 할퀸다. 노라는 코앞을 긁으며 돌아가고 나는 아내에게 약으로 치료를 받았다.

그때 그 발정기 때 노라는 아마 일이 뜻대로 되지 못한 것 같다. 그 이후로 추운 겨울이 되어 노라는 집 안에 있는 시간이 많아졌다. 난로가 있어서 부엌이나 복도 모두 그다지 춥지 않고 또 목욕탕 욕조 뚜껑 위에는 노라가 눕는 방석이 언제나 펼쳐져 있다. 욕조 안 뜨거운 물의 온기가 방석을 항상 따끈따끈하게 데운다. 방석에 누워 잠들어 있는 노라 위로 아내가 보자기 같은 걸 들고 가서 이불 같이 덮어 주며 머리만 꺼내 푹 감싼다. 노라가 그 모양 그대로 잠들어 아래로는 방석, 위로는 보자기 사이로 양 귀를 쫑긋 세운 채 진지한 표정을 짓는 모습이 우스꽝스럽다. 내가 목욕장에 들어가 수건에 손을 닦기 위해서 문을 열면 자고 있던 노라가 덜 깬 눈을 반쯤 뜨고서 졸린 목소리로 냐아─하고 내 인기척을 향해 인사를 한다. 혹은 빙글 상반신만 일으켜 세우며 머리를 치켜들어 그곳을 긁어달라는 듯이 군다.

그럴 생각으로 문을 연 건 아니지만 건너편이 그런 꼴을 하고 있으면 양편 대나무 발 깔개를 밟고 노라 곁으로 다가가서 자는 얼굴을 쓰다듬으며 목덜미에서 등줄기까지 어루만져 보고 싶어진다.
어루만지면서 얼굴을 가까이 대고
"노라야, 노라야, 노라야" 하고 불러본다. 딱히 잠든 고양이를 불러 깨우려는 건 아니다. 이전의 야트막한 작은 헛간에서 내려온 새끼 들고양이, 그렇게나 조그맣던 노라가 우리 집에서 자라며 이렇게 컸다, 라는 사실이 사랑스러워 견딜 수 없다. "노라야, 노라야, 노라야" 하고 부르며 다시 어루만져 준다.
정월이 지나 2월 초 절분(節分; 입춘 전날) 즈음이 되자 고양이는 다시 발정이 시작한 듯했다. 정원 건너편이나 담장 위에서 다른 고양이가 이상한 목소리를 냈다. 이미 한 번 발정을 경험한 노라는 집 안이나 목욕탕 뚜껑 위에서만큼은 진정할 수 없는 것처럼 보였다.
바깥엔 몸을 끊어버릴 것 같은 찬바람이 부는데 노라가 부엌 출입구 봉당으로 내려와 냐아— 냐아— 하고 울어대며 나가려고 한다.
"나가려고 하는 거니, 이렇게 추운데" 하고 말하며 아내가 노라를 끌어안아 "눈곱이 붙었네" 하고 붕산으로 눈을 문질러 준 뒤 문을 열어 바깥으로 내보냈다.
좀처럼 돌아오지 않을 때도 있고 바로 돌아올 때도 있다. 돌아오면 아내가 노라의 발을 젖은 걸레로 닦는다. 언제나 있는 일이기 때문에 노라도 익숙해서 기분 나빠하지 않는다. 작은 전갱이를 먹고 우유를 마신 뒤 곧장 목욕장 욕조 뚜껑 위로 올라갈 때도 있고 아내에게 안겨 수긍이 가지 않는다는 표정을 지을 때도 있다.

"착한 꼬마, 착한 꼬마, 우리 노라는."

아내가 노라를 끌어안은 채 부엌에서 복도를 걸으며 돌아다닌다. 얼굴을 갖다 대면 뺨을 핥는다. 혹은 껴안고 있는 아내의 손목을 가볍게 깨문다. 거기에 내가 얼굴을 가까이 대면 까칠까칠한 혀로 내 뺨도 핥아 준다.

우리 집은 몇 년 전부터 저녁 즈음이 되어 어두워지면 문을 닫아 버린다. 닫아두어도 문을 두들기거나 비틀어 여는 손님이 가끔 있다. 올해 2월 초, 절분 전날에는 문설주 아래 도자기 문패를 못 박았다.

봄 여름 가을 겨울, 해가 지면 문을 닫음, 이후 급한 용건 외에 문을 두들기지 않도록.

하고 써 두었다. 마지막 부분을 '고양이 외에 문을 두들기지 않도록'이라고 쓰려다가 그만두었다. 노라는 밤이 된 이후에 드나들고 싶어도 문을 두들기거나 비틀어 열 필요가 없다. 서재 창으로 올라와 나를 불러도 되고, 문으로 돌아오려면 문을 기어오른 뒤 우편함 위에서 담장으로 넘어와 그 위를 건너서 세면장 앞쪽 대문 근처에서 집안사람 기척이 나면 냐아— 냐아— 하고 울어도 되고, 언제나처럼 부엌 입구로 돌아와 몸으로 시끄럽게 문을 밀어대도 된다. 언제든지 바로 열어 줄 수 있으니 말이다.

찬바람이 차가운 비를 뿌리던 밤, 노라는 아내가 "안 돼"라고 말하는 걸 듣지 않고 나갔던 적이 있었다. 좀처럼 돌아오지 않는다. 12시가 지나도, 1시가 되어도 돌아오지 않는다. 아직 돌아오지 않은 건가 싶어 부엌문을 열어보자 살갗이 얼어붙을 듯한 비바람이 불어닥쳤다.

그날 밤 나는 언제나처럼 늦게까지 밤을 새우고 있었지만 끝내 돌아오지 않았다. 하룻밤 내내 돌아오지 않는 건 그때가 처음이었다.

하지만 아침이 되어 부엌에서 아내의 인기척이 나자 곧장 돌아왔다. 어디에 있었던 건지 아내가 말을 걸어보아도 알 수 없다. 비가 억수로 쏟아져 집안 차양 모퉁이나 툇마루 아래에 숨어 있던 걸지도 모른다. 아무리 추워도 고양이에게는 그때 그렇게 해야만 했던 이유가 있었을지 모른다.

2

3월 27일 수요일

쾌청, 아침 얼어붙은 스토브를 켬.

오후 3시 일어나 4시 전 침상을 나왔다. 어젯밤은 한밤중 2시가 지나 누워서 오늘 아침 6시에서 9시가 되도록 잠들지 못했지만 그 이후에 숙면해 이렇게 늦게 일어났다.

3월 28일 목요일

반청반담(半晴半曇), 저녁에 스토브를 켬. 저녁부터 비가 내려 밤엔 큰비.

 노라가 어제 정오 넘어서부터 돌아오지 않는다. 하룻밤 동안 돌아오지 않았던 적이 있긴 해도 다음날 아침 돌아왔다. 오늘은 오후가 되도록 돌아오지 않는다. 노라가 너무나 걱정되고 이제 다시 돌아오지 않는 걸까 서러워져서 온종일 눈물이 멈추지 않는다. 하고 있던 일에 신경이 쓰여도 전혀 손에 잡히지 않는다. 신경을 기울일 수 없다. 그것보다도 이렇게 우는 게 몸에 좋지 않을 것 같다. 새벽 4시까지 기다렸다. 돌아오면 "노라야 돌아온 게냐, 이 녀석 도대체 어디 갔던 게냐." 하고 말해 주고 싶지만 저녁이 되어 비가 심하게 내리고 밤이 깊어지면서 정원석과 부엌 입구 디딤돌에 물보라를 튀기며 큰비가 내리기 시작해 고양이가 걷는 길이 젖을 대로 젖어 버렸다.

3월 29일 금요일.

 쾌청, 저녁 스토브를 피움.

 아침이 되어도 날씨가 개어도 노라는 돌아오지 않는다. 노라에 대한 생각으로 머리가 가득 차 오늘 일정도 어떻게 해야 할지 알 수 없다. 저녁이 되어 어두워져도 돌아오지 않는다. 아무것도, 앉은 자리를 치우는 것도 손에 잡히지 않는다. 한밤중 3시까지 서재 덧문도 열어둔 채 유리창에 비치는 고양이의 모습을 기다릴 뿐이었지만 노라는 돌아오지 않았다. 누워서도 귀를 기울이며 노라의 목소리를 기다렸지만 그것도 부질없다.

 엊그제 27일, 노라가 떠나 버린 당시 상황을 다시 한 번 아내가 이야기해 주었다.

 나는 그날 오후 3시 무렵까지 잠들어 있었지만 내가 잠들어 있던 정오 즈음, 아내는 부엌에서 노라를 껴안고 있었다고 한다. 그때 노라는 지난밤에 남겨둔 초밥집 주먹밥의 지붕 계란부침을 받아먹었다. 잠깐 목욕장으로 들어가 누워 있다가 얼마 뒤 2시쯤 아내가 새 방석을 수선하고 있는 곳으로 다가와 마루에 앉아서 한쪽 발을 다다미 위로 내밀며 다다미로 몸을 뻗는 등 좀처럼 하지 않는 행동과 함께 아내의 얼굴을 바라보며 큰 소리로 냐아— 하고 울었다. "가볼까?" 하고 말하며 아내가 일어서려 하자 먼저 일어나 벌써 출입구 봉당으로 내려가서 기다리고 있다. 아내는 문을 열어 주기 전 봉당에서 노라를 안아 올려 안은 채 문을 열고 바깥으로 나갔는데 건조대 쪽으로 가볼까 하여 그 방향으로 한발 두발 내딛자 노라는 뒤편을 바라보며 반대 방향으로 가고 싶은 눈치라 끌어안은 채 그쪽 방향 세면장 나무문 근처 노라가 늘 기어오르곤 하는 담장 위에 올려두려 하자 노라는 불안해하며 아내의 손을 빠져나와 아래로 내려갔다. 그리고서 담장 아래를 기어 속새 수풀 사이를 빠져나가더니 건너편으로 사라져 버렸다고 한다.

3월 30일 토요일

 약간 흐린 후 흐려져 바람이 붐. 해 뜰 무렵이 되어 비.

 어젯밤은 3시에 침상으로 향했지만 도저히 잠들 수 없다. 노라에 관한 일들로 가득 차 가만히 있을 수가 없어서 5시에 자리에서 일어났다. 7시 반이 지나 아내는 제방에 노라가 죽어 있지는 않은지 보러 갔지만 아무것도 없었다고 한다. 달걀술을 마신 뒤 다시 잠들어 오후 3시 반에 일어났다. 노라는 돌아와 있지 않다.

매일 내가 눈물을 흘리며 서러워하자 아내가 누군가를 불러 차례로 오게 해서 식사라도 같이하면 어떨지 묻는다. 기분이 동하여 오늘은 히라야마(平山三郞; 히라야마 사부로, 우치다 햣켄의 제자이자 작가) 군을 불렀다.

식사를 마친 뒤, 혹 술을 마시던 중이었는지 헷갈리지만, 그가 돌아간 뒤 더 이상 이 시각 이후로도, 오늘 밤도 노라는 돌아오지 않을 것 같다. 서럽고 서글퍼서 견딜 수 없다.

노라가 돌아오지 않을 것이란 생각으로 머릿속이 가득 차 하던 일들을 떠올릴 수도 없고 나 스스로도 이런 상황이 계속되면 몸이 견딜 수 없을 것 같다. 하지만 도무지 스스로 억누를 수 없다. 차라리 앞으론 몸에 관해서나 하던 일에 관해서나 등등 개의치 않고 그저 노라가 돌아오기를 기다리며, 또 돌아올 수 있도록 노라를 찾아봐야겠다. 그편이 훨씬 마음이 놓일 듯하다.

3월 31일 일요일

쾌청, 바람이 붐.

어젯밤은 3시에 취침했지만 역시 잠이 오지 않아 4시가 지나 다시 일어났다. 조그만 소리 하나하나가 전부 신경 쓰이고 노라가 돌아온 게 아닐까 싶어서 일어나 가본다. 다른 고양이의 울음소리마저 귀에 들려와 괴롭다.

생선가게에 작은 전쟁이 없을 때 가끔 다른 곳에서 사다 주던, 전에 이야기한 구역소의 미망인은 시즈카 씨라 한다. 시즈카 씨에게 부탁해 짐작이 가는 장소를 찾아보았다. 아내는 노라와 사이가 좋던 후지 고양이를 기르는 구둣방에 상황을 물어보러 가곤 했지만 알아낼 수 없었다. 구둣방은 어제 아침 제방을 보러 갔을 때도 들렀는데 그곳의 후지 고양이는 나흘 동안 집에 돌아오지 않다가 오늘 아침 돌아왔다고 하는 이야기를 듣게 되었다. 그때 주인도 얼굴을 내밀어 아주머니와 함께 "걱정이 많으시겠어요" 하고 말해 주었다고 한다. 그렇게 말해 주다니 그 친절이 감사하다. 하지만 고양이 때문에 그런 인사를 받는 건 다소 우스꽝스러울지도 모른다.

오늘도 덧없이 기다리던 사이 다시 저녁이 되어 어슴푸레해졌다. 기분전환을 하려 해도 눈물이 흘러 멈추지 않는다. 28일 이후로 너무 많이 울어서 코를 닦던 언저리가 하얗게 변해 피부가 까졌다. 고양이에 대해서 곳곳에 전화를 걸어 의견을 물어보는데 오늘 밤은 야기라고 하는 분과 모리라고 하는 여사님께 이런저런 것들을 배웠다.

어디에 있는 건지 없는 건지 알 수 없는 노라가 혹시 못 들을까 봐 서재나 세면장 창문을 볼 일도 없으면서 일부러 소리 내서 열어본다. 그리고 주위를 엿보며 돌아다녀 보지만 근처에 없어서 눈물이 난다. 아마도 곧 어느샌가 돌아올지도 모른다는 건 고양이를 좋아하는, 고양이를 키워본 경험이 있는 집에서 들은 이야기로 모두가 입을 모아 분명 돌아올 거라고 말하기 때문에 나도 그렇게 믿고 싶다. 하지만 앞으로가 아니라 지금 바로 돌아와야 한다. 언제나처럼 부엌문에 몸을 부딪

치며 냐아— 하고 울든가, 밤이 된 이후라면 서재 곁방에서 일하고 있는데 몇 번이나 나를 일으켜 세웠던 것처럼 서재 창으로 돌아와 귀여운 울음소리로 사람을 부르며 냐아— 하고 울든가, 혹은 세면장 창문 바깥 나무문 기둥을 기어 올라와 냐아— 냐아— 하고 울든가, 어째서 오늘 밤도 그런 식으로 돌아오지 않는 걸까. 그렇게 생각하며 다시 서재 창을 열어본다. 밤중을 지나 바람이 세게 불어닥칠 뿐 노라는 없다.

어느 제약회사에서 보내온 정신신경 안정제 제공품을 먹고 잠들어 볼까 싶어도 약이 돌아 나른하게 잠들어 버리면 노라가 돌아와도 그 발소리나 울음소리가 들리지 않을까 싶어 망설여진다.

3

4월 1일 월요일

쾌청, 스토브를 켬.

노라는 여태 돌아오지 않았다. 다른 사람들에게 물어본 이야기들과 근처 고양이들 상황으로 볼 때 혹시 무사히 돌아올까 싶기도 하다. 하지만 평소 노라의 습성과 먹이를 생각해 보면 미덥지 않다. 우리가 얼마나 걱정을 하든 고양이에게는 고양이 사회가 있겠지, 하고 생각하려 한다. 이제부터 그렇게 생각해 보려 하지만 거기엔 우선 노라가 무사하다는 사실이 선결되어야 한다. 그걸 알 수 없으므로 역시나 걱정이 든다.

오늘도 저녁이 되었지만 역시나 노라는 돌아오지 않는다. 곳곳의 창문으로 에헴 에헴 헛기침을 한다. 혹 노라가 내 헛기침 소리를 듣고 돌아올지도 모른다.

오늘 밤은 살짝 일찍 잠들려고 했지만 역시나 그럴 수 없다. 밤중을 지나 3시까지도 노라의 우는 목소리, 갖가지 소리를 기다렸다. 작업하고 있을 때라면 3시가 드물지도 않지만 종일 아무것도 하지 않고 그저 노라를 기다리다가 밤이 깊어 쓸쓸히 베개에 머리를 벤다. 지금 노라는 어디에 있는 걸까. 그 수긍이 가지 않는다는 표정으로 뭘 하고 있을까.

4월 2일 화요일

쾌청, 저녁도 쾌청.

어젯밤은 3시에 잠들었지만 5시에 눈이 뜨였다. 머리카락처럼 가늘고 어렴풋한 소리로 노라가 냐아— 하고 우는 기분이 들었다. 잘못 들은 건가 싶으면서도 귀를 기울여보자 다시 한 번 똑같은 목소리로 우는 기분이 들어서 일어나 부엌문을 열어보았다. 이미 밤이 밝아온 그곳엔 회색빛 그림자가 드리워져 어디든지 전부 눈에 보여 오지만 노라는 없다. 그리고 난 뒤 잠이 오지 않는다.

어째서인지 집 주변에는 다른 고양이, 들고양이 한 마리조차 없다. 고양이 기척이 완전히 사라져 버렸다. 한 마리 버림받은 듯 울고 있던 암컷도 어디론가 떠나 버렸다. 아내는 노라가 나가버린 게 하루만 더 늦었더라면 이 암컷과 어울리느라 멀리 가지 못했을 거라며 아쉬워했다. 그 암컷도 사라져 버렸다.

　오늘도 날이 저물어 바깥이 어두워졌지만 밤중을 지나 3시가 되어도 노라는 돌아오지 않는다. 나가버린 이후 오늘로 일주일이 지났다.

4월 3일 화요일.

　쾌청, 바람이 살짝 붐. 스토브를 켬.

　오늘도 또 모기 우는 소리처럼 나아— 나아— 하는 소리가 들려 5시에 눈이 뜨였다. 귀를 기울여보자 그 울음소리가 이상하도록 규칙적으로 반복되고 있어서 뭔지는 알 수 없어도 노라는 아닌 것 같았다.

　노라와 같은 날 사라졌다고 하는 근처 야채 가게 고양이도 아직 돌아오지 않았다고 한다. 그 이야기에 한 가닥 희망을 건다. 밤이 깊어지면 다시 억누르기 힘든 기분이 든다. 밝아진들 어두워진들 고양이에게 있어선 똑같겠지만 인간의 기분상으로는 저녁이면 쓸쓸해진다. 창에 그림자가 비치고 부엌 입구에서 소리가 들려오기를 기다리다 저녁 술잔을 기울인다. 10시 반 경이 되자 이맘때면 자주 이 세 장(다다미방 넓이를 세는 단위)짜리 거실과 복도 문턱에 다가와 앉곤 하던 모습이 떠오른다. 그 모습과 상황이 눈에 보이듯 선하다. 사람이 신는 슬리퍼를 점령해 그 위에 앉아서 곧장 잠을 청한다. 잠시 후 무릎을 구부리고 몸을 웅크리며 잠든다. 사람이 지나가면 눈을 뜨고 커다란 하품을 하며 네 다리를 쭉 잡아 펴 기지개를 켠다. 지금쯤 어디 어느 곳에서 그런 얼굴을 한 채 앉은잠을 자는 걸까.

4월 4일 목요일.

쾌청.

어젯밤은 해 뜰 무렵 4시가 지나서야 베개에 머리를 베고서 6시까지 잠깐 잠들었다. 잠들어서까지도 노라로 인해 대단히 괴로웠다. 이래서는 곧 몸이 버틸 수 없을 것 같다. 한낮 중에 잠들어 4시가 지나 일어났다. 저녁에 히라야마가 전화로 고양이 장수에게 잡혀간 건 아닐지 하고 선술집 아저씨가 말했다고 한다. 그건 지금까지 생각해 보지 못한 것도 아니지만 그렇다 하니 더욱 슬퍼져서 어두워질 때까지 소리 내서 울었다. 무슨 근거로 그런 말을 하는 걸까. 멍청하게 이미 죽은 고양이를 아직도 찾고 있는 거냐고 말하는 걸까. 그럴지도 모르지만 그런 모호한 말을, 그걸 모르는 것도 아닌 지금의 나에게 전해서 뭘 어떻게 하겠다는 걸까.

외로워져서 세베에(淸兵衞) 씨에게 와달라고 하려 한다. 부탁하려 했는데 전화를 받지 않았다. 하지만 후에 연락이 닿아 10시가 넘어서 와주었다. 한밤중 11시경 그가 돌아간 뒤 역시나 외로워지면서 언제나 노라가 잠든 듯 잠들지 않은 듯한 얼굴로 거실 문턱에 앉아 있던 모습이 떠올라 도저히 견딜 수 없어서 다시 울지 않을 수 없다.

4월 5일 금요일.

맑고 엷은 햇살, 다소 구름. 스토브를 켬.

무언가를 할 기력도 없어서 앉은 주변의 물건들을 움직이는 것도 번거롭다. 노라는 지금 어디에 있는 걸까. 집에 돌아오지 않기로 한 걸까.

그는 돌아오면 언제나 부엌 봉당으로 올라와 바로 거실 맹장지로 다가온다. 그 길에 작은 전갱이나 우유가 놓여 있지만 일단 이쪽으로 와서 얼굴을 내밀고 냐아— 하고 운다. 나를 향해 '다녀왔습니다' 하고 말하는 듯이 군다.

맹장지가 닫혀 있어서 안쪽이 보이지 않아도 노라는 그 순서를 생략하지 않는다. 맹장지에 얼굴을 부딪치면서까지 우선 다가오고 나서야 돌아간다.

그러고 나서 작은 전갱이와 우유가 있는 곳을 향한다.

떠올리지 않으려 해도 결국 떠오른다. 오늘은 저녁 즈음 어두워지고 난 뒤 히라야마에게 와달라고 부탁한다.

4월 6일 토요일.

쾌청.

이제 노라가 돌아올 가능성은 희박해 보인다. 노라가 집을 나간 다음날 밤 큰비가 내린 게 한스럽다. 그 비 때문에 길이 젖어서 돌아오지 못하고 그대로 길 잃은 고양이가 된 건 아닐까. 어딘가 모르는 집 부엌 입구로 들어가 배가 고프다며 그 집 사람들에게 언제나처럼 냐아— 냐아— 하고 먹을 걸 조르고 있는 건 아닐까. 그런 생각이 들자 가여워 견딜 수 없다. 저녁 즈음 히라야마와 고바야시(小林)가 오고, 세베에도 같이 오기로 했다. 전부 나를 위해서 밥상을 함께 해주기로 했다.

아사히신문 안내 광고란에 고양이 수색 광고를 내려 한다. 그 문안을 써 보았다.

고양이를 찾습니다

고지마치(麴町) 부근, 연붉은색 호랑이 무늬에

희고 굵은 꼬리는 앞쪽이 휘어 있음

짐작이 가시는 분께서 알려주셔서 고양이가 돌아오게 되면

실례 및 약간의 사례로 삼천 엔을 드림

전화 33-abcd

4월 7일 일요일.

쾌청.

아침 6시 전 서재 창에서 소리가 난 것 같았다. 곧장 일어나 가보았지만 노라가 돌아온 건 아니었다.

낮 동안 내가 자는 사이 히라야마와 기쿠지마(菊島) 둘이서 주변을 찾아 돌아다녀 주었다.

노라가 목욕탕 욕조 뚜껑 위에서 잠들면 언제나 가서 머리를 쓰다듬으며 턱 안쪽을 긁어 주던 게 몇 번씩이나 떠오른다. 노라야, 노라야, 노라야 하고 부르면 구르르 구르르 목을 울리며 턱을 뻗는다. 노라의 머리에 얼굴을 들이대며 노라야, 노라야, 노라야 하고 부르면 이제는 없어진 이전의 야트막한 창고 지붕에서 내려온 초반 모습이 떠올라 귀여워서 참을 수 없다. 혹시 이젠 돌아오지 않는 게 아닐까.

히라야마와 기쿠지마가 아사히신문사에 어제 써 둔 광고 원고를 의뢰하러 가는 도중 근처 단골 이발소에 들러 같은 글의 벽보를 붙여달라고 부탁하기로 했다.

둘이 그 일로 외출하기 전, 잘 모르는 여자아이 둘이 와서 고양이 소식을 알려주었다. 아까 길가에서 부탁했던 반응이다. 또 어디선가 할머니가 와서 그곳 반초(番町) 학교 앞 공터에 비슷한 고양이가 죽어 있다고 알려주었다. 아내가 기쿠지마와 함께 곧장 가보았지만 다른 고양이인 듯했다.

그리고서 히라야마와 기쿠지마 둘이 나갔다가 저녁 즈음이 되어 돌아왔다. 신문에 광고가 실리는 건 4월 10일이라고 한다.

함께 상에 앉았다. 술 한잔을 하던 사이 뭔가에 이끌리듯 목욕장에 가보고 싶어져 가보게 되면 다시 울게 된다. 노라가 돌아오지 않게 된 지 벌써 열흘 정도가 지났다. 그전까지 매일 밤 들어가던 목욕탕도 아직 한 번도 들어가지 않았다. 욕조 덮개 위로 노라가 잠들던 방석과 덮는 이불용 보자기가 그대로 놓여 있다. 그 위에 이마를 가져다 붙인 채 사라진 노라를 부르며 노라야, 노라야, 노라야 하고 중얼거리기를 멈출 수 없다. 이제 됐다 싶어도 또 그렇게 불러보고 싶어져 이마를 방석에 붙이고 다시 노라야, 노라야 불러본다. 멈춰야 한다고 생각해도 사라진 노라가 가여워 멈출 수 없다.

보기 흉한 우는 얼굴을 감추고 싶어도 감추지 못한 채 다시 둘 앞에서 울고 만다.

4월 8일 월요일

쾌청.

아침 5시 반 뜰에서 암컷 고양이가 다투는 소리에 눈이 뜨였다. 그

중 한쪽 소리가 노라와 똑 닮아 돌아온 건가 싶어서 아내도 눈을 뜨고 일어나 함께 가보았다. 담장 위에 두 마리가 있었지만 노라가 아니었다.

오후 2시 전에 일어났다. 눈을 뜨기 직전에 꾼 꿈속에서 노라를 껴안아 보자 노라는 꾀죄죄하니 더러워진 양발을 앞으로 뻗어 아이같이 아내에게 가려고 했다. 그 꿈이 내리 꼬리를 끌며 결국에는 꿈이 아닌 듯한 기분이 들기 시작했다.

4시 반이 지나 아내가 부엌에 있는데 쉰 목소리로 두 번 정도 냐아— 냐아— 하고 울길래 깜짝 놀라 밖으로 나가서 그 근방을 찾아보았지만 없었다고 한다. 먹지도 않고 마시지도 않으면 그런 소리가 날 거라고 한다. 신경이 쓰여 나도 뜰로 나가 둘이서 구석구석 찾아보았지만 없었다.

저녁 기쿠지마와 고바야시가 찾아와 줬다.

노라는 조그맣던 시절 창고 옆문 작은 구멍으로 드나들곤 했다. 먹을 걸 거기에 놓아두거나 감귤 상자 안에 잠자리를 만들어 주던 당시의 기억들이 떠오른다. 점점 추워지던 가을, 감기에 걸려버린 조그만 노라가 안쓰러워 야단법석을 떨며 돌봐줬다. 그때 아내가 줄곧 노라를 껴안던 게 계기가 되어 노라가 우리 집에서 살게 되었다. 노라는 지금 어디에 있는 걸까. 노라를 기다리며 노라가 돌아오지 않은 채 매일 밤 잠들어야 한다는 사실이 괴롭다.

노라가 늘 뛰어놀던 뜰에는 어제오늘 사이로 꽃이 만개했다. 노라는 뜰 밖으로 거의 나가지 않기 때문에 만약 지금 여기 있었다면 꽃잎을

흐트러뜨리며 뛰어다녔을 것이다. 히간 벚꽃(彼岸桜; 춘분 무렵에 꽃을 피우는 벚꽃 나무의 일종)이 다소 일찍 꽃을 피우면 뒤따라 왕벚꽃나무도 꽃을 피우기 시작한다. 앵두나무, 조팝나무, 매화나무, 복숭아도 벚꽃과 동시에 꽃을 피운다. 싹이 트려 하는 버들 나무와 낙엽송 새싹 등 아내가 하나하나 내게 알려준다. 피곤해서 버틸 수 없다. 무심코 눈을 들어 뜰을 보며 만개한 꽃을 바라보자 어쩐지 구역질을 해대고 싶은 기분이 든다.

내가 너무 속을 썩혀 아내도 힘겨워 보인다. "꼬리를 잡아당기거나 벌렁 눕히더니 밟아대고 괴롭히기만 하길래 그렇게 귀여워하는 줄은 생각도 못 했지" 하고 말했다.

4

4월 9일 화요일.

쾌청.

어젯밤은 새벽 4시에 자리에 누웠지만 끔뻑이기만 하다가 끝내 잠들지 못하고 누운 채로 목욕장 방석 위에서 노라를 끌어안는 듯한 기분만 든다. 일어나서 목욕장으로 가보고 싶었지만 간신히 참았다.

이젠 생각을 바꿔야 한다. 오늘로 14일째다. 이제 몸이 어떻게 될지는 뻔하다.

저녁 히라야마가 왔다. 고지마치 일대 이발소와 파마집 등등에 내붙

일 초고를 오늘 아침에 전화로 일러준 대로 여러 장 반지에 받아 적어다 주었다. 그 초고는 다음과 같다.

고양이를 찾음

고양이가 있을 법한 곳은 고지마치 일대. 3월 27일 이후로 실종됨. 수컷 고양이. 털은 연붉은 호랑이 무늬에 흰색 털이 수북함. 꼬리 앞쪽이 살짝 굽어 있어서 만져보면 알 수 있음. 코앞에

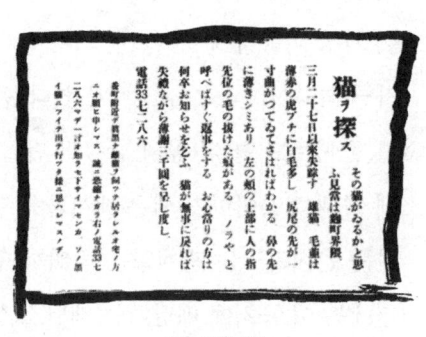
1차 수색전단

연한 얼룩이 있음. 왼쪽 뺨 윗부분에 사람 손끝 정도로 털이 빠져 있음. '노라야' 하고 부르면 바로 반응함. 혹 짐작이 가시는 분께서는 부디 알려주시기 바람. 고양이가 무사히 돌아오면 실례와 약간의 사례로 3,000엔을 드림.

1시경 하라야마가 돌아간 뒤 이제 이런저런 생각은 하지 않으려고 했지만 결국 머릿속에 떠올라 눈물이 멈추지 않는다. 아내가 부엌에서 노라를 끌어안고서 "착한 꼬마, 착한 꼬마, 우리 노라는" 하고 노래 부르듯 중얼거리며 근처를 걸어 돌아다니면 노라는 전혀 수긍이 가지 않는다는 얼굴로 안겨 있었다. 그때 그 사랑스럽던 모습. 떠오르면 역시 멈출 수 없다.

4월 10일 수요일.

쾌청, 스토브를 켬. 밤에 살짝 비.

한밤중 2시 반이 넘어 누워서 4시 반경 뭔가의 소리에 눈이 뜨였다. 아직 바깥은 밝아오지 않은 듯하다. 매일 날이 저물면 지금 즈음의 새벽이 가장 괴롭다.

저녁 히라야마와 기쿠지마가 왔다. 근처 신문배달소에 가서 삽입 광고를 물어보고 난 뒤 앞서 맡겼던 단골 이발소에 들러 근처 곳곳 이발소에 어제 히라야마가 써온 게시물을 뿌려달라고 부탁하고 왔다.

신문 안내광고는 관계없는 범위까지 퍼져서 효과가 약하기 때문에 이번에는 이 근처에 배달하는 배달소 삽입 광고로 배포하려 한다.

주간신초(週間新潮: 유명 출판사 신초사가 창간한 시사 주간지) 고시란에도 실어 볼까 잠시 생각하다가 그만두었다.

4월 11일 목요일.

흐림, 바람이 붐.

어젯밤은 줄곧 깨어 있다가 아침 5시 반 밝아지고 난 뒤 잠들었다. 침상으로 향하기 전 어쩐지 노라가 돌아온 것 같은 기분이 들었다. 오후 2시에 일어났지만 저녁이 되자 역시 어딘가로 떠나 버린 건가 싶다. 서재 창을 열고 노라야, 노라야 하고 불러본다. 산들산들 바람이 불 뿐 노라는 없다.

밤이 깊어 이제는 자야만 한다. 자기 전, 노라가 없다는 사실을 감당할 수 없다. 지금쯤 뭘 하고 있을까 떠올려보면 눈물이 멈추지 않는다.

4월 12일 금요일.

흐린 후 봄비. 저녁부터 큰비가 됨.

오후에 잠들어 저녁이 가까워져 일어났지만 어제부터 오늘에 걸쳐 똑같은 생각만 되풀이하고 있다. 아내가 노라를 껴안은 채 거실 맹장지를 열고 보여 주러 온다. 노라는 이쪽을 볼 때도 있고 다른 쪽을 향할 때도 있다. 다른 쪽을 향할 때도 노라야 하고 부르면 아내의 앞치마로 흘러내린 꼬리 앞쪽을 몇 번씩 흔들거나 꼬리로 앞치마를 두들기곤 한다. 그 모습이 계속 생각나 되풀이하며 떠오른다. 오늘로 17일째다. 센티멘털이라든가, 생각하는 게 과하다든가, 좀처럼 단념하지 못한다든가 이런저런 생각이 들지만 도저히 고쳐 생각할 수 없다. 어쩐지 몸이 아픈 것 같다. 어젯밤 아내와 이야기하여 판단한 뒤 오늘 아침 일찍 고바야시 박사에게 그런 것 같으니 조처를 해달라고 부탁했다. 고바야시 박사는 모레 내진 올 예정이다.

저녁 히라야마가 왔다. 후에 고바야시 군도 왔다. 고바야시 군에게 신문 삽입 광고 인쇄 건을 부탁하며 원고를 건네주었다. 초고는 4월 9일 이발소에 내다 붙인 것과 똑같고 단지 말미에 다음 한 부분을 더했다. 장수는 3,000매.

반초 부근에 새카만 암컷 고양이를 키우고 계신 댁에 부탁드립니다. 정말 죄송하지만 이상의 전화번호 33-abcd 한 번 전화 주시기 바랍니다. 그 검은 고양이와 함께 나간 것 같습니다.

둘이 돌아가고 나서 잠들기 전, 하지 않으려고 했지만 참을 수가 없어서 목욕장에 들어가 노라가 없는 방석에 얼굴을 갖다 대고 노라야, 노라야 하고 불러본다. 이전의 헛간 지붕에서 아장아장 내려온 조그맣던 노라의 모습이 보이는 것만 같다.

4월 13일 토요일.

흐리고 볕이 옅음. 밤새 소나기가 지나감. 밤중 12시경 매우 거세게 내림.

저녁 히라야마가 왔다. 매일같이 정말 미안하게 생각한다. 하지만 아직 혼자 상에 앉을 용기가 나지 않는다.

노라는 정말 생김새가 귀여워서 사진으로 찍어둘까 생각했던 적이 있다.

사라지고 나자 사진을 찍어 뒀으면 좋았을 걸 싶다.

하지만 사진 따위 없는 편이 나을지도 모른다.

4월 14일 일요일.

쾌청, 바람이 붐.

해 뜰 무렵 4시가 지나자 눈이 뜨여서 다시 잠들지 못한다. 서재 창으로 무슨 소리가 들린 것 같다. 하지만 하나하나 계속 뒤로 이어지지 않아서 아닌 것 같다. 혹 바람이 불어 뭔가에 스친 소리일지도 모른다.

저녁 고바야시 박사가 내진을 왔다. 와달라고 전날 충분히 부탁해 두었다.

저녁 히라야마가 왔다. 역시 자기 전이 되자 노라는 지금쯤 어디서 그런 표정으로 잠들어 있을까 싶다. 혹은 눈을 뜬 채 멀뚱멀뚱하고 있는 건 아닐까.

노라가 거실에 있는 나를 바라보다가 복도 기둥이나 벽 근처로 아내가 지나가면 아내의 발밑으로 몸을 비벼대며 응석을 부리던 모습이 눈가에 선하다.

4월 15일 월요일.

쾌청.

아내가 노라의 양어깨에 매단 끈이 이어진 곳으로 다가가자 노라는 아내를 보고서 냐아— 냐아— 하고 연이어 운다. 어젯밤 잠들기 전 비몽사몽간에 그렇게 떠오른 건지, 잠들고 난 뒤 꿈에서 본 건지 알 수 없다.

오늘은 목욕탕에 들어가기로 했다. 아내만이라도 들어가게 할 생각이다. 그래서 목욕탕 노라의 방석을 정리했다. 노라가 사라지고 난 뒤, 매일 저녁 들어가던 목욕탕에도 들어가지 않고 얼굴도 20일간 단 한 번도 씻지 않았다. 오늘은 얼굴이라도 씻을 생각이다.

저녁이 가까워져 세면장 앞 담장 위에 노라와 닮은 고양이가 있었다. 아니라는 생각이 들었지만 잠시 바라보자 어딘가 닮은 듯한 기분이 든다. 마르고 볼품없지만 노라도 그 정도로 말랐던 것 같다. 너무 신경이 쓰여서 아내에게 쫓아보게 했는데 옆집 정원으로 내려가는 뒷모습이 꼬리가 짧았다고 하는 걸 봐선 아닌 게 틀림없었다.

저녁에 세수를 한 뒤 세베에가 왔다.

시간이 늦어져 세베에가 돌아간 뒤였던 것 같다. 지금쯤 노라는 돌아오고 싶어도 돌아올 수 없는 게 아닐까. 고양이는 집에 매달리고 개는 사람에게 매달린다고 한다. 그러므로 고양이는 이사를 해도 원래 집에 남으려 하고 불이 나면 집안에 들어가 있다가 불에 타서 죽기도 한다고 한다. 노라도 돌아오고 싶을 게 틀림없다. 그럼에도 돌아올 수 없는 어딘가에 있는 게 아닐까. 눈물로 얼굴이 달아올랐다.

4월 16일 화요일.

아침 약간 흐렸다가 오후에 흐려짐.

어젯밤 3시에 잠들었지만 4시 반에 눈이 뜨였다. 새벽에 눈이 뜨이면 머릿속이 노라로 가득 차서 괴롭다.

저녁 히라야마가 왔다. 함께 근처 이발소를 향하며 길가에서 노라의 흔적을 찾아보았다.

12시가 지나 히라야마가 돌아간 뒤 언제나 유리창 너머 뜰로 찾아오는 빈약한 암컷 고양이가 우는 목소리 가락이 노라와 닮은 듯 느껴져서 아니라고 단념할 수 없었다. 아내를 불러서 가보게 해보았다. 아내는 아니라서 내쫓아 버리고 왔다고 한다.

취침 전에 다시 또 목욕장에 들어가 노라가 잠들던 방석을 이미 정리해 버린 욕조 뚜껑에 얼굴을 가져다 붙이고서 노라야, 노라야, 노라야 하고 불러보자 헛간 지붕에서 내려온 모습이 생생히 떠올라 눈물이 멈추지 않는다. 오늘 각 석간신문에 12일에 기재한 삽입 광고를 냈다.

4월 17일 수요일.

약간 흐리고 비가 내림. 바람이 참. 스토브를 켬.

아침 5시 반 불쑥 큰비가 내리기 시작했다. 지나가는 비였던 것 같다. 혹시 노라가 길가에서 자고 있었다면 귀가 젖었을 것이다. 그런 걱정이 들어서 옛날에는 빗소리를 좋아했지만 요즘엔 즐겁게 들리지 않는다.

다시 잠을 이어 자다가 8시 반경 어제저녁 삽입 광고와 관련해 전화가 걸려 와 눈을 뜬 채 우물쭈물할 수 없어서 일어났다. 기쿠지마에게 부탁해 그 전화가 걸려 온 니소학사(二松學舍) 앞 모 댁에 가보게 했다. 가보자 고양이는 없었다고 하지만 어쩐지 이야기하는 모양새가 노라 같이 느껴져서 오후에 다시 기쿠지마를 불러내 아내와 함께 가보게 했는데 그 근방에 고양이가 없어서 알 수 없었다.

그 외에 이치가야(市ヶ谷)역 앞부터 호세이대학(法政大学)에 이르는 제방 둑길 어느 집에서도 연락이 와서 바로 기쿠지마에게 가게 해보았지만 다른 고양이였다.

그 돌아오는 길에 기쿠지마가 한 번 더 니소 학사 앞에 가보았지만 그 집 사람과 이야기해 보니 고양이가 목걸이를 하고 있었다고 해서 노라가 아님이 확인되었다.

저녁이 가까워져 욘반초(四番町)의 모 댁에서 전화가 와서 다시 기쿠지마에게 가보게 했지만 아니었다.

그 후에 똑같이 욘반초의 다른 어느 댁에서 전화가 걸려 와 이번에는 아내가 바로 달려가 보았지만 기쿠지마가 보러 갔던 모 댁의 이웃집이라 노라가 아닌, 아까와 같은 고양이가 옆집으로 넘어간 것 같다.

저녁에 조치대학(上智大学) 구내 조리장에서 연락을 받았다. 마침 이전 단골 이발소에 붙인 전단을 보러 나가 있던 히라야마와 아내가 합류하듯 부딪쳐 함께 조치대학에 달려가 보았지만 고양이는 없었다.

그 외 반초 학교에서 어제저녁과 오늘 두 번 연락을 받았지만 그것도 노라가 아니었다.

하루 종일 이런 일들로 너덜너덜 지쳐 버렸다.

4월 18일 목요일

쾌청.

정오 12시가 지나 전화 소리에 눈이 뜨였다. 전화는 구역소 히라카와초(平河町) 출장소인가에서, 지난 주말 토요일 13일에 고지마치 로쿠초메(六丁目) 길거리에 고양이가 죽어 있던 걸 이번 주 월요일에 치웠다. 닮은 것 같아서 혹시 노라가 아닐까 싶어 알려준다고 말해 왔다.

혹시 그럴지도 모르지만 지금까지 죽은 걸 보아도, 또 살아있는 걸 보러 가도 전부 아니었다. 게다가 13일은 노라가 나간 지 18일째이다. 어딘지 딱 맞아떨어지지 않는다.

히라야마의 부인인 미치코 씨가 그 로쿠초메에 들러 방물가게 주인에게 물어보았지만 그 사람은 고양이 애호가라 길거리에 죽은 고양이는 봤어도 여기 쓰여 있는 고양이와는 다르다고 말했다고 한다.

산노사마(山王樣; 도쿄에 있는 신사로 현재는 히에신사日枝神社로 불림) 아래 파출소 순경이 고양이 수색 인쇄물을 보더니 12장을 가져다주면 곳곳 파출소에 붙여 주겠다고 해서 미치코 씨가 삽입 광고 남은 걸 가져다

주었다.

저녁에 다다 군이 마중 나와 아내와 함께 산노사마 산의 찻집에 갔다. 고미야 씨가 불러서 가게 되었다. 부재중인 집은 시즈카 씨가 지켜 주었다. 시즈카 씨에게서 찻집으로 전화가 걸려 와, 로쿠초메 전당포에 비슷한 고양이가 있다. 지금 붙들고 있으니 바로 보러 오라고 했다고 해서 아내가 근처 술집 아가씨에게 전화를 걸어 집을 지키러 와달라고 부탁해 놓은 뒤 그사이에 시즈카 씨가 가 보았지만 아니었다.

자리에 동석한 호세이대학 총장인 오우치 씨가 "저도 수컷 고양이만 세 마리 키우고 있는데 한 달 정도 돌아오지 않는 건 예사에요. 분명 돌아올 겁니다" 하고 말해 주어서 대단히 힘이 되고 감사했다.

4월 19일 금요일.

먹구름에 또 때때로 비.

노라는 아직 돌아오지 않았다. 자제하려고 해도 때때로 생각이 나면 눈물을 멈출 수 없다. 어쩔 수 없다.

어제 산케이 시사신문 짧은 기사로 노라에 관해 기사가 났다고 한다. 그에 대해 NHK(일본의 국영방송으로 이 당시에는 아직 TV방송을 송출하지 않아 라디오 방송을 가리킴)에서 내일 정오 방송에 노라에 대해 방송하고 싶다고 양해를 구해왔다. 혹시 노라 찾기에 도움이 될지도 모른다는 생각이 들어 잘 부탁해 두었다.

저녁 히라야마가 왔다. 12시가 가까워져 히라야마가 돌아간 뒤 역시 3월 27일 낮에 노라가 속새 수풀 사이로 떠나 버린 사실이 떠오르고, 부엌 입구에서 냐아— 하고 울며 돌아오지 않는다는 사실이 떠오르고, 아내가 "우리 노라는—" 하고 껴안던 모습이 떠올라 언제까지고 눈물이 멈추지 않는다. 잠들기 전 욕조 뚜껑에 얼굴을 눕혀 노라야, 노라야, 노라야 하고 부르며 울어댔다.

4월 20일 토요일.

햇살이 옅고 흐림. 따뜻한 바람이 붐. 소나기.

NHK 12시 30분의 '이런 이야기 저런 이야기'에서 노라에 대한 방송이 나갔다. 집에는 라디오가 없어서 아는 집 라디오에 전화 수화기를 갖다 붙여 전해 들었다.

오늘 저녁은 누구도 부르지 않고 혼자 저녁을 먹을 생각이었지만 일어나 보니 외로워서 도저히 안 될 것 같아 다시 히라야마를 번거롭게 하며 아내를 통해 그에게 부탁했다.

저녁 객실에서 히라야마를 기다린다. 소나기가 내리다가 그치다가 하는 뜰이 실로 아름답다. 산뜻한 기분으로 바라보는데 날이 막 저물어 가는 뜰의 젖은 돌을 건너 노라가 종종걸음으로 돌아오는 것 같은 기분이 들었다. 이렇게 젖은 뜰이 아니라 날씨가 좋았던 3월 27일 낮에 속새 수풀 사이 뜰 너머로 건너가 담장을 타고 떠나 버렸다는 생각이 들자 뜰을 보는 게 힘들어져 아내에게 창을 닫게 시켰다.

아직 눈시울이 뜨겁던 중에 히라야마가 와주었다.

자정을 지나 히라야마가 돌아가고 난 뒤 얼마 안 있어 12시 40분, 누군가에게서 심야 전화가 걸려 왔다.

아내가 전화를 받았다.

상대가 뭐라 했는지 후에 아내에게 들었는데 아내의 그 대답이 아직도 그대로 들린다.

"선생님 상태는 어떠십니까?"

"좋지 않으시죠."

"고양이는 돌아왔습니까?"

"아뇨, 아직이에요."

"이제 돌아오지 않을 거예요."

"그런가요?"

"죽여서 샤미센(三味線; 일본 전통 현악기로 고양이 가죽을 써서 만듦) 가죽으로 썼으니까요."

"그런가요?"

"햣키엔(百鬼園; 우치다 햣켄의 호) 늙은이 뒈져 버리라고!"

잠시 후,

"하기야 그러고 보니 저도 그렇긴 하지만요."

아내가 대답하지 않은 채 꽤 시간이 지나자 "그럼" 하고 말하며 상대가 전화를 끊었다고 한다.

술에 취해 전화를 건 것 같다. 하지만 술에 취해 함부로 내뱉은 말만큼 진심인 건 없다. 그에겐 집에서 이렇게 걱정을 하는 고양이가 돌아오든 돌아오지 않든, 어찌 되든 상관없을 것이다.

5

4월 21일 일요일

쾌청. 밤부터 비가 내리기 시작해 이른 봄장마인 듯함.

아침에 계속 야스쿠니 신사(靖国神社) 경내가 신경 쓰였다. 노라가 헤매고 있거나 혹 죽어 있는 게 아닐까. 나중에 생각해 보니 오늘부터 행렬 예제(例祭)가 시작되어서 불꽃놀이 소리가 잠결에 들린 걸지도 모른다.

7시경부터 눈이 뜨여서 더 자야 한다고 생각해도 다시 잘 수 없던 참에 근처 아무개 씨가 노라에 관한 일로 찾아와 벨을 눌러서 나무문 근처에서 아내와 함께 이야기하는 게 신경 쓰였다. 결국 잠들지 못하고 다시 일어났다.

10시 15분경 전화가 걸려 왔다. 처음엔 제대로 알아들을 수 없었지만 경찰서인 듯하다. 반초 고초메(五丁目)의 어느 집에 가보라고 알려 주었다. 또 욘초메의 파출소에서도 전화가 왔다.

아내가 바로 달려가 시즈카 씨에게 부탁하러 갔다. 일요일이라 아파트에 있던 시즈카 씨가 바로 가주었다.

11시 반경 시즈카 씨에게서 전화가 걸려 왔다. 노라가 있다고 한다. 그 전화를 받은 아내는 전화기 앞에서 울기 시작했다. 울면서
"노라 이 녀석 그런 데 있었던 거야?" 하고 말한다.

곁에 있던 내 귀로 전화를 타고 고양이 울음소리가 들려왔다. 시즈카 씨가 껴안고 있다고 한다. 껴안은 채로 전화를 걸고 있는 듯하다.

시즈카 씨는 우리 집이 부재중일 때 자주 지키러 와줘서 아내도 없을 때 늘 노라를 껴안아 주었기 때문에 시즈카 씨가 그렇다고 한다면 분명하다. 아내는 바로 데리러 갔다.

환천희지(歡天喜地; 하늘도 즐거워하고 땅도 기뻐함), 몸 둘 바를 모르겠다. 찾으러 다닌 보람이 있었다. 이 기쁨을 무엇에 비교할까. 아내가 나간 이후 전화기 앞에 혼자 앉아 기쁨의 눈물을 흘렸다. 눈물로 양 뺨을 씻는 꼴이 되었다. 그러나 울어도 괜찮다. 눈물이 나와도 괜찮다. 좀처럼 경험해 본 적이 없는 기쁨의 눈물이다.

이전부터 노라와 사이가 좋았던 얼음집 꼬마가 마침 와서 고초메는 가깝다며 바로 자전거로 보러 가주었다.

얼음집 꼬마는 바로 돌아와 노라가 틀림없다고 말해 주었다. 이제 괜찮다.

히라야마에게 알려주려고 호출전화를 걸어보자 미치코 씨가 받았다. 일요일이라서 아이들을 데리고 외출했다고 한다. 미치코 씨에게 노라가 있었다고 말하려 했지만 기쁨의 눈물에 목이 메어서 입이 열리지 않았다. 조각조각 노라를 찾았다는 말만 겨우 전했다.

이제 괜찮다, 내일부터랄 것도 없이 지금 당장 회복할 수 있을 것 같다. 경찰서에서 다시 전화가 와서 벌써 그 집에 갔냐고 물어왔다. 고양이 수색 전단을 보고 수배를 내리려 한다고 한다.

아내가 지금 그 집에 데리러 가 있다. 신경 써 주셔서 감사하다고 인사를 전했다.

노라가 돌아오면 이번에는 바로 목걸이를 채워야겠다. 나돌아다니는 건 역시 제멋대로 놔둔다고 해도 길을 잃었을 때 표시가 있어야 한다. 목걸이에 주소와 애완 고양이라는 사실과 전화번호를 써두자.

알려야 할 곳이 아직 여러 곳 남아 있었지만 오늘은 일요일이라 역소나 회사도 열지 않을 테니 내일 하자.

좀처럼 돌아오지 않아서 살짝 걱정이 되던 참에 아내가 도중에 전화를 걸어 노라가 아니었다고 알려주었다.

전신의 힘도 혼도 빠져나가는 것 같다. 다시 기운을 내서 경찰서에 전화를 걸어 다른 고양이였으니 수배를 풀지 말아달라고 부탁했다.

히라야마에게서 전화가 걸려 왔다. 나는 노라가 아니었다고 전했다. 아이들을 데리고서 시로키야(白木屋; 1903년 포목점에서 신장개업한 당시 대표적 백화점)에 갔었다고 한다. 미치코 씨가 뒤이어 달려가 방송으로 히라야마를 불러냈는데 미치코는 매우 흥분해 있었다고 한다. 영감님이 집에서 기뻐 울고 있다고 했다고 한다.

저녁 히라야마가 왔다. 뒤이어 바로 이시자키가 왔다. 이시자키에게 손수 스키야키(일본식 소고기 전골요리)를 만들어 먹이려고 이전부터 생각한 걸 실행에 옮겼다. 오늘같이 감정이 격동하는 날에 맞춰 오히려 더 다행이었을지 모른다.

그들이 돌아간 뒤 5월 장마 같은 빗소리에 둘러싸이자 찾아내지 못한 노라는 어디에 있는 걸까 싶어진다. 눕기 전 잠시 닫아 둔 서재 창을 다시 열어 비가 내리는 뜰을 향해 노라야, 노라야 하고 불러보아도 빗소리밖에 없었다.

4월 22일 월요일.

비, 때때로 그쳤다가 다시 내림.

어젯밤은 베개에 머리를 벤 뒤 눈물이 멈추지 않아서 어린아이처럼 울며 잠들었다. 빗소리가 괴롭다.

정오 12시 반이 지나 전화로 반초 학교 건너편 동네 어느 집에서 처음에는 검은 암컷 고양이와, 나중에는 다른 암컷과 함께 온 고양이가 노라와 닮았었다고 알려주었다. 아내가 바로 가보았지만 이미 사라진 뒤여서 나중에 다시 가보기로 했다.

저녁 이치방초(一番町)의 어느 집에서, 검은 암컷 고양이와 함께 온 고양이가 툇마루 아래에 있다. 한 번 보러 오지 않겠냐며 알려주어 아내가 바로 가보았다. 좀처럼 돌아오지 않는다. 살짝 걱정이 든 순간 돌아와서는 그 짐작 가는 고양이는 마침 없었지만 그쪽 뜰에서 노라와 닮은 목소리가 한 번 들려왔다. 다시 한 번 울면 알 수 있을 것 같았는데 다시 울지 않았다고 한다. 다시 가보기로 하고 돌아왔다.

오늘 밤 저녁상은 혼자서, 상대는 아내뿐이었다.

4월 23일 화요일.

비.

극심한 수면 부족이었지만 다시 잠들면 오늘 밤에도 잘 수 없을 테고, 비가 내리고 있고, 또다시 너무나 괴로운 꼴을 당해야 할 것이다.

저녁 히라야마와 그 후에 고바야시 군이 왔다. 오늘 밤은 혼자가 아니라서 잠시 기분이 풀렸다.

4월 24일 목요일.

흐림, 때때로 가랑비. 밤에 비.

아침 5시, 눈이 뜨이자 아내도 눈을 뜨더니 방금 노라 꿈을 꿨다고 말했다. 진열대 같은 곳 앞쪽에 있던 노라가 아내를 보더니 급히 아내에게 달려오려고 했다고 한다.

그저 그것뿐이었지만 급히 오려고 했다는 부분이 가여워 눈물이 멈추지 않고 다시 잠들 수 없었다. 너무 몰두하지 않도록 하지 않으면 몸이 견딜 수 없겠다는 생각이 들어도 도무지 어떻게 할 수 없다.

기쿠지마에게 전화를 걸어 점심 휴식시간에 엊그제 이치방초 어느 집에 보러 가달라고 부탁해 두었다.

노라가 나간 지 오늘로 29일째다. 오늘 돌아올지, 지금 돌아오고 있는 건지 기다리고 기다리다가 한 달이 지났다. 하지만 분명 돌아올 거라고 아직 생각한다. 세상엔 그런 사례가 얼마든지 있다고 들었다.

6

4월 25일 목요일.

비, 때때로 그쳤다가 다시 내림.

이제는 생각을 바꿔서 마음을 가라앉히고 평정을 찾으려 한다. 또 반드시 그렇게 해야 한다. 하지만 노라를 위해 해야 할 일은 앞으로도 조금도 손을 늦추지 않고 이어갈 것이다.

종일 머리가 아프다. 저녁 히라야마가 왔다.

더는 지나치게 생각하지 않으려 해도 다시 이런저런 일들이 떠올라 히라야마가 돌아간 뒤 계속 울었다.

4월 26일 금요일.

맑았다가 흐렸다가 맑았다가 흐림. 밤에 비.

오늘 아침에도 어제에 이어 끙끙대며 눈물이 흘러서 힘들다. 저녁이 가까워져 밤이 되자 사소한 일로 또다시 눈물이 나와서 언제나 노라가 거닐던 복도를 걷는 것만으로도 울고 싶어진다. 빗소리가 가장 괴롭다.

4월 27일 토요일.

비.

노라가 사라진 이후 이미 한 달은 지났지만 오늘은 그날과 같은 날인 27일이다.

10시가 지나 노라로 짐작되는 고양이를 알려주는 전화가 걸려 왔다. 기쿠지마에게 전해 주도록 그의 직장에 부탁했다. 기쿠지마가 산반초(三番町)의 모 댁에 가보았지만 전혀 다른 고양이었다고 한다.

노라 수색 제2회째 신문 삽입 광고 인쇄물이 완성되어 신문배달소와 반초 경찰서와 언제나의 이발소에 기쿠지마가 들고 가주었다. 이번에도 인쇄 매수는 3,000장이다.

다시 한 번

실종 고양이에 대해 부탁드립니다.

고양이는 수컷. 이름은 '노라'. "노라야" 하고 부르면 반응을 합니다.

몸집은 큼. 3월 27일 실종될 때까지 한 관 두세 돈이었습니다.

동작이 느려서 도망치지 않음.

털색은 옅은 붉은색의 호랑이 무늬로 등에도 흰 털이 많고 복부는 순백색.

꼬리는 두껍고 김. 앞쪽이 갈고리 모양으로 굽어 있습니다.

발견하시는 분께서는 부디 알려주시기 바랍니다. 고양이가 무사히 돌아오면 실례와 약간의 사례로 3,000엔을 드림. 전화 33-abcd

주변 테두리에 고양이가 돌아오는 주문으로 '나 떠나가지만 이나바 산봉우리 소나무처럼 기다린다 하시면 바로 돌아오겠소'(예부터 고양이가 실종되었을 때 주문처럼 사용해 문설주에 붙여두곤 했다는 중의적 시가) 가사를 적색 볼록판으로 새겨 넣었다.

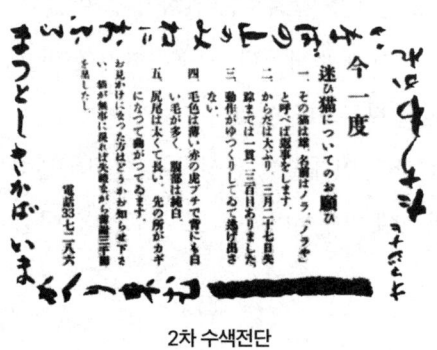

2차 수색전단

또 이 두 번째에 앞서 4월 16일에 배포된 제1회 이후 근처 학교 아이들에게 건넬 등사판(謄寫版) 인쇄물을 만들었다. 아이들이 대상이기 때문에 어린 기쿠지마에게 부탁해 요즘 새 히라가나

(현대식 일본어 표기법으로 핫켄은 구식 표기를 고집함)를 사용해 써보았다.

여러분
노라라고 하는 고양이를
찾아 주세요!
고양이가 있을 법한 곳은 반초 근처입니다. 고양이 털 색깔은 옅은 붉은 색의 호랑이 무늬로 흰색 털이 많고, 꼬리는 두꺼우며 앞쪽이 약간 구부러져서 만져보면 알 수 있어요. 코앞에 옅은 얼룩이 있습니다. 왼쪽 뺨 윗부분에 손끝만한 크기로 털이 빠져 있는 흔적이 있어요. "노라야" 하고 부르면 바로 반응합니다. 혹시 이 고양이를 발견하면 NKNK 문구점에 알려주세요. 고양이가 돌아오면 발견한 사람에게 사례하겠습니다.

저녁 5시가 지나서 구단(九段)에서 전화가 걸려 와, 노라인 듯한 고양이가 전혀 기운이 없어서 생선을 삶거나 고기를 삶아 줘도 먹지 않고 집에서 먹이려 하니까 조금 받아먹었다. 그렇게 약간 기운이 붙는 것 같더니 지금까지도 거실에 있었는데 보이지 않아 찾아볼 테니 찾게 된다면 알려드리겠다고 말해 주었다. 커다란 고양이라 키우던 고양이임이 틀림없다고 말했다.
오늘 석간 삽입 광고로 연락하게 된 것 같다.
노라가 집에 돌아오지 않아 허약해진 게 틀림없다는 생각이 들자 가여워 견딜 수 없다. 노라가 길을 잃게 되면 이 고양이는 분명 어디선가 키우던 고양이라고 생각하여 친절하게 귀여워해 주는 집이 있더라도 노라가 집에서 먹던 날것의 작은 전갱이나 간디 우유를 줄 집은 어디에도 없을 것이다. 우리가 인수인계해 준 게 아닌 이상 그런 일이 가능할 리 없다. 노라는 그 외의 것은 주식으로 줘도 먹지 않으므로 날이 지나면 지날수록, 1개월이나 지났다면 점점 더 야위어 가고 있음이 틀림없다. 혹은 비실대고 있을지도 모른다. 그렇게 집으로 돌아오는 길을 알 수 없게 되었다면 하루빨리 찾아내는 수밖에 없다. 가여워서 계속 눈물이 난다. 머리가 이상해진 것 같다.

4월 28일 일요일

반청반담.

아침 10시가 지나 동네 모 댁에서 노라인 듯한 고양이가 있다는 연락을 받아 아내가 바로 외출했다. 그 이후 전화가 세 통 걸려 와서 아내가 결국 세 번을 나간 끝에야 세 번째에 그 고양이를 발견해 살펴보았지만 다른 고양이었다.

구단 욘초메에서도 전화 연락이 왔지만 노라가 아닌 듯해서 보러 가지 않았다.

머리가 아프다. 밤에는 상 앞에서 선잠을 잤다. 일어나서 다시 누우려 하자 차양 위 함석지붕을 고양이가 거니는 듯한 소리가 들려 거슬렸다.

4월 29일 월요일.

쾌청.

아침 8시 고양이 전화에 눈이 뜨였다. 언제나 들리는 과일 집 근처라 부탁해서 그 가게에서 가보았지만 다른 고양이로 밝혀졌다.

오늘은 어쩐지 기분이 홀가분하다. 반초 잇초메(一丁目)의 잘 알지 못하는 부인에게서 친절한 엽서를 받았는데 그 집 수컷 고양이는 36일째 되는 날 돌아왔다고 쓰여 있었다. 날짜가 정확한 건 분명 그사이 기다리고 있었기 때문일 것이다. 삽입 광고에는 전화번호만 쓰고 이름은 쓰지 않았지만 라디오에서 노라에 대해 전할 때 내 이름이 나와서 그렇게 수신인을 알게 되었을 것이다. 저녁에 히라야마가 왔다.

4월 30일 화요일.

쾌청한 뒤 약간 햇살. 한밤이 지나 3시 전부터 비.

저녁 시미즈다니(清水谷) 공원 앞 아무개 씨로부터 짐작 전화를 받았다. 이미 어스름해져서 내일 다시 연락을 받기로 했다. 그 뒤로 다시 조치대학 의무실 근처에 닮은 고양이가 있다는 연락을 받았지만 그땐 이미 어두워진 뒤라서 가본들 소용이 없다.

노라가 사라진 이후 오늘로 35일째이다. 오늘은 돌아올까 하고 기다리던 사이 날이 저물어서 매일같이 밤이 되었다. 고양이의 처지보다 나 스스로 처지가 더 가엽다고 다시 생각해 본다. 하지만 그런 식으로 생각을 고쳐 보아도 역시나 어떤 위로도 되지 않는다.

노라가 돌아오지 않게 된 뒤 결심 끝에 오늘 밤 처음으로 욕조에 들어갔다. 심각하게 야위었다. 두 관(貫; 1관은 약 3.75킬로그램) 정도 빠졌을지도 모른다. 쇠약해져 눈이 제대로 보이지 않는다.

7

5월 1일 수요일.

맑음, 바람이 붐. 오전 반청반담. 오후 반청.

저녁상 앞에서 선잠을 자다가 눈을 뜬 순간 노라는 아직 돌아오지 않은 건가 하는 생각이 들었다. 40일 가까이 바람소리 빗소리에 노라를 기다리고 있는데 어째서 돌아오지 않는 걸까. 고양이 한 마리의 문제가 아니다. 노라가 있던 이전 집안의 나날로 되돌리고 싶다. 참으려 해도 눈물이 멈추지 않는다.

5월 2일 수요일, 88일 밤(입춘으로부터 88일 밤)

흐림, 오후에도 흐린 뒤 비.

아침이 되어 다시 잠들어서 오후에 눈이 뜨였다. 눈이 뜨이기 전 노라가 돌아오는 꿈을 생생히 꿨다. 너무 말라서 안아 들어올리자 살짝 손톱을 세운다. 우유를 주자 잘 마신다. 노라가 돌아와 기뻐하던 순간 오늘은 요코스카(橫須賀) 해군기관학교에 가는 날이라는 사실이 떠오르면서 꿈이 뒤죽박죽 섞이기 시작했다.

오늘도 어제에 이어 노라가 마음에 걸려 아무것도 할 수 없다. 노라가 걱정되기 시작하면 눈물이 나와서 울음을 터뜨리고 만다. 저녁 히라야마가 왔다.

5월 3일 금요일.

쾌청. 아침에 쌀쌀해 스토브를 켠 후에 끔.

오늘도 최대한 기분전환을 하려 했지만 결국 다시 노라가 떠오른다. 아내가 "노라가 돌아왔어요" 하고 말하는 걸 상상하며 혹은 뜰로, 서재 창문으로, 세면장 앞 나무문 근처로, 언제나 노라가 드나들던 부엌문 바깥 디딤돌 위로 돌아오는 모습을 상상한다. 그게 전부 현실이 아니라서 떠올리기 전보다 한층 더 서글퍼졌다.

5월 4일 토요일.

쾌청, 오전 약간 햇살 후 반청. 스토브를 켬.

밤에 아내에게 노라가 나간 3월 27일의 일을 다시 들은 뒤 오늘로 39일째니까 혹 이젠 돌아오지 않는 경우도 생각해 둬야 할 것 같다고 서로 이야기하며 울었다.

5월 5일 일요일

흐리고 약간 햇살. 바람이 강하게 붐.

저녁에 히라야마가 왔다. 그가 돌아간 뒤 다시 노라는 지금 어디에 있는 걸까 싶어진다. 노라가 드나들곤 했던 부엌문을 볼일도 없이 하루에 몇 번씩 기합을 넣으며 열어보지만 헛되이 닫게 될 뿐이다. 자기 전 마지막으로 이제 돌아오거라 하고 빌며 닫는다. 늘 밤바람이 줄줄 불어 들어올 뿐이다.

5월 6일 월요일.

비. 저녁부터 스토브를 켬.

아침 6시 혹은 7시경 실눈을 떠보자 아내가 목욕장 문을 먼지떨이로 털고 있었다. 지금 목욕장이 아니라 옛날 어린 시절 시호야(志保屋: 핫켄의 어린 시절 집에서 경영하던 양조장 이름)의 목욕장인가 싶기도 하지만 그것도 아닌 것 같다. 먼지떨이 소리 사이로 "이러고 있으면 노라가 냐아— 냐아— 하고 우는 것 같은 기분이 들어서 어쩔 수가 없네" 하고 말하는 꿈을 꿨다.

아내는 시계 꿈을 꿨다고 밥상에서 이야기했다. 시계 꿈은 사람이 돌아올 전조라고 하여 아내는 손목시계가 하나도 없는 주제에 빈번히 이곳저곳을 들쑤시고 있는 듯하다. 그리고 먼지떨이로 청소하는 꿈을 꾼 사실이 떠오르자 오늘 아침 실눈으로 꾼 얕은 꿈이 번갈아 생각나서 가슴이 덜컥 내려앉았다. 먼지떨이 꿈은 3일 안에 사람이 돌아온다고 한다. 고양이가 돌아올 조짐은 아니지만 이렇다면야 마찬가지다. 어쩐지 경쾌한 기분이 들었다.

5월 7일 화요일

비.

저녁 밥상에서 분명 노라가 우는 듯한 기분이 들었는데 하루 이틀 전부터 목에 이상이 생겨서 감기 기운으로 천식이 생기려 하는 목 안쪽소리였다.

5월 8일 수요일

비, 오후부터 갬. 반청반담.

붉은 얼룩의 줄무늬 고양이는 높이 올라가며 멀리까지 달려간다고 한다. 그런 사실은 몰랐었고 또 노라는 선택해서 키우려 한 고양이도 아니다. 노라는 작은 헛간 지붕에서 내려왔다.

5월 9일 목요일.

쾌청.

오후가 지나 미노(美野)가 와서 어딘가 미용실 고양이는 여름 내내 7, 8, 9월 3개월 동안 돌아오지 않다가 있는 곳을 알아내서 데리고 왔다고 하는 이야기를 해줬다. 암컷이 있는 곳에 있었다고 한다.

오후에 거실에 앉아서 정원을 바라보자 정원석을 걸어오던 고양이가 이쪽을 정면으로 바라보며 앉아서 사람 얼굴을 지그시 보고 있었다. 아니, 노라인 게냐? 노라가 커다란 목소리를 냈다. 냐아— 하고 울며 태연하게 앉아 있다. 잠시 보고 와달라며 아내를 불렀지만 아니었다. 하지만 아직 미련이 남아 정원용 나막신을 신고서 옆으로 가보자 어슬렁어슬렁 걸어서 건너편으로 사라져 버린다. 꼬리 앞부분이 다르다. 게다가 배가 불러있는 듯하다. 노라가 사라지게 된 뒤 자주 담장 위로 찾아오던 암컷 고양이였다. 저게 노라였다면 하고 계속 떠올라 자제했다.

5월 10일 금요일.

쾌청.

오랜만에 항상 주문하던 초밥가게 주먹밥이 먹고 싶었다. 하지만 바로 노라가 그렇게나 좋아하던 계란부침이 떠올라 먹고 싶던 기분이 사라졌다. 그만두었다.

5월 11일 토요일

맑다가 오후 약간 햇살. 흐린 뒤 밤에 비.

오후에 더워서 열어둔 부엌문을 통해 검은 고양이가 집안으로 들어온 듯했다. 나가는 모습을 발견한 아내는 노라가 쫓아간 검은 고양이가 분명하다고 한다. 그 검은 고양이가 온 것도 40여 일 만이다. 그렇다면 혹시 노라도 돌아올지 모른다. 아니면 어딘가에 홀로 내버려두고 온 걸까.

노라에 대한 삽입 광고 제3회째 인쇄물이 완성되었다. 이번에는 5,500부이다. 기쿠지마가 이전 2회 때처럼 들고 갔다.

세 번째로

길 잃은 고양이에 대해 여러분께 부탁드립니다. 어디론가 사라져 아직 돌아오지 않은 저희 집고양이는 샴고양이도 페르시아고양이도 앙골라고양이도 아닌 지극히 보통의, 근처 어디에나 있는 평범한 잡종 고양이입니다.

하지만 돌아오지 않다가 곤란하게도 혹시 거리 자동차에 치인다거나, 다른 곳 툇마루 아래에 죽어 있다거나, 고양이 장수에게 잡혀간다거나 하는 일도 없을 순 없겠지만 이미 하나하나 생각해 본 결과 알아

볼 수 있는 만큼 알아본
끝에 그런 일은 아마 없을
거라고 판단하게 되었습
니다.

즉 어딘가 댁에서 길 잃
은 고양이를 키우고 있거
나, 혹은 그다지 밖으로

3차 수색전단

나가본 적 없는 어린 고양이라서 집으로 돌아오는 길을 못 찾고 길을
잃어버렸다고 생각됩니다. 어딘가에서 비슷한 고양이를 보신 분께서
는 알려주시기 바랍니다. 부탁드립니다.

대단히 실례를 끼쳤습니다만 고양이가 무사히 돌아온다면 일말의
성의와 사례로 3,000엔을 드리고 싶습니다.

고양이 특징

1. 수컷 고양이 2. 등에 연붉은 호랑이 무늬에 하얀 털이 많음 3. 복
부는 순백색 4. 몸집이 커서 한 관 이상이지만 야위었을지도 모름 5. 생
김새와 눈매가 순함 6. 눈은 푸르지 않음 7. 수염이 긺 8. 생후 1년 반이
지남 9. 노라, 하고 부르면 반응함. 전화번호 33-abcd.

8

　노라야, 너는 3월 27일 오후 속새 수풀을 빠져나가 어디로 가버린 게냐. 그 이후로는 바람 소리가 나도 빗방울이 떨어져도 네가 돌아온 걸까 싶고, '오늘은 돌아올까?' '지금 돌아오고 있을까?' 하며 기다리는데, 노라야, 노라야, 너는 이제 돌아오지 않는 게냐.

노라야 노라야

1

 이 원고의 서두는 '노라는 몇십여 일 만인 몇월 며칠, 마침내 길을 찾아낸 듯 야위고 더럽지만 무사한 채로 돌아왔다'라고 쓸 생각이었다.
 노라가 사라진 다음날부터 집에선 근처 일대를 열심히 찾아다녔는데 세상을 향해 부디 짐작 가는 곳을 알려주시길 바란다며 부탁한 건 4월 10일 신문 안내광고가 처음이었다. 노라가 돌아오면 광고를 보고서 걱정해 준 사람들에게 인사를 해야 한다. 그 광고 문안도 생각해 두었다.

 고양이 귀가

4월 10일 본란에 기재된 고양이는
무사히 돌아왔습니다, 걱정해 주신
분들께선 부디 안심하시길 33-abcd

하지만 신문 안내광고는 짐작 가는 범위가 비교적 좁은 고양이 수색엔 그다지 효과가 없는 걸 깨닫고서 다음에는 신문배달소에 부탁해 삽입 광고를 하기로 했다.
 삽입 광고는 10일부터 2주에 걸쳐 지금까지 세 번을 했다. 그러므로 고양이가 돌아오면 그 전단을 보고 걱정해 준 사람들에게 인사를 전해야 한다. 수가 많아 하나하나 인사하러 나가거나 감사장을 쓸 수 없어서 역시 삽입 광고로 인사할 생각이었다. 그 문안도 완성해 두었다.

'미아 고양이가 된 저희 집 노라는 몇십여 일째인 몇월 며칠 무사히 홀로 돌아왔습니다. (혹은, 데리고 돌아왔습니다) 걱정해 주신 분들께선 부디 안심해 주시길 바랍니다.
 이 일로 매번 번번이 친절하게 전화해 주신 분들, 특히 바쁘신 중에 민폐를 끼치게 된 여러 댁에 진심으로 감사드립니다.'

하지만 고양이 찾기로 사람들을 번거롭게 했을 뿐만 아니라 나 자신도 노라가 돌아오지 않는 탓에 눈이 잘 보이지 않고 잠을 잘 수 없어서 몹시 야위고 허약해져 근처 여러분께 걱정을 끼쳤다. 노라가 돌아오게 된다면 축하 겸 안심을 시켜 드려야 한다.

그 안내장 초고도 써두었다. 발송은 노라 명의로 한다. '저'라고 하는 건 노라를 말한다.

'저는 대자연의 명을 받아 잠시 집을 비웠습니다만, 그사이에 제 주인이 몹시 걱정하셨다고 하여 여러분께 폐를 끼쳤습니다. 이번에 무사히 귀가하였으니 여러분께서 안심하시길 바라며 조찬을 대접하려 하는데 주인은 제 실종 동안 일이 손에 잡히지 않았던 듯 굉장히 빈핍(貧乏)하여 어쩐지 곤란해 보입니다. 그러므로 여러분께 대접할 만찬은 언제나 주인께서 여러분께 대접했던 것의 절반 정도일까 싶지만 아무튼 오늘 밤 반드시 마련할 예정이니 저를 위해 건배를 부탁드리겠습니다. 저는 의자에 앉는 게 불편해 이만 실례하고 주인을 대리함에 부디 양해 부탁드립니다.'

노라의 초대장도, 신문 삽입 광고 감사장도, 신문안내란 광고도 전부 사용할 수 없었다. 노라는 아직 돌아오지 않았다.

이렇게 긴 동안 돌아오지 않고 아무리 찾아봐도 찾을 수 없다면

(1) 길가에서 자동차에 치였다던가
(2) 고양이 장수가 잡아갔다던가
(3) 어딘지 모를 곳에서 죽었다던가

라는 것들도 생각해 봐야 한다. 그럴 리가 없다고 단언할 수 없을지

모른다. 하지만 (1)의 자동차의 경우에는 치인 고양이를 처리했다는 장소를 일일이 방문하여 그 근처 사람들에게 노라와 닮았는지 어떤지 물어보고 구역소 도로과에도 물어보았다. 죽은 고양이를 묻었다고 하는 연락도 몇 번이나 받았지만 털 모양이나 꼬리가 노라와는 다른 것 같았다. 한 달 정도 전에 묻었다는 고양이가 어쩐지 닮은 것 같아서 그 집에 가 정원 구석을 파보았다. 처음에 꼬리가 나왔는데 한눈에 봐도 노라가 아니었다.

(2)의 고양이 장수는 대개 샤미센 가죽으로 쓸 목적일 것이다. 가죽에 손톱 상처가 있으면 사용할 수 없다. 발정이 나서 싸움을 한 고양이는 적당하지 않다. 노라는 발정이 난 채로 나가버렸다. 일단 그렇게 잡히지는 않았을 것이다.

(3)의 어디선가 죽었다고 하는 경우는 한층 더 희박하다. 어린 고양이가 죽을 리가 없다고 한다. 누군들 모두 그렇게 말한다. 나도 아내도 고양이를 키워 본 경험이 없어서 사람들이 말하는 걸 믿는 수밖에 없지만, 그렇게 말한다면야 믿고 싶을 따름이다.

즉 어딘가 살아있는 게 틀림없다. 노라는 살아있다. 다음날 큰비가 내려 집으로 돌아오는 길을 잃고 길 잃은 고양이가 되었을 것이다. 반드시 찾아내서 데리고 돌아올 것이다. 어딘가 알 수 없는 곳을 갈팡질팡하는 모습이 떠오르면 불쌍해 견딜 수 없다.

여름 내내 7, 8, 9월 3개월 동안 실종되었던 고양이를 데리고 돌아왔다는 이야기를 들었다. 곳곳에서 받은 편지에는 6개월은 기다려야 한다고 하기도 하고, 완전히 모습이 바뀌긴 했지만 9개월 만에 무사히 돌아왔다는 경우도 있었다. 친절한 사람들이 알려준 사례들에 의지하여 노라를 기다리며 반드시 노라를 찾아낼 것이다.

2

전편 「노라야」 이후로 며칠 후.

5월 11일 오후 집 바깥에서 고양이가 냐아— 냐아— 하고 우는 소리가 들려 아내가 보러 나갔다. 나도 보러 나가보았다. 건너편 옆집 담장 위에 있었다. 노라와 꽤 닮았지만 아내가 아니라고 한다.

아내가 집으로 들어간 뒤에도 아직 서 있다. 뭔가를 응시하는 건지 잘 알 수 없었다. 하지만 노라였다면 거기까지 돌아온 이상 집으로 들어올 것이기에 바라보기를 그만두었다.

우선 집으로 들어왔지만 신경이 쓰여 다시 한 번 보러 나가보자 우리 집 담장 위에 앉아 있다가 내 모습을 보고 이웃집 뜰로 뛰어내렸다. 그 뒷모습으로 짧은 꼬리가 분명하게 보여 언젠가 본 적이 있는 다른 고양이란 걸 알 수 있었다.

오늘 자 석간신문에 노라 수색 세 번째 삽입 광고가 실렸다. 저녁부터 밤까지 관련 전화가 열네 통이나 걸려 왔다. 대개 전부 친절했지만 중에는 한둘 장난 전화도 있었다.

전단 문면(文面) 마지막 줄에 '노라라고 부르면 반응함'이라는 부분을 구실 삼아 일부러 전화를 걸어 왔다. 아내가 가서 응대한다.

"반응했나요?"

"네"

"뭐라고 하나요?"

"냐아—라고 합니다."

그러더니 뚝 끊겨 버렸다. 옆에서 듣다가 화가 치밀어 아내에게 말했다.

"어째서 '응! 이라고 합니다'라고 하지 않는 거야."

5월 12일 일요일

때때로 비.

아침부터 노라 전화가 걸려 온다. 그중 하나, 기오이쵸(紀尾井町)의 시미즈다니(淸水谷) 공원 앞 어느 집에서 알려준 게 신경 쓰여 아내가 바로 달려갔지만 아니었다.

오후 반초 로쿠초메의 어느 집에서 죽은 고양이에 대해 알려주었다. 묻어두었으니 한 번 보러 오라고 한다. 아내를 바로 보내려 했지만 소나기가 거세게 내려 잠시 기다렸다가 나갔다. 파 보았지만 아니었다고 한다.

밤 10시 구단 기생집에서 전화가 와서 아내가 바로 가보았지만 노라가 아니었다.

노라에 대한 전화는 오늘 하루 동안 여섯 통, 그 외 두세 통은 조롱하는 듯한 것도 있었다.

5월 13일 월요일.

쾌청, 한때 옅은 볕이나 다시 쾌청.

오후에 요쓰야(四谷)역에 고양이를 데리고 올 테니 보러 오라고 하는 이상한 전화가 걸려 왔다. 기쿠지마를 보냈지만 아니었다. 갑자기 고양이를 들고 오겠다는 게 이상하게 느껴졌지만 친절하게 배려해 주셔서 감사하다.

오늘은 노라 전화가 네 통 있었다.

5월 14일 화요일.

쾌청, 저녁에 비.

생각하지 않으려 했지만 문득 노라는 어디로 가버린 건가 싶어진다. 불쌍해서 눈물이 멈추지 않는다. 이미 전편「노라야」를 조목조목 써 내리며 이젠 평정을 잃은 스스로의 마음에 뚜껑을 덮었다고 생각했지만 역시나 내가 쓴 글들이 계속 나를 쫓아온다.

오늘 아침에 일어나기 전 꿈에서 옛날 여섯 살 정도로 어렸던 당시 아미노하마(網浜; 햣켄의 고향인 오카야마 내 구역)의 후쿠오카(福岡) 누님댁에 노라가 있었는데 털 모양이 인쇄물에 쓰인 것과는 다르다는 생각이 들었다.

5월 15일 수요일.

쾌청.

일어나서 앉아 있는데 아무런 계기도 없이 갑자기 노라가 떠올라 눈물이 흘렀다. 오늘같이 날씨가 좋은 날에 어느 담장 위에서 꾸벅꾸벅 낮잠을 자고 있을까 싶다. 고양이는 꿈을 꾸지 않을 테니 내 걱정은 닿지 않을 것이다.

오후에 노라로 짐작되는 전화가 있었지만 털 모양이 달랐다.

노라는 나간 것이 아니다. 돌아오지 못하게 된 것이다. 더욱이 온갖 수단을 다해 찾아내야만 한다. 길을 찾을 수 없어져 버린 게 불쌍해 견딜 수 없다.

5월 16일 목요일.

쾌청.

이삼일 전부터 헛간 앞쪽으로 우리 집에 찾아오는 두세 마리 고양이에게 밥과 생선 먹다 남은 걸 주고 있다. 혹시 이 고양이들과 일행이 되어 노라가 돌아올 단초가 되지 않을까 생각이 들었기 때문이다. 아내가 오늘 아침에는 돼지비계를 줬다고 말하자 어젯밤 닭고기 전골에 닭고기 기름이 너무 많아서 냄비에 넣지 못하고 남긴 게 떠오르고 노라에게 주고 싶다고 생각했던 게 떠올라 다시 눈물을 멈출 수 없었다.

밤중이 지나기 전, 못에 흐르는 물을 전부 비워내기 위해 수도 나사를 돌리려고 정원으로 나갔다가 돌아오는 길에 부엌문 바깥에서 열어달라는 듯 고양이가 냐아— 냐아— 하고 울고 있었다. 노라와 무척 닮은 꼬리가 짧은 고양이로 길 잃은 고양이인 듯하다. 들고양이는 아닌 것 같다. 이 장 서두, 5월 11일경 담장 위에 있던 고양이로 지나치게 닮은 목소리를 내서 곤란하다. 노라도 지금쯤 어디선가 이런 목소리로 모르는 사람에게 뭔가를 졸라대고 있는 건 아닐까 싶어 괴로웠다.

3

5월 17일 금요일.

쾌청.

노라가 사라진 지 52일째다. 노라는 이제 돌아오지 않는 걸까. 하지만 분명 돌아올 거라고 아직 생각한다. 노라를 찾는 손을 조금도 늦추지 않고 반드시 찾아낼 것이다.

요새 집으로 항상 찾아오는 노라와 닮은 고양이가 저녁이 되자 먹을 걸 졸라대며 노라와 꼭 닮은 귀여운 소리로 울어대서 그때마다 노라 생각이 나 매우 괴롭다. 그러면 다시 같은 식으로, 노라도 지금쯤 저녁이 되어 배가 고파져서 어느 부엌 바깥에서 저런 식으로 울고 있는 건 아닐까 싶다. 아내에게 빨리 뭔가 주라고 말하는데 눈물이 멈추지 않는다.

5월 18일 토요일

쾌청.

언제나 자기 전에 부엌문을 열고 노라가 돌아오지 않았는지 주위를 돌아다녀 본다. 오늘 밤도 자정이 지나 잠들기 전에 문을 열어보자 이삼일 전부터 자리 잡은 듯한, 노라와 무척 닮고 꼬리가 짧은 예의 고양이가 앞을 서성이고 있다. 아직 뭔가가 부족한 듯하다. 다시 같은 식으로, 노라도 지금 어디선가 야밤중 어느 부엌 바깥을 서성이고 있는 건 아닐까 하는 생각이 들어 아내에게 서둘러 뭔가 주라고 말하며 눈가를 꾹 눌렀다.

5월 19일 일요일

구름.

아침 일찍 노라에 대한 일로 구단 욘초메에서 전화가 와서 눈이 뜨였다. 이어서 고반초의 아무개 씨로부터도 연락이 왔다. 양쪽 모두 아내가 보러 갔다. 고반초 쪽은 다녀온 사이에 다시 전화가 와서 한 번 더 달려가 보았지만 어느 쪽도 노라가 아니었다.

5월 20일 월요일

비, 정오 큰비가 내려 오후 잠시 멈췄다가 다시 내림. 저녁에 갬.

아침 산반초의 아무개 씨로부터 노라에 관해 연락이 왔다. 비가 멈추면 아내가 가보기로 했다. 저녁이 가까워진 5시 조금 전, 오늘 아침 산반초에서 지금 그 고양이가 있다고 연락이 와서 바로 아내가 가보았다. 아내가 전화로 노라가 아니었다고 알려주었다.

저녁, 노라와 닮은 예의 고양이가 또 졸라대며 울고 있다. 노라가 떠올라 견딜 수 없다. 고양이 통의 의견에 따르면 이 고양이는 노라의 형제, 노라보다 전에 태어난 형님일 것이라고 한다. 그럴지도 모른다. 노라의 부모는 들고양이라서 그 부모가 어디선가 낳은, 배를 함께한 새끼일지 모른다. 털 모양이 같을 뿐만 아니라 행동거지, 표정이 똑 닮았고 목소리도 노라보다 살짝 흉하긴 하지만 소리 성질이 똑같다. 가장 그럴싸한 점은 꼬리가 노라보다 짧긴 해도 노라처럼 앞부분이 굽어서 갈고리처럼 되어 있다는 점이다.

어디서 키우던 고양이가 길을 잃어버린 건지 알 수 없지만 이렇게 집에 있는 이상 배가 고프게 하고 싶진 않다. 아무리 닮은들, 형제라고 해도 노라를 대신할 순 없지만 이 고양이가 집 근처에 자리 잡은 건 한 가지 실용적인 의미가 있다. 나나 아내는 아무리 시간이 흘러도 노라를 몰라볼 수 없겠지만 다른 사람에게 부탁해 노라인지 아닌지 확인해 볼 때가 있다. 그 경우 이 고양이를 꼬리 길이만 다른 노라의 견본 삼아 이렇게 생겼으니 잘 보고 와달라며 부탁할 수 있다.

저녁에 전화가 걸려 왔다. 남자 목소리가 "당신들이 찾고 있는 고양이를 찾았으니 내일 정오 즈음 데리고 가도록 하지" 하고 말한다.

아내가 "어떤 고양이입니까?" 하고 물으려 하자 "그런 건 몰라" 하고 말하며 전화가 뚝 끊겨 버렸다.

이전부터 지금같이 말해 놓곤 전혀 얼굴을 비추지 않는 식의 일이 계속 일어나고 있다. 집안사람들만 찾는 게 아니라 세상을 향해 협력을 요청한 이상 어딘가의 누군가가 무슨 생각을 하며 무슨 일을 꾸미는지 알 수 없다. 그저 장난일지도 모르지만 일단 그런 생각을 하며 경계해야만 한다.

바로 두세 방면으로 수배를 냈다.

노라가 서둘러 돌아오지 않으면 점점 이상한 일들이 벌어질 것 같다.

5월 21일 화요일

쾌청.

어젯밤 전화 때문에 오늘은 다소 어수선했지만 누구도 고양이를 데리고 오지 않았다. 하지만 당분간은 계속 경계를 풀지 않으려 한다.

노라에 대한 전화 외에도 이번 18일에 나온 「주간신초」 5월 27일호 신문 삽입 광고 기사를 보고서 친절한 연락이 아닌 이상한 전화가 몇 번이나 걸려 왔다. 또 괴상한 편지도 왔다.

오늘도 역시 저녁이 되자 노라와 닮은 언제나의 그 고양이가 부엌 바깥에서 냐아— 냐아— 하고 운다. 괴로워서 듣고 있을 수 없다. 아내는 그 고양이를 상대로 그렇게 우리 집을 떠나고 싶지 않다면야 노라를 데리고 오면 같이 키워주겠다고 약속했다고 한다.

4

5월 22일 수요일

약간 햇볕 뒤 흐림.

9시가 지나 노라 전화로 눈이 뜨였다. 반초 욘초메 어느 집으로부터 연락이었다. 곧장 전화로 기쿠지마 직장에 연락해 보러 가게 했다.

기쿠지마가 전화로, 자신은 분별이 가지 않는다. 여태까지 본 것 중에선 제일 비슷한 것 같다. 바로 아내에게 가보게 했다.

아내가 가보았지만 닮긴 해도 노라는 아니었다고 한다.

아내는 어젯밤 노라 꿈을 꿨다고 한다. 보통 늘 그랬던 것처럼 근처 담장 위에 있었다고 한다.

두붓집 배달원 아가씨가 오늘 아침에 와서 "노라가 돌아왔나요?" 하고 묻는다. 왜 그러냐 묻자 어젯밤 밤새도록 노라 꿈을 꿔서 그렇게 생각했다고 한다.

저녁부터 외출해서 스테이션 호텔에 갔다. 그렇게 부재중이던 사이 아내는 노라 연락 전화로 요쓰야(四谷) 혼시오초(本塩町)에 가보았지만 아니었다. 또 노라인 듯한 고양이가 찾아왔다는 동네 어느 집에도 들러보았지만 없었다고 한다.

5월 23일 목요일.

쾌청.

아침부터 이상한 전화가 몇 통 걸려 왔다. 한 번은 여자 목소리로 "여보세요, 우치다 씨 계신가요?" 하고 말해서 "그렇습니다" 하고 대답하자 뚝 끊겨 버린다. 한 번은 부르기만 하고 아무런 말도 없다. 이런 일은 이전에도 몇 번이나 있었다. 무슨 일을 꾸미는 건지 알 수 없다.

얼마전부터 보이던 예의 노라와 닮은 고양이가 역시나 집 근처에서 사람들을 보며 노라와 비슷한 목소리로 냐아— 냐아— 하고 운다. 오후에 문 근처로 나가보면 따라와 몸을 문지르며 디딤돌 위에 빙글 드러눕더니 머리를 들어 올리며 긁어달라는 듯이 군다. 노라와 똑 닮아서 바라보자 눈물이 흐르기 시작한다. 너무 닮아서 문득 노라가 아닐까 하는 생각이 들었지만 꼬리가 짧다.

오후 니반초의 누군가로부터 연락이 와서 기쿠지마가 보러 갔지만 그 고양이는 없었다.

밤에 구단 어느 집에서 전화로 자기들 집 고양이도 사라졌는데 특징이 노라와 닮았으니 함께 찾아달라고 한다. 그 이야기 속 고양이는 귀 뒤쪽에 상처가 있다고 한다. 마침 그 자리에 있던 기쿠지마가 노라를 찾으러 갔다가 그런 고양이를 본 적이 있다고 해서 다시 상대편에게 전화를 걸어 알려주었다.

5월 24일 금요일

쾌청

아침에 일어나 잠을 깨려고 담배를 피우는데 아내와 앉아 있던 노라가 떠오른다. 오늘은 59일째, 내일이면 2개월이다. 노라가 혼자서 돌아올 가능성은 점점 희박해지는 듯하다. 어디로 가버린 걸까. 다시 눈물이 멈추지 않는다.

하지만 2개월, 3개월이나 후에 돌아왔다고 하는 세상의 예들도 많이 들었다. 혹은 돌아오는 중인지도 모른다. 찾는 손을 조금도 느슨하게 할 수 없다.

정오 즈음 또 이상한 전화가 걸려 와서 이쪽을 부르기만 하다가 뚝 끊겼다. 그전에도 한 통 걸려 오고, 오후에 다시 똑같은 전화가 걸려 와서 아무런 말도 없었다.

어젯밤 기쿠지마가 알려준 구단 어느 집에서 전화가 걸려 와 알려준 곳에 가보았지만 아니었다고 한다. 다른 집의 실망도 타인의 일 같이 느껴지지 않는다.

이쓰조야(日쐬) 정원사가 와서는 "이 정도로 찾아봤는데도 나오지 않는 건 어쩌면 외국인이 사는 곳에 들어가 버려서 그대로 키워지고 있는 건 아닐지. 줄곧 삽입 광고에 넣은 전단도 외국인에겐 효과가 없을 테고. 외국인 마을에도 한 번 찾아달라고 해보시는 게 어떨까요?" 하고 말한다.

거기까진 신경이 닿지 못했다. 서둘러 그 방법을 실행해야겠다.

하지만 생각해 보니 샴고양이, 페르시아고양이, 앙골라고양이 따위라면 외국인이 키울지도 모르지만 노라는 어디에나 있는 극히 보통의 평범한 고양이이다. 그들이 흥미를 느낄 것 같지 않다.

하지만 다시 한 번 생각해 보자 노라 같은 고양이가 극히 평범하다는 건 우리들의 이야기지 외국에서 온 그들에겐 진귀할지도 모른다. 게다가 노라는 누가 봐도 귀엽게 생겼다. 정원사가 이야기한 경우가 없을 거라곤 장담하지 못한다. 역시 외국인 마을을 찾아보기로 결정했다.

외국 신문 삽입 광고로 할지 어떻게 할지는 나중에 생각하기로 하고 우선 전단을 만들자. 미노에게 부탁해 뒀더니 저녁에 그 프린트를 들고 왔다.

Inquiring about a Missing Cat

Have you not seen a stray cat?
Are you not keeping a lost cat?

It is a tom-cat, one and half year old, was around 8 to 9 pounds. He is whitish brown tobby on his back and white on his chest, with long tail curled at the tip, and with soft eyes not blue. He answers to the name "Nora" with a miaow. He is not of a special breed like Persian or Siamese, but is just a common Japanese cat.

He was last seen with a black she-cat on March 27.

As he was a real pet of this family, we miss him very much and we are anxious to know where he is or how he is.

Please call Tel. 33-abcd (in Japanese please) if you know or have seen such a cat.

If "Nora" returns home safely, 3000 Yen will be offered to the person who gave the information. It will be greatly appreciated.

5월 25일 토요일

비.

아침에 서재로 엽서를 가지러 가서 속달용 우표를 꺼낸 뒤 붉은 금을 긋기 위해 붉은색 연필을 서랍에서 꺼내려 하는데 유리창 밖에서 소리가 났다. 노라가 밖에서 돌아왔을 때와 같은 기척이 나서 꺼내려던 것들을 던져 버리고 황급히 열어보자 예의 노라와 닮은 고양이가 사람 얼굴을 바라보며 노라와 똑같은 목소리로 냐아— 냐아— 하고 운다. 참을 수 없어 오랫동안 내리 울었다. 정말로 노라였다면 얼마나 기뻤을까. 한순간에 만사가 회복되었을 텐데 하는 생각이 들었다.

5

5월 26일 일요일.

쾌청, 오후 바람이 붐.

역시 이상한 전화가 걸려 온다. 아내가 전화기를 들고서 잠시 침묵하자 바로 뚝 끊겨 버린다.

노라 찾기 전화 외에도 곳곳에서 노라에 대해 친절한 편지가 온다. 오늘 아침도 우편물 중에 섞여 있던 내신(來信)을 골라내려 하는데 마음이 쏠려 눈물이 나와서 오전 내내 멈추지 않았다.

오후가 지나 23일 구단 어느 집에서 노라와 닮은 고양이가 있다는 전화를 걸어왔다. 아내가 물어봤지만 노라와 다른 것 같아 보러 가지 않았다.

밤에 히라야마가 돌아간 뒤 아무런 이유도 없이 노라가 떠올라 눈물이 멈추지 않는다. 아내는 그러다가 몸을 해친다고 말한다. 그렇게 말하는 아내가 노라를 끌어안고 집안 곳곳을 걸어 다니며 "착한 꼬마, 착한 꼬마, 우리 노라는" 하고 말하던 게 떠올라 쓸쓸해서 견딜 수 없다.

5월 27일 월요일.

쾌청 약간 볕 뒤에 다시 쾌청.

점심 휴식시간에 기쿠지마를 불러내 아내가 노라와 닮은 고양이가 자주 나온다는 동네 어느 집으로 고양이를 보러 갔지만 없었다.

오후에 예의 노라와 닮은 그 고양이가 부엌 입구에서 냐아— 냐아—

하고 울고 있어서 아내에게 알려주었다. 아내가 나가서 뭔가를 준 것 같다. 현관 앞에 떨어진 휴지를 주워 부엌 철망에 버리러 가면서 살펴보자 아내가 그 고양이에게 손으로 어묵을 갈가리 찢어 준 것 같다. 나를 바라보는 얼굴이 노라와 너무 똑 닮아서 눈물이 멈추지 않는다. 노라가 계란부침을 받아먹던 모습이 떠올라 견딜 수 없이 가여웠다.

5월 28일 화요일

약간 볕, 오후 흐림.

아침에 일어나 곧장 아내에게 오늘도 기쿠지마를 점심 휴식시간에 불러내 어제 그 집으로 고양이를 보러 가게 하려 하는데 갈 때마다 상대한테 폐를 끼치게 된다. "가지 않아도 상대편에서 제대로 해주고 있으니까" 하고 말해서 노라의 그림자가 점점 옅어져 멀어져가는 것 같아 울지 않을 수 없었다.

아내가 전화를 걸어 기쿠지마에게 와달라고 부탁했지만 눈물은 내내 멈추지 않는다.

정오가 지나 기쿠지마가 온 뒤 아내가 보러 갔지만 그 집에서 키우던 암컷 고양이가 돌아오지 않아 같이 붙어 다니던 수컷 고양이도 없었다고 한다.

얼마 전부터 보이던 그 노라와 닮은 고양이는 오늘도 집 근처에 있다. 아마도 쭉 그곳에 있었던 것 같다. 가능한 한 보지 않으려 하는데 아내가 항상 뭔가를 주며 "빨리 노라를 데리고 오렴, 데리고 오면 너도 같이 키워 줄 테니까" 하고 고양이와의 약속을 반복해서 들려주는 것 같다.

5월 29일 수요일

흐리고 약간 비.

오늘이 생일이라 밤에 제8회 마아다카이(摩阿陀会; 핫켄의 생일마다 제자들이 모이던 모임으로 '아직이냐?'라는 일본어 표현과 발음이 같음)에 다녀왔다. 노라가 집에 있었다면 특별 성찬을 받았을 것이다.

오후 동네 로쿠반초 어느 집에서 노라인 듯한 고양이 연락이 있었다. 바로 아내가 달려가 보았지만 아니었다. 언젠가 그 이웃집 모 댁에서 봤던 고양이가 건너간 것이라고 한다. 노라가 아닌 같은 고양이를 몇 번씩이나 만나게 되어도 어쩔 수 없다. 그 노력을 아끼려고 한다면 노라는 찾을 수 없다.

시나가와(品川)의 누구 씨가 전화로 노라에 관해 물어보며, 자신의 집에 생후 2개월 된 삼색 수컷 고양이 새끼가 있다. 그걸 노라 대신 주겠다고 말한다. 호의를 정중히 거절했다. 아무리 좋은 고양이인들 노라를 대신할 수 없다. 노라는 노라가 아니면 안 된다.

다시 한 번 독자에게서 전화가 왔다. 남자 목소리이다. 친절하게 위로해 주면서 6개월은 기다리라고 한다. 6개월은 기다려야 한다는 말은 다른 곳에서도 들었다. 지금껏 경험해 본 적이 없어서 그런 걸 알려주는 것만으로도 감사하다. 오늘 온 편지에는 8개월을 기다리라는 말도 있었다.

밤 12시경 마아다카이에서 돌아왔다. 출석한 40여 명 중 10명이 나를 따라왔다. 혹 배웅하러 와 준 건지도 모른다.

부재중에 아카사카(赤坂)의 누군가와 이전 이씨 왕조 저택 뒤편 프린

스 호텔에서 노라 전화가 와서 아내는 우리가 돌아오자 바로 엇갈리듯 프린스 호텔로 보러 갔다. 아니었다고는 하지만 한밤중 12시가 지나서까지 그 길 잃은 고양이를 세워 두고 있어 준 호의에 감사를 다할 길이 없다.

5월 30일 목요일.

비. 쌀쌀해서 스토브를 켬.

밤 12시가 지나 세면장 바깥에서 소리를 내며 격자 틈으로 창을 들여다보려 하는 건 꽤 이전부터 우리 집을 떠나려 하지 않는 예의 노라와 닮은 그 고양이다. 어째서 이 고양이는 서재 유리창으로 올라오거나 세면장 격자를 기어오르거나 하며 마치 노라가 돌아온 것 같은 행동을 하는 걸까. 노라가 아니라는 생각이 들어도 두 눈으로 짧은 꼬리를 확인하지 않는 한 단념할 수 없다. 그러던 사이 눈물이 흘러 버린다.

5월 31일 금요일.

쾌청.

이른 아침 7시 노라 전화에 눈이 뜨였다. 히라카와초의 모 여관에서였다. 노라와 꽤 닮은 고양이가 지붕 위에 있다고 한다. 이야기 모양새론 꼬리에 관한 점을 제대로 확인할 수 없어 다시 한 번 확인해 본 뒤 알려주기로 했다.

도로 누워 잠들려 하는데 11시 전 노라 전화로 다시 눈이 뜨였다. 반초 욘초메 어느 아파트에서의 연락이었다. 그 근처 소고기집 청년에게

가 봐달라고 부탁했다. 몸집이 작아 노라가 아니었다고 알려주었다.

　오후 기쿠지마에게 부탁해 29일 부재중일 때 연락받았다는 아카사카의 누구 씨에게 고양이를 보러 가게 했다. 돌아와서 노라가 아니었다고 말해 주었다.

　밤 9시 수상관저와 그랜드 호텔 사이 모 기숙사의 모 씨에게서, 지난 4월 20일 라디오로 노라에 대한 방송을 듣기 30분 정도 전에 죽은 고양이를 묻었었다. 지금 「소설신초」에서 「노라야」를 읽는데 다시 떠올라서 연락했다고 한다. 아내는 파보고 싶다고 했지만 털 모양을 이야기하는데 검은색이 섞여 있었다고 해서 삼색 고양이라는, 요컨대 노라가 아니란 사실이 밝혀졌다.

　그 죽은 고양이는 노라가 아니었다. 하지만 곳곳에서 모르는 사람들이 친절하게 알려주는 소식을 거의 빼놓지 않고 보러 가며 노라를 찾고 있는데도 아직 발견하지 못했다. 노라야 너는 어디로 간 게냐 하고 생각하며 강물처럼 흘러내리는 눈물을 멈출 수 없다.

6

6월 1일 토요일.

쾌청.

화창한 음력 5월의 훈풍이 불어와 29일 마아다카이의 피로도 싹 가시고 상쾌한 기분이 들었다.

아침 일찍부터 일어나있던 아내를 향해
"일어났어."
"네, 좋은 아침."
"몸은 어때?"
"괜찮죠" 하고 말한다. 그다음엔 정해진 대로 "고양이는?" 하고 물어보며 막 일어나려 하는데 눈물이 흐르기 시작했다. 그럴 때 아내는 "노라는 목욕탕에"라든가 "노라는 지금 정원" 하고 대답한다. 그렇게 안심하는 건 아니다. 노라에 대해 그저 한마디라도 듣지 않으면 기분이 나아지지 않는다. 그 노라가 없다.

오후에 어제 히라카와초의 모 여관에서, 어제 알려드린 고양이가 지금 있다. 치즈를 먹으면서 우유를 마시고 있다고 한다. 바로 아내가 달려갔다. 꽤 닮은 것 같아서 혹시 멈춰 세운 택시에서 안긴 채로 돌아오는 게 아닐까 싶었지만 꼬리가 곧게 뻗어서 노라가 아니었다고 한다.

6월 2일 일요일

약간 햇살, 흐린 뒤 약간 햇살.

하루 종일 기분이 마치 종이 한 겹처럼 까딱 잘못했다가는 둑이 터질 것만 같아서 아무것도 할 수 없었다. 노라야, 하고 생각하는 것만으로도 뒤이어 눈물을 멈출 수 없어서 휴지를 적시며 책상 아래 휴지통을 가득 채워 버린다.

6월 3일 월요일

쾌청.

예의 노라와 닮은 고양이는 태평히 집 근처를 떠나지 않는다. 아내가 밥을 주는 듯하다. 배고프게 하고 싶진 않다. 노라도 어딘가에서 그렇게 얻어먹고 있을지 모른다. 오늘 아침에도 아내가 밥을 주자 받아먹은 뒤 어딘가로 떠났다가 다시 오후 즈음 돌아와선 배가 고파진 듯 먹을 걸 졸라댔다고 한다. 그건 괜찮지만 그 고양이가 눈에 들어오거나 울거나 할 때마다 하나하나 노라가 떠올라서 견디기 힘들다.

6월 4일 화요일

쾌청.

정오경 일어났다. 일어나기 전 꿈에서 폭이 반 간(間; 길이 단위로 한 간에 1.8미터) 정도 되는 낮은 돌계단 한가운데, 바라봤을 때 오른편에 앉은 고양이가 이쪽을 쳐다보고 있었다. 배가 하얘서 노라 같다, 노라가 아닐까 싶었지만 어렴풋한 꿈은 그대로 사라져 버렸다.

일어난 뒤 아내가 구둣방 후지 고양이 이야기를 꺼냈다. 후지 고양이는 때때로 찾아오는 듯하다. 그리고 노라와 닮은 예의 고양이와 자주 싸운다. 후지 고양이는 힘이 무척 세서 노라와 닮은 고양이가 늘 당한다고 한다. 아내는 노라에게 가세했던 것처럼 노라와 닮은 고양이에게도 가세하러 간다. 하지만 싸움 이야기보다도 노라와 그렇게 사이가 좋던 구둣방 후지 고양이는 원래대로 돌아왔는데 노라는 어디로 가버린 건지, 오늘부터 꼭 붙들어야지 결심하며 일어났는데 구둣방 이야기에 다시 눈물이 났다.

저녁상에서 아내는 "노라 이야기가 하고 싶어도 얘기하면 바로 울어 버리니까" 하고 말한다. 뭐냐고 되물어보자 노라는 꼭 틀림없이 돌아올 것 같다고 말한다. 그거야 나도 그렇게 믿어 의심치 않는다고 대답했지만 그 뒤로 깊게 파고들면 안 된다. 다시 눈물이 나려던 걸 가라앉힌 뒤 잠시 멈추고서 화제를 바꿨다.

6월 5일 수요일.

약간 햇살에 흐렸다가 밤에 비.

「소설신초」의 「노라야」 이후 매일같이 친절한 편지가 온다. 오늘 아침에도 아카사카의 어느 집에서 노라는 살아있을 거라는 고양이 애호 경험자의 편지를 받고 기뻐서 울었다.

저녁에 히라야마와 함께 근처 이발소에 가던 도중 노라인 듯한 고양이가 늘 찾아온다고 하는 동네 모 씨 댁 뜰에 들어가 보았지만 고양이는 한 마리도 없었다.

노라는 3월 27일에 집을 나간 게 아니다. 그때 그렇게 외출한 사이 돌아오는 길을 잃어버리고 그 다음날 밤 큰비 때문에 돌아올 수 없게 되어 버렸을 것이다. 지금 어디선가 친절한 누군가가 돌봐주고 있을지 모른다. 혹은 그렇지 않은 이런저런 경우도 떠오른다. 오늘로 노라를 기다린 지 벌써 71일째다.

7

6월 6일 목요일

비.

아침에 선술집 아가씨가 노라인 듯한 고양이가 저기 제방에 있었다고 알려주어 아내가 바로 빗속을 가르고 달려갔다. 그 고양이는 제방에서 내려와 중화 학교 앞쪽으로 가 있었지만 아니었다고 한다.

아내와 저녁부터 외출해서 돌아오자 부재중에 집을 지키고 있던 시즈카 씨가 전화를 받았었는데 일본 TV 바로 뒤편에 노라와 닮은 고양이가 검은 고양이와 함께 자주 온다고 하지만 등에 검은 털이 있는, 요컨대 삼색 고양이라고 해서 보러 가지 않았다고 한다.

6월 7일 금요일

비, 살짝 추워서 스토브를 켬.

정오가 살짝 지나 가만히 앉아 있는데 아무런 이유도 없이 노라가 불쌍해서 계속 눈물이 흘렀다. 비가 오는 날은 너무나 힘들다. 온종일 울어대서 눈이 푸석푸석하다.

노라는 분명 어딘가에서 돌봐주고 있는 게 틀림없다고 생각한다. 다시 한 번, 네 번째 신문 삽입 광고를 통해 그 장소를 찾아보려 한다. 그 문안이다.

이전과 같은 길 잃은 고양이에 대해 다시 한 번 부탁드립니다.

길을 잃은 그 고양이를 거두어 키워 주시고 계신 댁
혹은 때때로 찾아와서 밥을 주시고 계신 댁
에서는 부디 알려주시기 바랍니다. 부탁드립니다.

고양이 특징

1. 꼬리는 중간 정도 길이. 편지 봉투 정도. 앞부분이 굽어서 작은 당고 같고 만져보면 손에 갈고리 같은 감촉이 듭니다.
2. 수컷
3. 등 털은 연붉은색 호랑이 무늬에 흰색 털이 많음
4. 복부는 순백색
5. 몸집이 큼. 실종 전에는 한 관 두세 근정도입니다
6. 동작이 느릿느릿함
7. 얼굴과 눈매가 귀여움
8. 눈은 푸르지 않음
9. 수염이 김
10. 생후 일 년 반 정도
11. 고양이의 이름은 노라

6월 8일 토요일

비.

노라와 닮은 꼬리가 짧은 고양이는 요즘 항상 헛간에 있다. 이렇게 눌러앉겠다면 이름을 붙여줘야 하나 싶다. 하루 이틀 전부터 그런 기분이 들었다. 꼬리가 짧으므로 '쿠루쓰'(kurz, 독일어로 '짧은'이라는 뜻)로

하기로 한다. 3음절이라 부르기 힘들다면 '쿠루'라거나 '쿠루쓰 짱'(일본어 애칭 호칭 표현)의 '쿠루짱'이라 해도 좋다. 하지만 어디까지나 혼자 생각해 본 것일 뿐이다.

쿠루쓰와 노라는 털 모양이나 동작뿐만 아니라 표정도 똑 닮아서 똑바로 바라볼 수 없다. 아내는 늘 뭔가 음식을 주는 것 같지만 나는 가능한 한 보지 않으려고 눈을 돌린다.

고양이 통이 쿠루쓰는 노라의 형님 같다고 앞서 이야기했다고 했지만 또 다른 고양이 통은 쿠루쓰를 보더니 이 고양이는 아직 너무 어리다고 한다. 그렇다면 노라의 동생일지도 모른다. 그렇게 생각되는 점도 있다.

6월 9일 일요일

쾌청.

오후 쿠루쓰가 아내에게서 밥을 받기 위해 부엌 입구에서 기다리는데 구둣방 후지 고양이가 괴롭히려고 해서 아내가 바로 입구를 닫은 뒤 쿠루쓰를 집안으로 들였다. 그래도 쿠루쓰는 아직 무서운 듯 도망치기 위해 복도를 달려 안쪽에서 창을 기어올라 격자에 매달렸다고 한다. 노라와는 그렇게 사이가 좋던 구둣방 고양이가 쿠루쓰는 눈엣가시처럼 군다. 노라는 어디 있는 건지 알 수 없지만 그럴 땐 항상 아내가 가세해 주었는데, 지금은 아군도 없이 괴롭힘 당하면 안 될 텐데 싶고 불쌍해져서 어찌할 도리가 없었다.

오늘 노라 수색원을 소관 반초 경찰서 외 근처 아카사카, 요쓰야, 가구라자카(神楽坂) 각 서에 제출했다.

6월 10일 월요일

약간 햇살 후 쾌청.

정오 동네 로쿠반초의 어느 집에서 전화로, 지금 노라인 것 같은 고양이가 와 있으니 바로 보러 오라고 알려주었다. 꽤 이전부터 한 번 확인해 보고 싶던 고양이다. 너무 근처라 노라가 만약 거기까지 갔다면 바로 집으로 돌아왔을 것 같지만 길폭이 좁고 사이에 골목이 있어서 돌아오지 못했을지도 모른다. 이발소에 갈 때 나도 지금껏 두 번 정도 그 골목에 들어가 봤지만 늘 고양이는 없었다. 우선 그 고양이를 확인해 봐야 한다. 아내가 바로 개다래나무를 들고 달려갔다. 그 뒤 다시 전화로 이미 떠나 버렸다고 말해 주었다. 하지만 아내가 그 이웃집 뒤편에 있는 걸 발견했다고 한다. 노라가 아니었다. 오랫동안 혹시 노라가 아닐까 생각했었기 때문에 실망스러워 쓸쓸하다.

하지만 그런 식으로 하나씩 확인해 가는 것 외에 달리 방법이 없다.

개다래나무는 노라가 있을 때 사두긴 했지만 아프기라도 할 때를 위해 아직 준 적이 없었다. 사라지고 난 뒤로 노라를 찾으러 갈 때면 항상 들고 가기로 했다.

6월 11일 화요일

약간 햇살에 흐리고 가는 비, 밤에 비.

어제는 아카사카 어느 집에서 전화로, 오늘 아침 학생이 개를 데리고 운동하러 나가서 히비야(日比谷) 고등학교 근처를 지나가는데 노라와 닮은 고양이가 있었다고 해서 닮은 점을 확인하기 위해 노라와 똑 닮은 것 같은, 자신의 집에도 있었던 고양이 사진을 보여 주겠다고 말해왔다.

오늘 그 사진이 우편으로 왔다. 너무나 빼닮아서 그 고양이의 표정을 보고 있자 눈물이 났다. 노라가 아내에게 안겨서 나를 보며 짓던 표정이 되살아난다.

6월 12일 수요일

비, 저녁이 가까워져 갬.

쿠루쓰는 헛간을 집으로 삼았는데 새 건물이라 문이 잘 미끄러지고 바퀴가 달려 가볍게 움직인다. 쿠루쓰는 스스로 문을 열어 밖을 내다보며 왔다 갔다 한다. 오늘은 비가 내려 아내가 부엌으로 들여 주었다. 개수대 아래에 앉아 있다가 둥근 의자에 올라 누워선 당연하다는 듯 완전히 태연한 얼굴을 하고 있다. 노라 흉내를 그대로 내고 있다. 그거야 상관없지만 그 모습을 볼 때마다 노라가 떠올라 노라는 지금 뭘 하고 있는지, 노라가 참을 수 없이 불쌍해진다.

8

노라야, 나는 이제 곧 여행을 떠나야만 한단다. 일주일 후면 바로 돌아오지만 기다리는 네가 아직 돌아오지 않았는데 이렇게 집을 비우고서 다른 곳에 가야 한다니 기분이 내키지 않지만 예정되어 있던 일이라 어쩔 수 없구나. 내가 없는 사이에 노라야 너는 꼭 집으로 돌아오렴. 네가 돌아오면 바로 장거리 전화나 전보로 네가 돌아왔다고 출장지로 알려주도록 부탁해 놓았으니까.

노라야, 노라야, 지금 넌 어디에 있는 거니.

센초丁의 버드나무

1

 6월 모일 저녁 6시 반 하카타(博多)행 제7열차 특별급행 '아침바람'이 도쿄역 플랫폼을 조용히 미끄러져 나갔다.
 기차 여행의 가장 즐거운 점은 자신이 타고 있는 열차가 길고 커다란 플랫폼 역사(驛舍)를 소리 없이 움직여 나가며 점점 속도를 높여가는 순간이다.
 오늘도 타기 전부터 그 묘미를 음미하며 즐기려고 했는데 올라탔을 때부터 이어지던 소동으로 인해 그럴 수 없었다. 곧장 신바시(新橋)역 플랫폼 차양 아래를 빠져나와 어두워져 가는 반청(半晴)의 하늘 아래를 달리는 뒤로도 어쩐지 계속 술렁이고 있다.

뭘 그렇게 어수선을 떨고 있냐면 오늘 출발에 동행한 네 명, 그 네 명이 뿔뿔이 흩어지지 않기 위해 식당차 자리를 잡으려 한다. 저녁 6시 반은 평상시의 나에겐 아직 너무나 이른 시간이고 다른 동행들도 물론 저녁 식사 전이기 때문에 열차가 움직인 뒤 한잔하자고 미리 전부 합의했었다. 그런데 6시 반에 발차한 식당차의 손님들은 올라타고 난 뒤론 전부 느긋하게 있으려 할 게 틀림없다. 식사만 하는 사람도 있겠지만 차창 너머 저녁 풍경을 바라보며 한잔하려는 사람들이 대부분인 듯, 나는 '아침바람'이 두 번째긴 하지만 막 도쿄를 나온 이 열차의 식당칸은 대개 늘 선술집 같은 분위기를 갖추고 있었다.

움직이기 시작해 배웅 나온 사람들이 플랫폼에 남겨지면 손님들이 동시에 식당차로 쇄도하는 건 알고 있었다. 우리도 이에 대비해야 한다. 하지만 움직이기 전에는 손님을 안으로 들여 주지 않을 것이다. 그러므로 발차 전부터 그 입구에 서서 궁지기처럼 문에 달라붙어야 한다. 미리 좌석을 예약하거나 하는 건 이 식당차 같은 형세론 건너편에서 떠맡지도 않을 테고, 또 행여 그게 가능하다고 해도 다른 사람들이 일어서서 사과해대는 사이를 뒤에서부터 파고 들어가 예약을 방패삼아서 유유히 앉아 있을 순 없다. 몸을 쓰는 수밖에 없다. 자신의 신체로 들어가는 게 제일이다. 이렇게 해야 한다고 동행한 모두에게 타기 전부터 이해시켜 두었다.

발차가 가까워져 각자 그 임무를 나눌 때 내가 궁지기 역을 자청해 맡으려 했다. 그런데 딱 달라붙어야 할 문이 닫혀 있지 않다. 사람들이 줄줄이 드나들어서 닫을 수 없는 것 같다. 열려 있길래 안으로 들어갔지만 착석한다거나 예약을 신청하거나 할 생각은 아니다. "네 명이네, 네 명이니까 4인석에 한 덩어리로 앉아 있을 거야"라고 말한다면, 내 친김에 주문도 시켜두면 상대도 그 수고를 덜겠다 싶은데 상대편 아가씨는 그보다도 우선 나를 쫓아내는 데 전념하며 사람 말을 제대로 들어주지 않는다. 옆에 서 있던 말귀를 알아들은 다른 아가씨 한 명이 맡아 준 뒤 나는 식당차를 나와 플랫폼으로 내려와서 배웅해 주러 온 사람들에게 인사를 했다. 한 명은 내 『바보 열차』(우치다 햣켄의 열차 기행 수필이자 소설) 당시 겐소테 무타이(見送亭夢袋; 국철 직원이었던 나카무라 다카시로 『바보 열차』 작중에서 늘 배웅만 하러 오던 인물)다. "오늘 출발은 바보 열차가 아니니까" 하고 사양했지만 그래도 단호히 배웅하러 오겠다 해서 뜻대로 놔뒀다.

식당차 옆 흡연실로 돌아와 입구에 붙어서 형세를 관망했다. 발차 전부터 들어가려 하는 승객으로 주변이 매우 혼잡했다. 안으로 들어간 신사 한 명은 대단히 흥분한 듯 급사 아가씨와 말다툼을 하며 "발차하기 전까지는 바로 옆 흡연실에서 기다려 주세요" 하고 말해도 참지 못하고 "흡연실은 사람들로 가득 차서 도저히 있을 수가 없잖아!" 하고 되받아쳤다.

발차 벨이 플랫폼에 울려 퍼지기 전부터 식당차의 여급사가 전원 출동하여 안쪽 통로에 정렬, 한 명씩 테이블과 테이블 사이를 막아서며 방비를 굳혔다. 발차 전에 난입하려 하는 무분별한 손님은 한 명도 들이지 않겠다는 기세를 드러낸다. 공습경보가 울렸을 때의 경방단처럼 위엄 있고 믿음직스럽다.

2

 넷이서 순조롭게 탁자 하나에 자리를 잡고 잔을 올렸다. 탁자를 사이에 둔 내 앞에는 『바보 열차』 가장 첫 편 「특별 바보 열차」 이후의 야시(小林博; 고바'야시' 히로시, 「소설신초」의 편집자이자 『바보 열차』의 주인공 중 한 명) 군이다.

 그 옆에는 기쿠마사, 아직 학생으로 가장 젊다. 그의 죽은 아버지는 옛날 내가 학교 교사이던 시절에 두들겨 팼던 당시 내 학생으로 권업은행 과장 재직 중 일찍 죽었다. 내가 괴롭혀서 죽은 걸지도 모른다. 그 아들을 데리고 나와 이렇게 다시 술 상대를 한다.

 기쿠마사의 앞, 내 옆에 앉은 건 그 이름도 유명한 비를 몰고 다니는 남자, 히말라야 산케이(『바보 열차』 작중 가장 많이 등장한 인물이자 햣켄의 제자인 히라야마 사부로)다.

 기차는 이미 시나가와를 건너 오모리(大森) 가마타(蒲田) 주변을 지나면서 꽤 빨라지기 시작했다. 그렇게 느끼자 로쿠고가와(六郷川) 철교를 건너는 울림이 식탁 위로 전해져 왔다.

 '아침바람'은 '비둘기'나 '제비'와 똑같은 속력으로 달리지만 승차감은 다소 다른 것 같다. 차량 때문인지 편성 상태 때문인지 알 수 없지만 '아침바람'은 획획 옆으로 고개를 저어대며 고개가 맞아 떨어지기도 전에 쭉쭉 앞으로 당겨져 조금씩 빨라지는 듯한 기분이 든다. 식탁 위 은기나 접시나 잔도 그 진동을 받아 스피드가 높아지면서 열차와 똑같은 속도로 달려가기 때문에 떨어뜨리지만 않아도 다행이다.

이번 여행은 『바보 열차』가 아니라고 했지만 비를 몰고 다니는 남자, 히말라야 산케이 군이 내 옆에 앉아 있고 기차가 언제나처럼 달려나가기 시작하면 역시 그런 기분이 든다. 어떤 여행이든 상관은 없지만 이번 여행은 언제나처럼 행선지에 아무런 목적이 없는 여행이 아니라서 볼일이 있고 일정이 정해져 있다.(『바보 열차』의 가장 큰 테마는 아무런 목적도 계획도 없는 기차여행) 다만 그 용건이나 예정을 짊어진 건 동행한 야시 군이고 나나 산케이 군은 끌려 나온 거나 다름없이, 즉 함께 따라오기만 하면 되기 때문에 나로선 볼일 따윈 없는 거나 마찬가지라 평상시와 똑같다고 말할 수도 있겠다.

어째서 이렇게 나서게 된 건가 하면 우리 집에서 1년 반 정도 키우고 있던 어린 수컷 고양이가 발정이 나서 나가버린 채 돌아오지 않게 되었는데 나는 그저 그 사건만으로 상상도 해본 적 없는 심각한 경험을 하고 있었다.

그 고양이는 우리 집 근처 어딘가 툇마루 아래서 태어난 것 같다. 그 전부터 때때로 눈에 띄던 들고양이 새끼로 부엌에서 보이는 담장 위에서 성장하며 어미 고양이와 나란히 마주보거나 장난을 치곤 했다.

재작년 여름이 끝나가던 무렵 막 젖을 뗀 듯하던 새끼고양이가 부엌 바깥뜰에서 국자를 쓰던 아내의 손 근처에서 장난을 쳐서 아내가 시끄러워하며 손에 들고 있던 국자로 내쫓으려 하는데 그걸 다시 자신과 놀아 준다고 생각한 듯 혼자서 즐거워하며 뛰어오르다가 그만 정원 수풀 그늘 밑, 이쪽에서 잘 보이지 않는 곳에 놓여 있던 물동이 안으로 빠져 버렸다.

곧바로 기어 올라오긴 했지만 그렇게나 작은 고양이가 흠뻑 젖은 모습이 안쓰러워 밥에 뭔가를 묻혀 주던 걸 시작으로 아내의 손에서 먹을 걸 받아먹으며 조금씩 자라가는 고양이를 보니 점점 귀여워지기 시작했다.

나도 아내도 원래부터 고양이를 좋아하진 않았고 고양이에 대해선 아무것도 몰랐다. 처음부터 집에서 키울 생각으로 그 새끼고양이를 상대한 것도 아니었지만 얼마 안 있어 가을이 깊어지고 날이 살짝 쌀쌀해지던 이삼일 즈음 그 고양이가 감기에 걸려 아무것도 먹지 못하게 되자 불쌍해하던 아내가 하루 종일 아침부터 저녁까지 내내 껴안아 줬다. 자양이 될 만한 여러 가지를 뒤섞어 주거나 감귤 상자 안에 유탄포를 넣어 잠자리를 만들어 주기도 했다.

이삼일 후 다시 기운을 차렸지만 더 이상 이 새끼고양이를 내쫓을 수 없어서 집에서 키워 보게 된 것이다. 그러므로 고양이 이름을 붙여야 한다. 들고양이 새끼니까 '노라'라고 부르게 되었다.

그 노라가 커서 어엿한 한 마리가 되어 사람이 없던 우리 가족의 일원이 되었는데 그때로부터 1년 반 정도가 지난 올해 3월 27일 오후 아내에게 안긴 채 뜰로 나가더니 속새 수풀 사이를 빠져나가서는 어디론가 떠나 버린 채로 돌아오지 않게 되었다.

재작년 초가을 경 꿈만 같이 조그맣던 노라가 떠오르고 그 이후 1년 반 사이 이런저런 추억들이 떠올라서 나는 어디론가 떠나 버린, 또는 집으로 돌아오는 길을 찾지 못하게 된 노라가 불쌍해 완전히 평정을 잃고, 우스꽝스러운 이야기지만, 매일매일 낮이고 밤이고 울기만 하고 있다.

노라가 사라진 뒤 2주 정도가 지난 4월 10일 이후, 내 비탄이 심각의 극에 달한 당시에 야시 군에게서 이번 여행의 제안을 받았다.

야시 군은 잡지 편집자이다. 편집상 기획으로 생각해낸 게 틀림없지만, 한편으론 너무 평정을 잃은 나에게 그런 이야기를 통해 기분전환을 시킬 겸 내가 좋아할 만한 곳으로 여행을 가자고 꾀어내서 나를 진정시키기 위한 대접인 것도 같다.

그 이야기를 듣자 나는 바로 기분이 내켰다. 노라 일로 낮이고 밤이고 괴로워 견딜 수 없다. 여행을 생각하는 것만으로도 어느 정도 마음이 풀린다. 노라가 아직 돌아오지 않은 지금 당장이라면 곤란하겠지만 떠나는 건 2개월 후이다. 그때까진 노라가 돌아올 거라고 생각했다.

그 2개월이 지나 지금 이렇게 '아침바람' 식당차에서 다 함께 즐겁게 한잔을 한다. 이보다 즐거운 일은 없다. 하지만 노라는 아직 돌아오지 않았다. 오늘도 집을 나서며 노라가 없다는 생각이 들자 현관 바깥까지 마중 나온 아내에게 "그럼 다녀올게"라는 한마디를 꺼낼 수가 없었다. 앞을 향한 채 뺨을 타고 내리는 눈물이 보이지 않도록 총총 걸으며 문을 나섰다.

3

식당차 창밖은 이미 새카맸다. 어디 부근을 달리고 있는지 알 수 없다. 때때로 통과역 불빛이 막대처럼 가로로 흐른다. 꽤 멀리까지 달려

온 듯하다. 나 또한 이미 술기운이 상당히 돌아서 흐릿해진 시야로 언뜻 보이는 불빛조차 조절하여 바로 인식할 수 없어져 버린 게 분명했다. 지금 어디를 달려가는지, 이 기차가 어디로 가는지 상관할 바 아니다.

바깥이 어두운 건 밤이기 때문이다. 밤의 어둠을 가르고 '아침바람'이 달리고 있다. 어쩐지 아침바람이란 이름이 이상하다. 달려가면 밤이 밝아 어느새 아침이 올 테니 아침바람이라 부르겠다며 갖다 붙여 사람들에게 억지를 피우는 듯한 느낌이 든다.

"언제 떠나십니까?"

"내일 밤 '아침바람'입니다."

이름을 결정한 관계자분들은 이런 인사 때문에 몸 어딘가 베베 꼬이는 듯한 기분이 들지 않는 걸까. 도쿄발 하행은 저녁 6시 30분, 하카타발 상행은 살짝 이르긴 하지만 역시나 저녁에 가까운 4시 35분으로 상행도 하행도 저녁 바람을 뚫고 달려나간다. 이 열차는 특별급행 '저녁바람'이라고 해야 마땅하므로 지금이라도 바꾸시는 편이 낫다.

시간도 제대로 알 수 없고 어디 주변인지도 짐작이 서지 않지만 내 앞에 있는 야시 군은 술기운이 거하게 올라와 심하게 비틀거리는 모습이 꼭 옥산(玉山)이 무너져 내릴 것만 같다.(중국 한문 표현으로 거나하게 취한 모습을 형용) 전진 중인 열차 술상 앞 취몽(醉夢)을 탐내면 결과가 좋지 않다. 기쿠마사에게 침대까지 데려다가 눕힌 뒤 돌아오라고 시켰다.

바로 기쿠마사가 돌아왔지만 4인석이던 우리 식탁은 세 명이 되어 창가 안쪽 한 자리가 비게 되었다. 정신을 차리자 장신에 얼굴이 긴 젊은 신사가 통로에 서 있다. 차 안은 만원이라서 어디에도 빈자리는 없는 듯하다. 오직 우리 식탁에 야시 군이 주무시러 가신 자리만이 비어 있다.

"거기 앉아도 괜찮습니까?" 하고 그가 말했다.

"예, 예, 여기로" 하고 답하며 기쿠마사를 일으켜 안쪽으로 길을 터 드렸다.

탁자를 둘러싼 동료 사이에 모르는 사람이 끼어들면 재미없다는 건 술자리 초반의 속사정이지 지금은 우리 모두 기분이 풀어져 아무런 방해도 되지 않는다. 방해가 될 법한 것도 없고 방해가 되어도 들어올 사람은 들어온다.

방해가 되지는 않지만 완전히 생면부지인 사람에게 말을 걸거나 환대하기까진 귀찮다. 내버려두고 우리 이야기를 계속 이어 나간다.

기쿠마사는 빌려 온 사진기를 고이 들고 다니고 있다.

"찍는 건가?"

"찍는걸요."

이에 그의 참고를 위해 산케이 군의 사진기술을 소개했다. 산케이 군은 요전 고쿠라(小倉)에서 미야자키로 함께 여행 갔을 때 빌려 온 사진기로 나를 마구 찍어댔다. 나도 최대한 잘 찍히고 싶어서 지팡이 방향까지 일일이 신경 써가며 그의 렌즈 앞에 마주섰다.

"서른 장 정도 찍었을 거야. 도쿄에 돌아가서 현상해보니까 필름은 새하얗게 아무것도 찍혀 있지 않았지."

"어떻게 된 겁니까?"

"제일 첫 장에 서른 장의 사진이 전부 쌓여서 그 필름만 새카맣게 되어 버린 거야.(필름 사진기는 사진 한 장을 찍으면 수동으로 필름을 넘겨서 다음 필름에 사진을 찍어야 함) 확대라는 기술은 반쪽을 커다랗게 만드는 것뿐만 아니라 확대한 걸 위에서부터 차례차례 하나씩 떼어내는 기술도 발달시켜야 하지."

"그게 어떻게 가능합니까?"

"그러니까 자네도 찍는다면 찍을 때 한 장씩 한 장씩 제대로 조심하도록 하게."

"네."

창가의 신사가 이야기에 끌려들어 우리를 향해 싱글벙글대고 있다. 그래서 잔을 드리고 인사를 나누며 상대가 건네는 명함을 받았다. "창가에 있는 마도이(窓井) 씨, 저도 창가에 앉았으니 마도다(窓田; 우치다內田에서 앞글자를 창窓으로 바꾼 언어 유희)입니다" 하고 자기소개를 했다.

이번에는 마도이 씨의 이야기가 튀어 올랐다. 그는 압류의 대가인 듯하다. 이번 여행도 그 용건으로 출장 가는 중이라 한다.

나는 압류 이야기를 대단히 좋아해 불쑥 끼어들었다.(핫켄은 젊은 시절부터 빚과 관련된 일화가 많아 여러 작품을 썼음)

"아무튼 체납액이 심각해서 말입니다."

"어느 정도입니까?"

"지금까지 500억 엔입니다."

"그거 큰일이네! 그렇게 쌓였으면 어차피 내지 못해. 그냥 놔두세요."

"그럴 순 없습니다. 정직하게 납부하시는 분들이 바보가 되니까요.

공평하게 해야 한다는 게 저희들의 입장입니다."

"그거야 그럴지도 모르지만, 요컨대 돈과 관련된 일이란 말이죠. 받지 못할 돈에 매달리는 것보다 포기할 건 포기한 채 그냥 내버려두고 그렇게 되도록 내버려둔 독촉계나 징수계를 전부 면직시켜 버리세요. 그편이 훨씬 손쉬우니까. 전국적인 일이라 꽤 인건비도 남을 테니 어느 정도는 손해를 메울 수 있을 거예요."

"하지만 작년도 체납액은 1,000억 엔이었거든요. 그게 1년 사이 절반이 되었으니, 즉 500억 엔은 낼 수 있었으니 지금 남은 500억도 그 사이에 마련할 수 있을 거다 이거죠."

"그건 또 정말 놀라운 솜씨네! 그 정도로 실력에 자신이 있다면야 가차 없이 거둬야지. 관계자를 면직시키지 말고 급여를 늘려 크게 우대해서 가렴주구(苛斂誅求)의 정성을 보여 주는 편이 나아."

다시 한잔을 따라드리고 나도 잔을 들어 마도이 씨를 향해 경의를 표했다.

"도대체가 세금을 납부하지 않고선 당연하다는 얼굴을 하거나, 그중엔 도리어 잰 척하는 그런 놈들도 있으니 정말 이상해. 무분별한 자들을 상대로 적당히 처리하거나 봐주거나 할 필요는 없어. 버릇되니까. 가차 없이 거둬야 합니다. 세액도 가능한 한 많이 나오도록 계산해서 봐주지 말고 과세해야 해요. 그게 국가에 충성하는 길이고 그런 상황을 마주한 자들의 임무죠. 하지만 마도이 씨 그건 그렇지만, 그렇다고 생각하긴 하지만 저만은 좀 봐주셨으면 합니다. 저 따위에게 신경 쓰지 마시고 부디 다른 사람들에게 가차 없이 거둬 주세요."

기차가 흔들리고 술기운이 돌아도 계속 떠들고 싶다.
"얼마 전 신문에서였나 우리가 납부한 세금을 어떻게 썼는지 괘씸하다든가, 세금으로 이런 일을 하는 건 불합리하다든가, 이전엔 그다지 들리지 않던 불평이 자주 나오더군요. 외국 흉내기도 하고 또 그런 식으로 열거하는 게 유행이기도 하다죠? 납부한다든가, 거둔다든가 어느 쪽인들 내 손을 떠난 돈의 행방을 계속해 쫓아봐야 아무 소용없는데 말이야. 세금이나 벌금이나 할당된 기부, 불전(佛錢)같이 인연이 없어서 손을 떠난 돈은 이제 다른 사람 돈이고, 돈에 특성이 있는 것도 아니니까 어떻게 쓴다 한들 돈이 돈으로 통용되는 것뿐이죠. 불전함에서 꺼낸 돈으로 중이 여자를 뒀다거나, 신관이 경마하러 갔다거나 알 바 아니니까 말입니다."

기차가 쾅쾅 울리고 마도이 씨가 히죽히죽 웃고 있다. 듣는 건지, 들리긴 하는 건지 잘 알 수 없지만 아직 해야 할 말이 있다.

"세금을 낸다거나, 아직 내지 못했다고 말하곤 하죠? 그건 완전히 틀린 표현이야. 세금은 내는 게 아니라 납부하는 겁니다. 들고 가서 납부해야 하는 거죠. 분명 확실하게 알고 있긴 하지만 살짝 늦어졌다고 우물쭈물하면 거두러 오는 거고. 전기나 가스 수금원과는 사정이 다르지만 찾아와서 돈을 들고 가는 건 똑같아요. 그게 계속 쌓여서 습관이 되면 다음에 오면 밀려 있는 것 중에 이 정도까지 납부해야지, 하는 식이 되거든. 상대도 친절하게 이쪽 가계 상황을 배려해서, 그럼 다음엔 언제 며칠 찾아올 테니 그땐 이만큼 마련해 달라고 말하며 돌아갑니다. 한동안 원활하게 진행되었는데 작년 여름경부터 불쑥 오지 않게 되어 버렸어. 다음 달 중순에 찾아오겠다며 돌아간 게 마지막이었지. 오지 않으면 오지 않는 편이 더 고마우니까, 그렇게 생각하고서 마련해둔 돈은 결국 다른 일에 써버렸고. 그 이후로 결국 오지 않게 되었어요. 원래 그런 곳에서 일하는 분들은 한 역소에 그렇게 오래 있지 못하게 되어 있는 것 같으니까 말이죠. 늘 교대하긴 하지만 교대할 때마다 이 집은 언제 거두러 가면 된다거나 하고 전해 주며 인계해 주는지 어쩐지 모르지. 아예 오지 않으니까 잘됐다고 생각하고 있었는데 갑자기, 갑자기도 아니지만, 고정자산세 압류를 받게 되었어요. 바로 얼마 전 일입니다. 그 뒤처리를 하기 위해 직접 외출해야 했어요. 원래 세금은 수금원이 가져가는 게 아니라 직접 가져가서 납부하는 게 원칙이죠. 그렇다면야 불만은 없습니다. 저는 젊었을 때부터 자주 압류를 받긴 했는데 동산 압류라 경매에 넘어간 적도 있었죠. 고정자산세 압류는 부동산이라서 서류상 압류라 집달관이 우당탕 들어오는 일도 없고 고요하고 깔끔하니 대단히 만족스럽긴 했지만, 이젠 봐주셨으면 합니다. 봐주시려면 세금을 납부해야 할까요? 곤란하네. 전 다른 사람이 세금을 납부하는 건 정말 좋긴 해도 제가 납부하고 싶진 않아서요."

4

다음날 아침 10시경 칸막이 침대에서 눈을 떴다. 벌써 시모노세키(下

關)가 가깝다. 차창 너머 하늘이 흐려서 도중에 비가 내린 것도 같다. 냉방이 적당하게 돌아 살갗이 보들보들해져서 기분이 좋아졌지만 잠에서 깨어나야 하는 기분은 그다지 좋지 않다.

'아침바람'은 지금에야 진짜 아침바람을 뚫고 달리고 있다. 창밖은 벌써 모내기 중인 듯 물을 당겨 놓은 논의 수면 위로 지나는 바람이 어디까지고 이어지며 차창을 밝히고 있다. 지금 즈음 계절에 이 근처를 지날 기회가 많았기 때문에 달려 지나가는 노선 주변 풍경에 깊은 친근감을 느꼈다.

시모노세키에 닿아 간몬(關門) 터널을 빠져나온 뒤 모지(門司)에 멈추면 다음이 바로 하카타이다. 정오 약간 전에 도착해서 마중 나온 차를 타고 백화점 몇 층인가에 있는 호텔에 짐을 풀었다.

오늘 할 일은 이제 이걸로 끝났다. 어느 곳으로도 한 발짝도 나가지 않을 것이다. 창으로 내다보이는 거리 풍경과 건너편 먼 산, 오른편으로 펼쳐진 바다를 바라보며 석경(夕景)을 기다릴 뿐이다.

같이 동행한 네 명 중 기쿠마사는 하카타에 있는 백부에게 갔기 때문에 호텔에서 묵지 않는다. 몇 년 만의 귀성이라고 한다. 그래서 따라온 것이다. 그 백부라 하는 사람은 이전『바보 열차』에도 이름이 등장한 적 있는 힌야(賓也), 혹 스이도(水土)라는 이름이었는지도 모르지만, 아무튼 내 옛날 학생이다. 기쿠마사는 그 집에서 두 밤을 보낸 뒤 우리가 있을 예정인 야쓰시로(八代)에서 다시 일행으로 합류해 함께 돌아가기로 했다.

하카타 호텔에 들어온 뒤로 아무런 볼일도 없다고 했지만 나는 도쿄를 떠나기 전부터 한참 동안 이발소에 가지 않고 집에서 수염도 깎지 않았기 때문에 수염도 머리카락도 자랄 대로 무성히 자라 있었다. 그다지 감탄할 만한 풍채가 아니라서 하카타에 도착해 호텔에서 멍하니 있을 동안에 이발을 하고 이후 여정을 산뜻하게 보내려고 했다. 와보자 마침 딱 맞아 떨어져 이발소는 휴일이다. 어쩔 수가 없다. 까슬까슬한 턱을 손으로 문지르며 포기해 버렸다. 그렇게 더더욱 아무런 볼일도 없어져 버렸다.

그저 하릴없이 만찬을 벌일 식당이 열리기를 기다린다. 그러자 좀처럼 시간이 지나지 않는다. 규슈 하느님의 걸음걸이는 느리면서도 한발 한발 착착 나아간다. 그럴 거면 어째서 볼일도 없으면서 하카타에 와서 묵게 된 건가 하면 내일 하행 '기리시마(霧島; 규슈 가고시마 현 도시)'를 타고 야쓰시로에 가기 위해서이다. 작년 11월 19일 열차 운행 편성이 개정된 뒤 '기리시마'엔 칸막이가 사라졌다. 그래서 젊은이라면 기차 안에서 하룻밤을 보내도 아무런 문제가 없겠지만 나 따위에겐 무리다. 그 대신 '아침바람'이라는 빠르고 훌륭한 열차를 탈 수 있었으나 하카타 행 '아침바람'이 하카타에 도착했을 땐 이미 '기리시마'는 떠난 뒤다. '기리시마'는 가고시마행으로 도중에 이제부터 가려고 하는 야쓰시로가 있다. 그러므로 '기리시마'로 갈아타야 하지만 이미 떠난 후라 어쩔 수 없다. 오늘 '기리시마'는 이미 떠났지만 내일의 '기리시마'라면 아직 오지 않았으므로 맞춰 탈 수 있다. 내일 기차를 기다리기 위해 하카타 호텔에서 묵게 된 것이다.

하카타부터 야쓰시로에 가는 건 꼭 '기리시마'일 필요는 없다. 그 외에도 열차는 있다. '아침바람' 도착 후 23분 후에 발차하는 가고시마행 보통열차는 작년 가을 야쓰시로에 갈 때 타봤다. 급행 '기리시마'는 하카타에서 야쓰시로까지 3시간이 걸리는데 그 보통열차는 5시간이 걸린다. 시간이야 그런 식으로 느긋하게 멍하니 보내면 되지만 모든 역 정차라 그사이 36개 역에 일일이 멈춰 선다. '아침바람'은 도쿄에서 하카타 사이 15개 역밖에 멈추지 않는다. 거리는 하카타-야쓰시로가 도쿄-하카타의 8분의 1 정도. 그사이에 정차 횟수는 배가 넘을 정도로 빈번하다. 기차가 멈추면 올라탄 내 몸의 스피드도 전부 빠져나가 버린다. 그 뒤에 다시 달려나간다. 다시 멈춘다. 몸이 지쳐 흐물흐물해진다. 이전 경험으로 질려 버려서 하카타에서 하룻밤을 묵은 뒤 그 다음 날 '기리시마'를 기다리기로 했다. 아무튼 서두를 필요는 없다. 『바보열차』도 아니지만 급한 볼일이 있는 것도 아니다.

　잠시 후 호텔 저녁 시간, 즉 식당이 열 시간이 되자 미리 부른 힌야가 함께 식탁에 앉았다. 이제 괜찮겠지 싶어 식당에 들어왔지만 반청 하늘을 떠다니는 구름 사이, 서쪽 바다로 들어가려 하는 저녁 햇살이 테이블에 앉은 우리의 얼굴로 곧장 비쳐와 기분이 차분해지지 않는다. 커튼을 쳐달라 했지만 커튼 너머 해님이 얼굴을 꾹꾹 눌러대는 듯한 기분이 든다. 이후 근처 학교에 와 있던 야마다(山田)가 딱 마침 좋은 시간에 합류했다.

5

다음날 아침 모지에 거주하는 사진기사 고이시 기요시(小石淸) 군이 호텔에 와서 우리 일행에 합류했다.

이 원고 안에 나오는 인물의 이름들은 전부 가명을 사용했지만 고이시 기요시 군만은 본명 그대로이다. 나도 산케이도 초면이라 이전부터 알고 지냈다는 야시 군에게 소개받았다. 그리고 3박 4일간 같은 숙소에서 묵고, 함께 밥상에 앉고, 어디를 갈 때도 같은 자동차에 탔다. 4일째 밤 10시 반 우리가 탄 도쿄행 '서해'가 모지에 멈추자 고이시 군 혼자만 우리와 헤어져 자신의 집으로 돌아갔다. 도쿄에 자주 온다고 하길래 다음번 도쿄에서의 재회를 기약하며 작별 인사를 나눴다.

나는 사진에 관해선 전혀 알지 못하기 때문에 고이시 군이 카메라맨으로서 얼마나 명성이 있는지 알지 못했지만 도쿄에 돌아와 전해 받은 고이시 군의 작업물을 보고 문외한인데도 그 훌륭함에 경탄하여 주위 사람들에게 보여 주며 고이시 군을 선전하고 다녔다.

모지역에서 고이시 군과 헤어졌던 건 6월 11일이다. 16일 뒤인 7월 7일 아침, 고이시 군은 뜻밖에 화를 당해 큰 상처

야쓰시로역에서(고이시 기요시 촬영)

를 입고 모지 병원에서 타계했다.

  그 재능을 안타까워하는 사람은 이외에도 많을 것이다. 나는 눈 깜짝할 새 끊겨 버린 그와의 인연, 아직 그대로 남아 있는 3박 4일 밤낮 동안의 추억을 좇아 그를 생생히 떠올려본다.

6

  기쿠마사는 백부님인 힌야 집에 갔지만 고이시 군이 합세해 동행은 다시 네 명이 되었다. 채비하여 호텔을 나와 하카타역에서 어제부터 기다렸던 오늘의 '기리시마'가 들어오는 모습을 맞이했다.

  딱 좋게 넷이 같은 좌석을 잡아서 '기리시마' 특등차에 앉아 10시 25분 정시 발차했다.

  오늘은 호텔 침대에서 편하게 일어나 그런지 기분도 가볍고 왠지 모르게 즐겁다. 나는 배가 고팠다. 보통이라면 아직 배고플 시간은 아니지만 오늘은 이제 뭘 먹으려나 생각해 본다. 배가 고플 때의 상태를 좋아하는 나는 배고플 때면 유쾌한 기분이 든다. 뭔가를 먹어 버리면 만사가 시시해져 버린다. 그러므로 먹지 않는 편이 좋지만, 그러나 먹고 싶다. 아침에 일어나서 아직 아무것도 먹지 못했기 때문에 뭔가가 먹고 싶어도 이상할 건 없지만 평소엔 정오가 넘을 때까지 아무것도 먹지 않는 게 보통이다. 오늘 아침에 내가 눈을 뜬 뒤 엿본, 야시 군과 산케이 군이 옆방에서 호텔 룸서비스로 받은 아침밥을 맛있게 먹던 모습이 눈에 남는다. 다른 사람의 밥상을 보고 부러워져 계속 신경을 쓰던 게 자극이 되어서 내 배가 급격히 비어가고 있는 게 틀림없다.

나는 황계 정식이 먹고 싶다고 말을 꺼냈다. 닭고기 정식과 비슷한 정식이다. 언젠가 호히선(豊肥線)을 타고 가다가 산 중간 어느 역에서 사 먹었던 황계 정식이 너무나 맛있어서 규슈에 오면 늘 차 안에서 황계 정식을 먹곤 하지만 처음 먹었을 때만큼 맛있지가 않다. 하지만 뭘 먹을까 생각해 보면 가장 먼저 황계 정식이 떠오른다.

다음 정차역에서 산케이 군이 사다 주었다. 그렇게 넷이서 전부 황계 정식을 먹었다. 야시 군도 산케이 군도 아침밥 따위 먹지 않았다는 표정으로 도시락을 깨끗하게 비웠다.

기차가 기분 좋게 달려나가면 세 시간 정도는 금방 지난다. 얼마 안 있어 구마모토에 도착했다. 구마모토까지 대략 2시간 반, 구마모토를 나와 30분 후면 야쓰시로에 도착한다.

야쓰시로에 점점 다다르자 구마모토에서 야쓰시로 사이 역 이름을 전부 기억해낼 수 있었다. 가와시리(川尻), 우토마쓰바세(宇土松橋), 오가와(小川), 아리사(有佐), 센초(千丁) 그리고 야쓰시로이다. 여섯 개 역에 급행은 멈추지 않는다. 하지만 이 주변 철도는 전부 단선이라 교환을 위해서 때때로 급행도 임시 정차할 때가 있다. 그때마다 역명이 눈에 들어오면 바로 기억이 되살아난다. 그 뿔뿔이 흩어진 기억들을 작년 가을 각 역에 정차하던 보통열차에 올라 전부 순서대로 나란히 기억해뒀다.

그 여섯 개 역 어디 부근인지 확실히 기억나진 않지만 구마모토 방향보다는 야쓰시로와 가까운 논밭 한복판에 버드나무 거목 한그루가 서 있었다. 진행 방향의 오른편 창 너머, 달려가는 기차 진동이 전해질 정도로 가까운 곳에 서 있었던 것 같다. 그 버드나무를 보려고 일부러 그런 건 아니었지만 이상하게도 그쪽 창가에 앉았던 적이 많아서 야쓰시로에 갈 땐 항상 그 버드나무를 보며 지나갔다. 버드나무 뿌리 근처에 조그마한 감실이 있었던 것도 같다.

아무 생각 없이 그 이야기를 했는데 고이시 군이 차 안에서 그 버드나무를 찍어 보겠다며 말을 꺼냈다. "달려가는 급행열차 안에서도 찍을 수 있나요?" 하고 묻자 멀쩡히 찍을 수 있다고 대답한다.

"그 버드나무가 어느 역을 통과해 어디 부근에 있는지 안다면 준비하면서 기다릴 수 있을 텐데, 어디에 있는지, 그저 이 근처라는 것밖엔 분명하지 않습니다만" 하고 말해도 "그때 '저거다!' 하고 말해 주시기만 하면 찍을 수 있습니다" 하고 말한다.

구마모토에서 야쓰시로 중간 부근부터 오른편 창밖을 열심히 바라보았다. 마쓰바세에서 꽤 멀어져 오가와를 지나 아리사를 통과해도 아직 나오지 않는다. 노선 가까이에 서 있는 나무는 있어도 버드나무는 없다. 센초를 통과한 다음은 야쓰시로이다. 이젠 없는 걸까, 놓쳐 버린 걸까 싶던 참에 산케이 군이 "저거 아니에요?" 하고 말했다.

내가 고이시 군을 바라보며 "저 버드나무!" 하고 말한 순간 버드나무는 이미 창틀을 벗어나 있었다.

고이시 군은 그 버드나무를 찍었다고 말했다. 날아가 버리지 않았나 물어도 "괜찮아요, 제대로 찍었습니다" 하고 대답한다. 찍었을지도 모르겠지만, 나는 잘 모르나 창을 열어보지 않고도 제대로 찍어낼 수 있을 정도의 순발력 같은 게 있는 걸까.

고이시 군이 버드나무를 찍어 준 뒤 이제 바로 야쓰시로다. 전부 일어서서 선반 그물망에서 짐을 꺼내 내릴 채비를 했다.

오후 1시 34분 야쓰시로역에 도착했다. 하카타는 반청반담(半晴半曇)했지만 오는 길에 구름이 서서히 사라지더니 야쓰시로는 맑았다. 플랫폼에서 구면인 역장과 인사를 나누고 익숙한 육교를 건너 계단을 내려오면 개찰구 오른편 늘 똑같은 위치에 쇼힌켄(松浜軒; 야쓰시로의 영주 마쓰이松井 가의 저택)의 현지인 식모분들이 서 있다. 인사를 해두고서 그대로 역장실에 머물렀다. 머무를 뿐만 아니라 돌아가는 표와 급행권 등을 부탁해 둬야 한다.

그 후에 쇼힌켄을 향해 장식 못을 박아둔 문으로 들어가 현관 문턱에 걸터앉았다. 또 왔구나 싶다. 쇼와 26년(1951년) 여름 이래로 여덟 번째다. 언제나 묵었던 객실로 안내받는데 정원을 지나는 바람이 부는 하늘엔 종달새가 울고 있었다.

터무니없이 커다랗고 기다란 궤상에 기대 피로를 풀었다. 연못은 물이 마르진 않았지만 수면이 얕아 바닥이 드러나 있었다. 본래 수위가 높은 편이 보기 좋긴 하지만 날씨가 계속 화창하기만 해서 어쩔 수 없다는 것 같다. 영주님의 위광마저도 사라져 버린 오늘날에 바깥 밭에 댈 물을 대지 안으로 끌고 오면 백성들이 화를 낼 거라는 이야기를 언제였던가 지배인에게서 들었던 적이 있다.

날이 어두워지길 기다릴 겸 우리 넷에 역장님을 모셔 정원 석경을

쇼힌겐에서(고이시 기요시 촬영)

바라보며 한잔을 시작했다. 연못 안에 데지마(出島; 나가사키에 지어진 인공섬)처럼 떠 있는 건너편 수풀더미 사이로 어두워지는 주변을 뚫고 언제까지고 계속해서 저녁 햇살이 비쳐 온다. 커다란 느티나무 줄기 두 그루가 나란히 서 있고 그 사이가 허벅지처럼 비어 있다. 그 틈을 통해 붉은빛으로 뻗은 금색 저녁해가 이쪽을 향해 우리 눈을 반짝반짝 비춘다.

그사이 완전히 새카매지고 술기운이 거하게 돌아 즐거워졌다. 즐거움의 한 꺼풀 아래, 얇은 종이 한 겹으로 가려 둔 내부에선 금방이라도 눈물이 터질 것 같아 아무리 집을 떠나도, 이렇게 멀리까지 와도 아무런 소용이 없는 것 같았지만 동석한 여러분 덕분에 간신히 참고 있었다.

이곳에서 물어보자 일전의 버드나무 거목은 '센초의 버드나무'란 이름으로 사람들에게 알려져 있다고 한다. 뿌리 근처에 지장보살님이 계시므로 뭔가 유서가 있을지도 모른다. 나체 지장(지장보살 상을 나체로 조각해 그 위에 옷을 바꿔 입히며 불당에서 봉헌함)이 아니므로 감실 안에 넣었거나 지붕을 덮었을 것이다. 차창으로 내다봤을 땐 버드나무 줄기에 조그만 사당이 붙어 있던 것 같았다.

7

 다음날은 쾌청해서 연못물에 잔물결이 일 정도로 바람이 불었다. 멀리 깊은 하늘에서 여름 종달새가 울고 있다. 아득한 기분이 들어 어쩐지 이유 없이 슬프다.
 정오경 야쓰시로 까마귀 두 마리가 날아와 정원 고목 가지 위에 내려앉았다.
 곧 노라가 떠올라 눈물이 흘렀다.
 오후에 하카타의 힌야 집에서 두 밤을 묵은 기쿠마사가 쇼힌켄으로 왔다. 이로써 일행은 다섯 명이 되었다.
 그러고서 다 같이 밖으로 나왔다. 일행 다섯에 안내역으로 현지 분을 더해 먼저 시라누이(不知火; 8월 1일 전후로 야쓰시로 해상에 무수한 불빛이 보이는 신기루 현상) 바다인 하쿠시마(白島)로 향했다. 하쿠시마는 언제였나 비가 내리던 날에 산케이와 현지 분 셋이서 가본 적이 있다. 계절에 맞지 않게 한낮부터 비가 내려서 시라누이 바다에 가도 시라누이를 볼 수 없을 거라는 건 처음부터 알고 있었지만 일단 가보았다. 오늘은 그 바다를 배경으로 고이시 군이 사진을 찍어 주겠다고 해서 오게 되었다.
 하쿠시마에서 차를 타고 구마가와(球磨川) 하류의 요하이노세(遙拜ノ瀬)로 왔다. 자갈 강변 위로 가고시마 본선 철교가 놓여 있다. 나는 그 철교를 건너는 기차 안에서 요하이노세의 흰 파도와 물보라를 내다본 적이 있다. 지금은 자갈 강변으로 내려와 데굴거리는 작은 돌을 밟

으며 강가에 나와 있다. 고이시 군이 사진을 몇 장씩 찍어 주었다.

쇼힌켄으로 돌아와 차를 끓여 받은 뒤 저녁상을 기다렸다. 어제저녁 역장 대신 오늘은 기쿠마사가 왔으므로 인원수는 어제와 같다.

하늘은 꽤나 맑은데 오늘은 느티나무 줄기 사이 허벅지로 저녁 해도 비추지 않고 어느샌가 저물어 버렸지만 다 같이 마시는 술이 맛있지 않을 리 없다. 하지만 바깥을 돌아다녀서 너무 피곤했던 건지 그다지 술기운이 돌지 않는다. 그러자 문득 노라가 생각나 상 앞에서 울기 시작하다가 바로 멈춘 뒤 눈물을 닦았다.

누운 뒤에도 아무 이유 없이 노라가 떠올라서 눈꼬리로 눈물이 흘러 베개가 젖었다.

그사이 잠들다가도 다시 눈이 뜨였다. 그리고선 좀처럼 잠이 오지 않는다. 차차 잠드는 것 같다가도 4시에 다시 눈이 뜨였다. 야쓰시로는 도쿄보다 새벽이 늦어서 아직 바깥에는 여명이 비추진 않지만 그 후로 드문드문 졸음이 몰려왔다.

연못 안 식용 개구리의 우스꽝스러운 울음소리가 오늘은 왠지 서글프다. 동틀녘이 다가와 우렁찬 울음소리가 들려서 어쩌지 못할 심정으로 꾸벅꾸벅 졸았다. 한 마리가 계속 목소리를 내면 다른 한 마리가 이어 운다. 이전처럼 수가 많지는 않은 듯하다.

아침잠에서 깨기 직전 꿈에 고이시가와(小石川)와 에도가와바시(江戶川橋), 야라이(矢来) 근처 길목에서 아내가 노라를 끌어안은 채 열이 있는 것 같다고 말했다. 쓰다듬어 보자 털이 젖어 있어 손으로 뻣뻣한 감촉이 전해졌다.

일어나자 오늘도 날씨가 맑다. 야쓰시로에 온 지 3일째지만 결국 비가 내리지 않는다. 연못은 물이 가득 차지 않으면 뭔가 부족하다. 이전 언젠가는 도착했던 날엔 물이 완전히 말라 있었는데 머무는 동안 비가 내리다가 굉장히 큰비가 되어 떠날 땐 연못에서 물이 넘쳐 툇마루 아래까지 올라와 있었다. 이번에는 오늘마저 날씨가 이렇게 좋아서 더는 기대하기 힘들다. 인사하러 온 지배인도 "산케이 님이 오시면 비가 오지 않을까 하고 기대하고 있었는데 아쉽습니다."(『바보 열차』내 산케이는 '비를 몰고 다니는 남자') 하고 말했다.

오후에 쇼힌켄을 나와 곧장 근처 마쓰이 신사 경내에 있는 수령 300년의 와룡매 앞에서 사진을 찍은 뒤 야쓰시로역으로 가서 보통열차 224로 구마모토를 향했다. 각 역 정차긴 하지만 구마모토까진 내가 암기하고 있는 여섯 개 역밖에 없으므로 달리다가 멈추거나 해도 지친다며 불평할 정도는 아니다.

8

구마모토역에 도착한 순간 224 열차가 이 근방에선 시간 관계상 통근 열차 역할을 하는 듯 정차와 동시에 승객들이 서로 밀어대며 올라타려 해서 내릴 수가 없다. 구마모토 사람들의 무례함에 기가 막혔지만 도쿄 전차도 똑같은 일이 늘 되풀이된다.

그 탓에 개찰구를 나오는 게 대단히 늦어졌다. 있어야 할 숙소 자동차가 없다. 택시로 구마모토 성지에 가서 사진을 찍기로 했다. 이전에 쇼와 28년(1953년)에도 야쓰시로에서 돌아와 구마모토에 들러 하룻밤을 묵고서 다음날 호히선으로 떠나기 전, 역으로 나서는 자동차로 구마모토 성지에 들르고 싶었지만 비가 심하게 내려서 차에서 내리는 건 물론 창을 열 수도 없었다. 규슈 대수해 당시로 그 다음날 구마모토 거리는 홍수가 덮쳐서 성인 가슴 정도까지 물에 잠겼다.

구마모토 성지에서 숙소로 돌아와 짐을 풀었다.

넓고 멋진 뜰이 있었지만 쇼힌켄에 비할 바는 아니었다. 저녁 숙소 밥상에서 한잔하던 중 아무런 계기도 없이 자연스레 노라 생각이 나서 눈물이 멈추지 않았는데 어젯밤처럼 참을 수가 없어서 모두에게 실례를 끼쳤다.

다음날 일어나 보자 비가 오고 있었다. 이 비가 야쓰시로에도 내리면 좋겠다. 그렇지만 아직 큰비가 내리는 것도 아니고 연못물이 늘 정도도 아닐 것이다.

오후 숙소를 나와 비 내리는 스이젠지(水前寺) 공원에 들러 사진을 찍은 뒤 구마모토역으로 나섰다. 5시 10분 출발하는 상행 '기리시마'를 타고 하카타를 향한다. '기리시마'는 도쿄행이라 타고 있으면 그대로 도쿄로 돌아갈 수 있다. 하지만 칸막이 침대가 없으므로 하카타에서 '서해'를 기다려 갈아탄다. 7시 36분 하카타에 도착했다. 이후 '서해'가 올 때까지 한 시간 반 여유가 있었다. 멍하니 시간을 보내도 대단히 즐겁다. 하지만 함께한 사람들은 심심할 것이다. 그렇다고 시간을 보내기 위해 역 바깥으로 나가는 건 금물이다. 고이시 군이 대합실 한편에 바가 있다고 해서 거기서 한잔하게 되었다. 곤약, 설익은 튀김, 히류우즈, 히류우즈는 간모도키(두부에 밀가루를 반죽한 튀김 요리)이고, 냉두부, 꼬치구이, 토스트, 아직 이런저런 것들이 더 있다. 여기에 잔술을 마시자 무척이나 들뜬 기분이 든다. '서해'가 들어올 시간이 다가오자 간조부교(勘定奉行; 에도막부 시절 재정을 담당하던 벼슬)인 산케이 군이 계산을 명령하며 지폐를 몇 장씩 꺼내 드는데 그 손을 지켜보던 옆자리 젊은 무리가 "와아, 굉장하네" 하고 말했다. 산케이 군은 침착한 채 "뭐야, 단체라고" 하고 시치미를 뗐다.

단체인 일행 다섯 명은 '서해'에 승차한 뒤 다시 곧장 식당차로 들어가 대합실 스낵바를 계속 이어 나갔다. 꽤나 취한 고이시 군이 들뜬 기분으로 모지역 플랫폼에 내리며 헤어졌다.

식당차 시간이 지나 자리를 마무리한 뒤 칸막이 흡연실로 돌아와서 눕기 전에 한 대를 피웠다. 긴 여행이랄 정도도 아니지만 마음에 응어리진 게 남아 있어 괴로웠다. 이제 이렇게 돌아가므로 괜찮다. 어렸을 때 덴노지야(天王寺屋; 오사카의 큰 상인이자 상호명) 염료 항아리 냄새가 진동하는 골목길을 통해 뒷문으로 들어왔었다. 노라는 담장 너머로 돌아오곤 했다. 어째서 돌아오지 않게 된 걸까.

9

9시가 지나 오사카에서 정차하던 중 눈이 뜨였다. 차 안에서 자다 보면 기차가 멈추고 아무 소리도 들리지 않게 될 때 자주 눈이 뜨인다.

노선 주변은 흐리다. 나고야에서 정차하여 야시 군이 플랫폼으로 나가 있던 사이 승무원이 전보를 들고 왔다. 승무원의 손을 보며 화들짝 놀랐지만 야시 군 앞으로 온 전보였다. 노라가 돌아왔다는 집으로부터의 전보는 끝끝내 오지 않았다.

도요하시(豊橋) 근처부터 차창으로 비가 내렸다.

저녁 6시 23분 비 오는 도쿄에 도착했다. 스테이션 호텔에서 해산 파티를 연 뒤 돌아가기로 했다. 노라가 돌아오지 않은 건 알고 있었기 때문에 로비 전화를 직접 걸고 싶진 않아서 산케이 군에게 부탁했다. 부재중이던 사이 아무 일도 없었다고 아내가 말했다고 하여 그렇게 부재중에도 안심할 수 있었지만 아무런 일이 없었다는 건 노라가 돌아오지 않았다는 셈이다.

집으로 돌아와 현관으로 들어오며 노라는 아직 돌아오지 않았는지 물어볼 필요도 없다. 오늘로 벌써 88일째다. 현관 문턱에 걸터앉은 채 위로 올라가지 못하고 쓰러져 울었다.

노라에게 내리는 가을 소나기

1

 노라가 돌아오지 않은 지 오늘로 175일째다. 앞으로 5일만 더 있으면 180일, 만 반년이 된다.
 노라가 떠난 후 뜰의 꽃이 활짝 피고, 내가 한창 울던 사이 난만한 봄이 왔다가, 초여름이 되었다가, 토왕(土旺; 흙의 기운이 왕성한 입춘, 입하, 입추 전 18일 동안 기간)을 지나 매일 노라를 기다리던 사이 더위도 고비를 넘기고 벌써 가을바람이 불어온다.
 올해 봄 히간(彼岸; 춘분과 추분 앞뒤 3일간 선조를 추모하는 기간)은 3월 24일에 밝았다. 그 이후로 3일째 되던 27일 오후, 노라는 안겨 있던 아내의 손에서 내려와 속새 수풀 사이를 빠져나가선 어디론가 떠나 버렸다.

가을 히간 첫날은 9월 20일로 모레다. 그러므로 노라의 180일이 돌아오는 건 가을 히간의 한가운데 날이다.

노라는 더 이상 돌아오지 않는 걸까.

때때로 그런 생각이 든다.

하지만 또 지금도 돌아올 것 같은 기분이 든다.

올해 스미다 강 불꽃놀이(유서 깊은 도쿄의 납량 불꽃놀이)는 7월 20일이었다. 작년은 직접 가서 불꽃놀이를 구경했는데 그 기억이 아직 새롭다. 올해는 자정이 지나서부터 비가 내렸지만 저녁부터는 날씨가 맑았다. 우리 집 근처까지 불꽃놀이 소리가 들려왔다. 굉음이 멀리 달이 뜨지 않은 밤하늘을 건너 정원수(庭園樹)를 울린다. 어두운 뜰을 바라보며 가만히 그 소리를 듣다 보니 오늘 밤 멀리서 이 불꽃놀이 소리가 닿는 사이에 노라가 분명 돌아올 거란 생각이 들었다. 스미다 강 불꽃놀이가 그 신호인 것만 같다. 그런 생각만으로 의욕이 샘솟아 쉼 없이 이어지는 굉음이 즐겁게 들려왔다. 지금 뜰 앞으로 비추는 엷은 빛을 뚫고 노라의 모습이 솟아오를 것이다. 이쪽으로 총총 가까워져 온다. 아니면 한달음에 뛰어와서 무릎으로 올라올까.

멀리 불꽃놀이 소리가 한층 더 차올라 한동안 내리 이어지며 울려 퍼지다 불쑥 소란이 가라앉듯 멈추더니 그 뒤론 더 이상 아무런 소리도 들리지 않는다. 불꽃놀이는 끝난 듯하다. 노라는 돌아오지 않았다.

올해 가을벌레는 우리 집엔 8월 23일, 노라의 150일째 밤부터 여치, 그 다음날 밤엔 귀뚜라미가 울기 시작했다. 방울벌레는 더 이전부터 울고 있었을지 모른다.

벌레 소리로 점점 가득 차더니 밤바람도 부쩍 차가워져 가을이 점차 깊어져 간다. 툇마루 유리창을 열어 엷게 빛나는 뜰을 바라보자 지금도 노라가 돌아올 것만 같은 기분이 든다. 뜰의 징검돌이 어두운 건너편에서부터 눈앞으로 밝게 이어져 이쪽으로 올라오는 입구까지 이어진다. 벌레들의 울음소리 소나기 사이로 노라의 모습이 드러나 징검돌을 건너서 총총 이쪽으로 다가올 것 같다. 한 징검돌 위에서 노라가 초봄 볕을 쐬면서 앉아 있던 모습이 눈에 선하다. 그 돌만이 가을 저녁 엷은 빛 사이로 솟아올라 점점 형태가 또렷해지더니 지금도 노라가 그 위로 뛰어오를 듯, 그 돌 위에서 볕을 쬐던 올봄 노라의 모습이 순식간에 생생히 떠오르자 눈물로 눈앞이 흐려져 징검돌의 일렬이 뿌옇게 변한다. 벌레는 더더욱 요란하게 울어대지만 노라는 역시나 돌아오지 않는다.

노라는 더 이상 돌아오지 않는 걸까.

하지만 반년도 부족하고 7, 8개월은 기다려야 한다. 분명 돌아올 테니 기다려라. 일 년이 지나서 돌아온 예도 있다, 하는 손편지와 전화를 곳곳에서 받았다. 그러면 그럴 것 같은 기분도 들고 또 그렇게 믿고 싶다. 그렇다면 노라는 어디에서 뭘 하고 있는 걸까.

노라가 떠난 다음날 내린 큰비 때문에 집으로 돌아오는 길을 찾을 수 없게 되어 어딘가를 헤매다가 들고양이가 되어 버린 걸까. 하지만 1년 반을 집에서 키운 노라에게 들고양이가 될 법한 기지가 있다고는 생각하지 않는다.

처음엔 모르는 곳을 갈팡질팡했을지 모르지만 도저히 집을 찾을 수 없게 되어 아주 길을 잃어버린 끝에 어딘가 다른 집에서 보살피고 있을지도 모른다.

왠지 그런 게 아닐까 하는 생각이 든다. 우리 집에는 지금 길 잃은 고양이가 들어와 있다. 언제까지고 돌아가지 않아서 부를 이름이 없으면 불편하므로 쿠루쓰라는 이름을 붙여 줬지만 그 쿠루쓰를 보다 보면 노라도 어딘가에서 마찬가지로 보살펴 주고 있는 게 아닐까 싶다.

쿠르쓰에 대해서는 다음 장에서 서술한다.

노라가 낯선 곳에서 병사했다거나 길거리를 가로지르다가 자동차에 치였다거나 하는 경우도 생각해 봐야 하지만 어엿한 한 마리로 성장한 고양이가 병사하는 일은 거의 없다는 경험자들의 말을 믿고 싶다. 고양이가 자동차에 치이는 경우는 자주 있다. 그래서 그 뒤처리를 하는 구역소 관계자에게 부탁하거나, 또 고양이를 묻었다는 이야기를 듣거나 소식을 받으면 털 모양이나 특징을 자세히 물어보고 온다. 나가서 묻은 장소를 직접 다시 파본 적도 있다. 언제나 노라에는 해당하지 않았다.

노라가 고양이 장수에게 잡혀갔을 거란 사람도 있다. 확실하게 밝혀진 것도 아니므로 그런 일은 없다고 단언할 순 없지만 본 잡지 8월호 「노라야 노라야」에 써둔 이유로 인해 우선 고려 외로 두어도 될 것이다.

하지만 고양이 장수에 대해 말하는 사람들은 그렇게 생각하는 게 즐거워 보이기도 한다. 고양이 장수에게 잡혀가 가죽이 벗겨져 지금쯤 샤미센을 감싸며 미인의 무릎 위에 올라가 있을 거라고 말한다. 집에서 키우던 고양이가 사라졌다는데 바로 그런 연상이 드는 사람의 선조께선 뭘 하시던 분이신지 의문이 든다.

2

본지(월간지 「소설신초」)에 실린 「노라야」, 「노라야 노라야」 외 원고를 모아 단행본을 내려고 하여 지금 그 교정 중이다.

누군들 마찬가지일 테고 당연한 일이지만, 나는 한 편의 글을 쓰고 난 뒤 그 퇴고에 뼈를 깎아가며 몇 번씩 되풀이해 읽지 않는 이상 원고를 편집자에게 건네줄 수 없다. 그런데 읽어 주신 분께 면목이 없어 숨김없이 말하기도 꺼려지지만, 「노라야」, 「노라야 노라야」 두 편은 퇴고는커녕 쓰고 난 뒤 눈길 한 번 주지 않았다. 도무지 그럴 수가 없었다. 마감에 쫓겨서 그런 건 아니다. 너무나 괴로워서 내가 쓴 글을 다시 읽어볼 수 없었다. 엮어 쓴 글이 겨우 완성되어도 다시 한 번 읽어볼 용기가 나지 않는다. 그 때문에 원고에 오탈자 혹은 중복표현이 있을지도 모른다. 써버린 뒤 일체 눈을 감은 채 편집 담당자에게 건네며 "그런 이유로 부디 잘 다뤄 주시길 바랍니다" 하고 부탁한 뒤 그저 다시 평정을 잃고 내가 쓴 원고 안으로 퇴보하지 않도록, 오직 그 부분만을 유의했다.

곧 신간 잡지가 완성되어 내가 쓴 글이 활자로 실렸다. 그 잡지를 손에 쥔 채 평소라면 우선 내가 쓴 글을 활자로 다시 읽어보지만 「노라야」와 「노라야 노라야」의 경우 절대 그 부분을 열어보지 않기로 했다.

그러므로 글 매무새가 좋지 않을 게 분명하지만 어느 정도인지는 아직 알지 못한다.

그 글들이 지금 단행본으로 만들어지고 있다. 교정을 해주는 사람에게서 이런저런 질문과 협의를 받는다. 「노라야」에서 이곳은 어떻게 해야 할지 질문을 받았다. 교정쇄를 들이미는데 보고 싶지 않으니 어떻게 하든 마음대로 하시라고 말할 순 없다.

그게 「노라야」의 4월 15일경, 문득 다음 한 절이 눈에 들어왔다.

"저녁이 가까워져 세면장 앞 담장 위에 노라와 닮은 고양이가 있었다. 아니라는 생각이 들었지만 잠시 바라보자 어딘가 닮은 듯한 기분이 든다. 마르고 볼품없지만 노라도 그 정도로 말랐던 것 같다. 너무 신경이 쓰여서 아내에게 쫓아보게 했는데 옆집 정원으로 내려가는 뒷모습이 꼬리가 짧았다고 하는 걸 봐선 아닌 게 틀림없었다."

이 꼬리가 짧은 고양이가 지금 우리 집에 들어와 있는 길 잃은 고양이 쿠루쓰이다. 이 고양이가 그때부터 우리 집 근처를 배회했다고는 생각하지 않는다. 앞서 4월 15일 이후로도 이 고양이에 대해 기술한 부분이 따로 더 있는지 어떤지 기억이 나지 않지만 쿠루쓰가 눈에 분명하게 들어오기 시작한 건 5월 11일 이후, 즉 제2원고 「노라야 노라야」에 들어간 뒤이다.

볼품없는 고양이로 마르고 꾀죄죄하며 냐아— 냐아— 하고 우는 소리도 처량하다. 게다가 왼쪽 눈이 어떻게 된 건지 항상 눈물이 고여 있다. 울고 있는 것 같아서 불쌍하다.

노라가 돌아오지 않은 뒤 다른 고양이가 몇 마리씩 집 근처를 돌아다니며 서로 싸우거나 쫓아다니곤 했다. 그런 고양이들에게 헛간 앞 정해 둔 장소에서 늘 먹을 걸 주기로 했다. 그렇게 모여들면 언젠가 노라도 다른 고양이와 어울려 찾아올지도 모른다. 당장이라도 노라가 돌아오면 먹이려고 갖다 놓은 맛있는 음식을 날이 지나면서 조금씩 조금씩 그사이에 넣어 주고 있다.

몇 마리씩 번갈아 가며 찾아와 음식을 먹고 가던 고양이 중 헛간 앞 정해진 장소에 항상 모습을 드러내던 게 쿠루쓰였다. 주는 쪽도 받는 쪽도 점점 습관이 되기 시작해 비가 오는 날엔 쿠루쓰를 헛간 안으로 들이기도 했다.

그 후로 비가 내리지 않아도 헛간 안에서 잠들고, 배가 고파지면 미끄러운 헛간 문을 혼자서 드륵드륵 열고 나와 부엌 입구에서 냐아— 냐아— 하고 졸라댄다. 노라가 떠올라 가엽기도 하고 또 털 모양이 노라와 꽤 닮아 어쩐지 쫓아내기도 힘들어서 아내와 나도 점점 익숙해져 갔다.

비가 심하게 내리던 날 아내가 쿠루쓰를 부엌으로 들여온 게 계기가 되어서 마침내 부엌 입구로부터 집 안으로 들어오게 되었다. 들어오면서는 사람 얼굴을 올려다보며 냐아— 냐아— 하고 운다. 언제나 눈에서 눈물이 흘러 울면서 들어오는 듯한 기분이 든다. 아내가 탈지면을 붕산수에 적셔 눈을 닦아 준다. 노라와 닮아서 아내가 안아 올려 뭔가 말을 건다. 그렇게 말을 건다면 나도 이 고양이에게 물어보고 싶은 게 있다.

3

「노라야 노라야」 이후 일기 발췌

6월 14일 금요일 / 노라 80일
쾌청.
쿠루쓰를 만지지 않으려 했지만 어제오늘 결국 등을 쓰다듬어 줬다. 털의 감촉이 거칠었는데 생각해 보면 노라는 마치 융단 같았다. 노라의 형님이라든가 동생이 아닐지도 모른다.

6월 16일부터 22일까지 「센초의 버드나무」 여행 중

6월 27일 목요일 / 노라 93일
종일 비.
올해 다섯 번째 태풍이 규슈 서쪽 바다에서 사라진 뒤 계속 큰비가 내려서 3월 27일, 노라가 떠난 다음날 밤 같은 비가 내린다. 역시 부엌 문을 열어두지만 노라는 아직 돌아오지 않은 건가, 지금 이렇게 열어두는데도 돌아오지 않는 건가 싶다. 그렇게 억지를 부리려 해도 물보라가 심하게 튀어서 이래선 고양이는 걸어 다닐 수가 없을 것 같다. 3월 28일 그날 밤과 같다는 생각이 들어 슬퍼져도 물보라가 튀는 문을 닫을 수 없다. 이렇게 빗소리가 들리는 밤, 노라는 어느 집을 헤매고 있는 걸까.

6월 28일 금요일 / 노라 94일

비.

쿠루쓰는 아예 집에 정착하게 되었다. 원래부터 우리 집 고양이였다는 듯한 얼굴을 하고 있다. 어디 고양이인지는 알 수 없지만 어디선가 키우던 고양이임은 틀림없다. 확실히 들고양이는 아니다. 무턱대고 사람을 따르려 한다. 집안 근처를 어슬렁거리는 쿠루쓰를 보면 노라도 아예 길을 잃어버린 끝에 집으로 돌아올 수 없어 쿠루쓰처럼 다른 집으로 잘못 들어가 버린 게 분명한 것 같다.

7월 1일 월요일 / 노라 97일

약간 햇살, 흐림. 저녁부터 비.

쿠루쓰가 개수대 구석에 걸어둔 철망 안 콩 껍질 따위 사이로 손을 집어넣어 뒤적거렸다. 이 길 잃은 고양이는 뭘 하는 걸까. 우유는 이전부터 주고 있었고 노라는 작은 날 전갱이 토막을 좋아했지만 쿠루쓰는 고등어를 좋아해 언제나 썰지 않은 채로 사다 준다. 점점 고등어 제철 시기가 되어가서 싱싱한 가을 고등어 색깔을 보면 맛있어도 보인다. 가끔 고양이 만찬을 중간에서 가로채 나도 한입 두입 시식해 볼 때가 있다. 그 외에 가쓰오부시나 어묵 등 쿠루쓰는 먹을 것에 옹색하지 않은데도 그런 짓을 한다. 어디서 어떤 식으로 키운 고양이인지는 모르겠지만 혼을 내며 개수대 언저리로 내려놓은 뒤 이렇게 계속 잘못 들어와 있어도 집이 있는 고양이라는 식으로 정 없는 생각이 든다. 애초에 원래 자기 집을 나와 우리 집에 정착하기까지 꽤 긴 기간을 밖에서 헤매서 어쩔 수 없을지 모른다. 노라는 절대로 그런 식의 행동을 하지 않았다. 개수대 위에도, 부엌 선반 위에도 올라간 적이 없다. 하지만 노라도 벌써 백일 가까이 집을 나가 있다. 돌아와서 무슨 짓을 할지 알 수 없지만 어떤 무례한 짓을 해도 괜찮으니 서둘러 돌아오라.

7월 2일 화요일 / 노라 98일

맑았다가 살짝 흐림. 흐림. 밤에 비.

쿠루쓰가 밤에 나간 채 밤중이 지나 누워도 돌아오지 않는다. 5월 언젠가 즈음부터 우리 집에 정착한 이래 꽤 시간이 흘렀다. 원래부터 다른 곳의 고양이긴 하지만 돌아오지 않는다면 살짝 섭섭한 기분도 든다. 하지만 노라의 경우와는 달리, 뭐 하는 수 없지 싶다.

그렇게 생각하며 잠들었는데 아침이 되어 돌아왔다. 비가 내려서 돌아올 수 없었던 것 같다.

7월 5일 금요일 / 노라 101일

맑음. 흐리고 약간 햇살. 어제부터 더워졌다.

아내는 어젯밤 늦게 약속해둔 구사카와 함께 아자부(麻布)와 이치노하시(一ノ橋) 근처 잇폰마쓰(一本松)에 노라와 닮은 고양이를 보러 갔지만 노라가 아니었다.

7월 9일 화요일 / 노라 105일

흐리고 비. 오후 적은 비.

노라가 어떤 계기로, 혹은 아무런 계기도 없이 불쑥 떠오른다. 가능한 한 건드리지 않고 싶지만 떠오른다. 떠오르면 참을 수 없다. 대여섯 날 전에 노라 수색 제4회째 신문 삽입 광고 전단이 5,500장 인쇄되어 왔지만 지금은 작업 중이라서 그걸 배포하면 곳곳에서 전화가 걸려 올 테니 작업이 일단락될 때까지 기다리기로 하고 일단 그대로 놔두었다. 노라가 떠올라 견딜 수 없을 땐 전단이 완성되었으니 지금 바로 배포할까 하고 생각만 해도 기분이 꽤 좋아진다.

7월 15일 월요일 / 노라 111일

흐림.

저녁에 외출하기 전 현관문을 열자 나무문 근처에 어미 노라, 라고 생각했더니 쿠루쓰였다.

7월 16일 화요일 / 노라 112일

흐림. 약간 흐림. 멀리 천둥, 밤에 비.

오후에 기쿠지마가 신문 삽입 광고 전단과 따로 영문신문에 넣을 영문 전단 500매를 신문배달소에 들고 간 뒤 반초 경찰서에도 다시 가주었다.

7월 17일 수요일 / 노라 113일

흐림.

오전 반초 욘초메 근처 어느 집에서 노라인 듯한 고양이 연락이 있었다. 그 근처 정육점 젊은이가 가주었다. 정말 닮았다고 해서 아내가 바로 달려가 보았지만 그땐 이미 다른 곳으로 떠나서 없었다고 한다.

오후가 지나 히라야마가 와있던 때 반초 경찰서에서 전화가 와서 언젠가 냈었던 노라 수색원을 보고 가구라자카 서로 가가초(加賀町)의 어느 집에서 닮은 고양이가 있다고 연락이 왔으니 가보라고 알려주어 아내가 히라야마와 함께 가보았지만 아니었다고 한다.

저녁이 가까워져 반초 욘초메의 오늘 오전에 가보았던 집에서 그 고양이가 다시 왔다고 연락이 와서 아내가 달려가 보았다. 또 아니었다.

7월 18일 목요일 / 노라 114일

비. 흐림, 약간 햇살. 맑음. 저녁 흐림.

아침에 한 번 눈이 뜨인 뒤 다시 자려 하는데 7시, 9시 반, 11시 반에 노라 전화가 걸려 와 일어났다. 오전에 아내는 연락이 왔던 구단의 기생집과 산반초의 어느 집과 오쓰마(大妻) 여자대학 근처 어느 집과 구단 산초메 어느 집에 찾으러 가보았지만 앞선 세 집은 다른 고양이가 있었고 네 번째 집은 그때 없었다.

7월 19일 금요일 / 노라 115일

흐림, 약간 햇살. 반청. 저녁 흐림.

오늘도 아침 사이 노라 전화가 두 통 걸려 왔다. 16일 삽입 광고 이후 곳곳에서 전화가 걸려 와 다소 어수선하지만 노라를 찾기 위해서이므로 상관없다.

아내의 여동생이 잘 맞춘다는 점쟁이에게 물어봤더니 "노라는 살아있다, 히라카와초 근처에 있다"라고 말했다고 한다. 점쟁이를 믿진 않지만 그 방향을 찾아보기로 했다. 아내는 정오경 반초 고초메 어느 집에 닮은 고양이를 보러 갔지만 아니었다고 한다. 돌아왔다가 다시 구단산초메 어느 집에서 연락이 와서 고양이를 보러 나갔지만 역시나 아니었다. 도로 돌아와 저녁이 가까워져 히라카와초 동물병원에 가서 노라로 짐작 가는 고양이가 있는지 물어보고 또 인접한 팰리스하이츠(도쿄 내 미군들이 거주하던 시설)에 영문 프린트를 넣어 주도록 부탁하고 왔다.

부재중이던 사이 어젯밤부터 돌아오지 않던 쿠루쓰가 돌아와서 밥을 받아먹은 뒤 담장 위로 올라가 있었다. 담장 위에서 가지에 앉은 참새를 노리려 했던 건지 모르겠다. 소리가 들려 나가보자 노라가 어린 시절 빠졌던 똑같은 물동이에 빠져 있었다.

바로 기어 올라와 흠뻑 젖은 채 뜰 방향을 향하는데 이 고양이는 어째서 계속 노라 같이 행동하는 걸까. 서재 창을 드르륵 긁어대거나, 세면장 앞 나무문 위로 올라와 냐아— 냐아— 하고 사람을 부르거나 노라와 똑 닮은 행동을 해서 신경이 쓰였는데 노라가 떨어졌던 물동이에 까지도 빠져들었다.

물동이는 헛간 옆 감나무 그늘 밑에 있다. 노라는 그 물동이에 빠졌던 것이 인연이 되어 우리 집 고양이가 되었다. 쿠루쓰도 그 똑같은 동이에 빠져서 물동이 안의 물을 뒤집어쓰고 노라가 부재한 자리에 눌러앉을 생각인 걸까.

7월 12일 토요일 / 노라 116일

흐림, 약간 햇살. 한밤 지나서부터 비.

저녁이 가까워져 아내가 센다가야(千駄ヶ谷) 동물애호협회에 노라를 찾으러 가보았지만 아무런 보람이 없었다. 애호협회라는 곳은 고양이나 강아지를 '잠재우는', 즉 죽여서 처리하는 곳이라고 한다.

7월 27일 토요일 / 노라 123일

흐림, 살짝 비. 밤 살짝 흐림.

오늘 아침 깨기 전 꿈에서 이웃집 반초 학교 담장을 따라 설치한 철책 안쪽에 털빛이 밝은 고양이가 있었다. 그곳에 고양이가 있을 리가 없는데 서 있었다. 노라구나 하고 의심조차 없이 기뻤다.

7월 28일 일요일 / 노라 124일

맑음. 오후 쾌청. 긴 장마가 끝나기 시작함.

옛날 어린 시절 시호야 부엌 입구였는지 모르겠지만, 부엌 앞을 지나 쿠루쓰가 건너편으로 사라졌다. 뒤편으로 쿠루쓰보다 몸집이 크고 털빛이 좀 더 엷고 밝은 느낌의 고양이가 지나가려 하던 참에 눈이 뜨였다. 노라였구나 하고 일어난 뒤에야 생각이 들었다.

7월 29일 월요일 / 노라 125일

쾌청.

요 이삼일 동안 노라가 새 거실이 생기기 전 혹은 생긴 직후 뜰 징검돌 위에서 소춘(음력 10월로 따뜻한 날씨) 볕을 쬐거나 초봄 햇볕을 쬐며 이쪽을, 나를 바라보던 모습이 떠올라 눈을 돌렸다.

7월 31일 수요일 / 노라 127일

맑음, 약간 햇살. 오후 쾌청.

오늘도 두세 통 노라 소식 전화가 왔다. 그다지 확실하지는 않지만 지금으로선 그 소식을 받는 것만이 유일한 의지처다.

8월 1일 화요일 / 노라 128일

쾌청. 오후 쾌청.

어제도 오늘도 34.5도. 연일 바람이 불지 않아 견디기 힘들었지만 오늘은 살짝 바람이 분다.

오늘은 어째서인지 하루 종일 오후에도, 저녁에도, 새벽 4시에 잠들기 전까지도 계속 노라가 떠올라 눈물은 멈추지 않고, 노라는 도대체 뭘 하고 있는 걸까. 어디에 있는 걸까. 그것도 아니면 어디에도 없는 걸까.

8월 2일 금요일 / 노라 129일

맑음. 오후 쾌청.

저녁 산초메의 어느 가게에서 노라 전화가 걸려 왔다. 지금 있다는 건 아니었다.

8월 8일 목요일 / 노라 135일

비 멀리 천둥. 오후 흐림.

새벽 4시 반이 지나서 멀리 천둥소리와 쿠루쓰가 지붕 위를 걷는 소리에 눈이 뜨였다. 쿠루쓰에게 창을 열어 준 뒤로도 좀처럼 이어 잠들 수 없었다.

밤이 되자 쿠루쓰가 무턱대고 아내와 나에게 몸을 비벼대는 게 뭔가를 호소하는 것만 같다. 꽤 오랜 기간 있었기 때문에 이 고양이도 밉지는 않다. 이제 원래 자신의 집으로 돌아가겠다고 말하고 있는 건 아닐까. 어딘가에서 키우던 고양이임은 틀림없으니 돌아간다면 그게 제일 좋지만 곧장 돌아간다면 좋을 텐데, 또 도중에 길을 잃기라도 한다면 불쌍할 것이다. 아내와 상의해 노라를 위해 준비해 둔 작은 방울을 매단 목걸이를 걸어 주기로 했다. 그렇게 해두면 놋쇠판 뒷부분에 우리 집 주소와 전화번호가 새겨져 있으니 길을 잃어도 단서가 될 것이다. 자신의 집으로 돌아갔다면 그 집에서 연락이 올 수도 있다. 쿠루쓰는 목걸이를 매달아도 귀찮아하지 않고 딸랑딸랑 방울을 흔들어 댄다.

노라를 위해선 다시 새로, 좀 더 부드러운 가죽으로 하나 만들어 두어야겠다.

8월 9일 금요일 / 노라 136일

맑음.

쿠루쓰가 지난밤부터 매달아 준 목걸이 방울을 울리며 복도를 돌아다니지만 밥상으로 올라오거나 하지는 않는다. 예의 바른 고양이다. 그러자 다시, 노라가 어딘가 돌봐주는 곳에서 예의 바르지 못하게 밥상에 손을 내밀다 혼나고 있는 건 아닐까 싶다.

8월 14일 목요일 / 노라 141일

흐림, 약간 비, 이후 맑음.

아침 오키쿠보(荻窪)에서 노라 전화가 걸려 와 너무 멀다 싶긴 했지만 뭐라 토를 달 수 없다. 한 가닥 희망을 걸며 뒷소식을 기다린다. 두 번째 전화로 노라가 아님이 판명해졌다.

8월 15일 목요일 / 노라 142일

작은 비. 흐림.

오전 니나나노도오리(二七 / 通)에서 노라 전화가 걸려 와 눈을 떴다. 아니었다.

8월 17일 토요일 / 노라 144일

흐리고 약간 햇살. 오후 반청반담.

저녁 7시가 지나 동네 로쿠반초 어느 집에서 노라가 아닌가 싶은 고양이를 가둬뒀으니 보러 오라고 전화가 왔다. 바로 아내가 가보았지만 노라가 아니었다.

8월 31일 토요일 / 노라 158일

쾌청. 초가을 아침답게 시원시원함.

히라야마가 노라를 위해 마련한 새 목걸이를 들고 와주었다. 쇠장식 부분에 주소와 전화번호를 새기느라 품이 들었다고 한다. 전에 있던 건 8월 8일 입추 이래 쿠루쓰가 달고 있다.

9월 1일 일요일 / 노라 159일

흐리고 약간 비. 온도가 내려가서 25.5도.

자려는데 쿠루쓰가 침상으로 와서 눕거나 근처를 어슬렁거려서 그런 행동은 하지 않던 노라가 가여워져 지금쯤 뭘 하고 있을지 싶어 눈물이 나서 어쩔 도리가 없었다.

9월 3일 화요일 / 노라 161일

흐림. 저녁 약간 흐림.

밤 12시 펜을 내려놓고 나자 노라가 떠올라, 혹시 더는 돌아오지 않는 게 아닐까 생각이 들자 가엽고 귀여워서 소리 내서 울었다.

9월 5일 목요일 / 노라 163일

쾌청, 맑음. 약간 흐림.

쿠루쓰도 얄미운 고양이는 아니지만 선반 위에 올라가서 당해낼 수가 없다. 노라는 한 번도 부엌 선반 위로 올라간 적이 없다. 빨리 달라 졸라댈 때는 개수대 근처로 양발을 뻗으며 발돋움을 하곤 했었다. 그 모습이 떠오른다. 조그맣던 노라가 그렇게나 크게 자랐었다.

9월 13일 금요일 / 노라 170일

흐림. 적은 비. 한밤이 지나 본격적으로 비가 내림.

쿠루쓰가 너무나 태연하고 유유자적해서 "너는 도대체 어디 고양이인 게냐" 하고 묻자 아내가 안아 올리며 "우치다 씨네 고양이다" 하고 대답한다. 이제 돌아가지 않으려는 건가, 그거야 그렇다 쳐도 밤이면 매일 밤 내 침상으로 와서 잠든다. 노라는 절대로 그런 행동을 하지 않았다. 추운 겨울밤 거실에서 스토브를 피우면 살금살금 들어와도 다다미를 밟지 않으려는 듯 아내가 앞쪽에 옆으로 깔아둔 모포 자락 위로 올라와 다가온다. 그렇게나 사려 깊던 노라가 불쌍해 견딜 수 없다.

9월 20일 금요일 / 노라 177일

맑음. 약간 햇살. 오후 흐림. 밤중부터 가랑비.

밤 10시가 지나 노라인 듯한 고양이 연락 전화가 왔다. 꼬리가 그럴 듯했지만 배 쪽이 하얗지 않았다고 해서 노라는 아니었다.

9월 21일 토요일 / 노라 178일

맑은 가을.

오늘도 오후에 노라인가 싶은 전화가 왔다. 아니었긴 하지만 이렇게

나 날이 지났는데도 세상의 여러 모르는 사람들이 아직 노라를 기억해 줘서 감사하다.

9월 26일 목요일 히간이 밝음 / 노라 183일

가랑비. 흐림. 오후 다시 비.

오후 눈을 뜬 채로 침상에 앉아 담배를 피우며 신문을 읽고 있는데 가랑비가 내렸다가 멈췄다가 하는 바깥에서 쿠루쓰가 헛간 함석지붕을 쿵쾅쿵쾅 소리 내며 내려와 곧장 거실 입구로 얼굴을 내밀더니 그대로 총총 들어와서 침상 뒤쪽에 돌아눕는다. 노라도 바깥에서 돌아올 땐 일단 반드시 문턱 입구로 얼굴을 내밀고 나서야 바로 돌아가 부엌 쪽으로 가거나 목욕장 욕조 덮개 위로 올라 잠들곤 했다. 거실로 들어오지 않던 노라가 불쌍해 눈물을 그칠 수 없다. 하지만 지금 내 뒤에서 턱을 완전히 들어 올린 채 쭉 뻗어 누워 있는 쿠루쓰를 혼낼 수도 없다.

4

오래된 옛날 노래 가사 중에

고양이 새끼, 새끼고양이
이름은 시즈카(静)

이상한 이름의 고양이다.

시즈카야, 시즈카야
조용하게(靜) 걸어가서
쥐를 잡아라

하는 가사가 있었다. 고양이가 쥐를 잡는 건 하나의 공훈이다. 그런데 우리 집엔 노라를 키우기 전부터 쥐가 한 마리도 없었다. 쥐가 드나들 만한 구멍을 일일이 정성껏 막아서 쥐의 침입을 용납하지 않았다.

그렇게 이전부터 쥐 때문에 골치 썩힐 일은 없었다. 그곳에 노라가 살게 되었지만 집에는 노라의 포획물이 없다. 노라는 뜰로 나가서 이웃 학교와의 경계인 콘크리트 벽 아래 쪼그려 앉아 있다. 조그만 굴을 통해 드나드는 생쥐 그림자를 보는 듯하다.

노라가 집에 있지 않을 땐 자주 그곳에서 구멍을 망보고 있었다. 다분히 느긋하게 언제까지고 가만히 앉아 "생쥐 따위 안 오니까 그만 돌아가자"라고 불러도 이쪽을 돌아보지도 않는다.

그사이에 멍청한 쥐 한 마리가 노라에게 잡혔다. 노라는 그 쥐를 입에 물고 첫 공훈을 세웠다며 부엌에서 집 안까지를 뛰어다녀서 온 집안에 큰 소동이 났다.

집안에 해를 끼치는 쥐를 퇴치해 준다면 좋겠지만 집에는 쥐가 없다. 다른 쥐를 잡아서 집으로 돌아와 부엌이나 복도에서 으득으득 씹어대며 그 근처에 피를 흘리거나 피범벅인 생쥐 머리를 굴려대거나 하면 곤란하다. 아내와 둘이서 쥐를 가로 문 노라를 쫓아다니다가 겨우 밖으로 내보낸 뒤 물고 있는 쥐를 떼어내기 위해 노라가 좋아하는 치즈나 어묵을 가지고 가서 비위를 맞춰 주려 했지만 생각해 보면 고양이는 그런 것보단 역시 생쥐가 더 좋을 것이다. 절대 놓지 않으려고 하다가 정원 수풀 사이에 풀어 놓거나 속새 사이에 숨길 것이다.

어찌어찌 결국 노라는 쥐를 놓고 집 안으로 돌아왔지만 반죽음이 된 쥐를 어디에 버린 건지 알 수 없어서 다시 고생을 했다. 저녁 즈음 어두워진 근처로 회중전등을 들고 나가 겨우 엽란 뿌리 근처에서 생쥐를 발견해 흙을 파서 묻은 뒤에야 소동이 마무리되었다.

한숨 놓은 아내가 노라를 끌어안고 입 주변을 닦아 주며 고양이에겐 수긍이 가지 않을 법한 말을 들려준다. "노라야, 너는 착한 꼬마니까 이제 생쥐 따윈 잡으면 안 된단다."

노라는 날쌘 고양이가 아니었지만 쿠루쓰는 한층 더 요령이 없는 듯하다. 쥐를 잡은 노라 같은 영웅적 행위는 쿠루쓰에겐 불가능해 보이므로 지금으로선 일단 안심이다.

노라는 그다지 까불고 다니지 않았지만 쿠루쓰는 아직 툭하면 신이 나서 끝이 없는 것처럼 군다. 혼자서 뛰어오르다가 이전 밤에는 도코노마(床の間; 벽 일부를 안쪽으로 깊게 파서 불단 등을 마련하는 일본식 건축양식)에 놓인 꽃병을 넘어뜨렸다. 처음엔 노라의 형님인지 동생인지 잘 알 수 없었지만 요새 되어 좀 더 확실해졌다. 노라보단 적어도 한 계절은 늦게 태어난 게 틀림없다. 혹 초봄에 첫 발정이 나서 본래 자신의 집을 나와 버린 채 돌아가는 길을 잃어버리고 우리 집에 들어오게 된 걸지

도 모른다. 그러므로 노라도 분명 어딘가에 있을 것이다.

쿠루쓰는 노라보다 몸집이 작다. 아직 덜 자란 게 아니라 몸집 자체가 그런 듯하다. 하지만 5월 중순 무렵 처음 우리 집에 들어왔을 때와 비교하면 살이 쪄서 몸집이 커졌다. 처음엔 털 감촉이 까칠까칠해 노라의 감촉과는 완전히 다르다고 생각했는데 요새는 털이 부드럽고 광택이 난다. 전체적으로 굉장히 예뻐졌지만 꼬리가 실로 빈약해 볼 게 없다. 엉덩이 끝에서 나오는 게 아니라 등뼈 한가운데서 감겨 올라온 것처럼 짧아서 한 손에 다 쥘 정도밖에 되지 않는다. 하지만 꼬리가 노라 꼬리 앞부분처럼 굽어 갈고리 모양이다. 그러므로 언제나 금옥 같은 모양새와 흠집을 모두 함께 드러내고 있다. 뒤에서 보면 정말 볼품이 없다.

노라가 자기가 좋아하는 맛있는 음식을 먹을 때 자주 뒤에서 꼬리를 끌어당겨 보곤 했다. 싫어하는 건 잘 알지만 정말 싫다면야 후우— 하고 울며 성을 냈을 것이다.

싫어했음이 틀림없지만 상대편이 한 수 위라 한 번도 시끄럽게 군적이 없다. 모르는 척하는 얼굴로 먹고 싶은 걸 먹는다. 쿠루쓰에겐 아직 시험해 본 적이 없다. 끌어당길 정도의 꼬리도 없어서 그럴 기분이 들지 않는다.

쿠루쓰는 입가에 특징이 없지만 노라는 입을 꼭 다문 채 이쪽을 정면으로 바라보면 기치에몬(吉右衛門; 나카무라 기치에몬, 유명 가부키 연극배우)의 아케치 미쓰히데(明智光秀; 전국시대 무장으로 그 무용담을 연극으로 각색함) 같은 느낌이 든다. 기치에몬만이 아니라 내 친구 중에도 노라와 입가가 닮은 교수가 있지만 기분 나쁘게 하면 안 되므로 이름은 밝히지 않는다.

고양이의 가장 귀여운 점은 귀이다. 이쪽을 향해 쫑긋 세우고 있어도, 건너편을 향해 삼각형 뒷모습을 보여 줘도 그럴싸한 위엄이 있고 조그만 귀를 때때로 한 쪽씩 움직일 때가 가장 고양이답다. 노라는 멍하니 있을 때 항상 귀를 꺾어 접곤 했다. 한쪽을 똑 꺾어 접으면 그걸로 족한지 다른 한쪽 귀를 붙잡고서 사람이 모처럼 접어줘도 쫑긋 펼쳐 버린다. 가끔 양쪽 귀 모두 접을 때도 있다. 쿠루쓰의 귀는 조그만 건지, 뻣뻣한 건지, 탄력이 너무 강한 건지 한쪽 귀조차 단 한 번도 성공한 적이 없다.

노라는 자주 눈곱이 껴서 아내가 떼줬지만 쿠루쓰 같이 눈물이 흐른 적은 없다. 쿠루쓰는 우리 집에 헤매 들어온 당시부터 아직까지도 눈이 낫지 않았다. 탈지면에 붕산수를 적셔 닦아 줄 뿐만 아니라 약국에서 소아용 안약을 사와 넣어 준다. 1회분을 다 써도 낫지 않아 2회분을 넣어 준다. 며칠인가 다소 낫는 것 같다가도 밖에서 돌아오면 역시나 눈물이 고여 있다.

쿠루쓰는 이미 우리 집을 자신의 집으로 받아들인 듯 노라가 그랬던 것처럼 뜰 근처를 뛰어다니다가 다른 고양이가 오면 담장 위에 올라가서 싸움을 건다. 그렇게 코 앞부분을 다쳐서 돌아온다.

그때마다 아내가 치료해 주며 "어느 고양이한테 당한 거야, 다음에 오면 아주 혼쭐을 내줄 거야, 너는 늘 지기만 하니까 패기가 없지." 하고 말한다.

"다쳐서 왔다고 해서 졌다곤 할 순 없지. 무승부일 수도 있지이-? 쿠루쓰?" 하고 내가 두둔을 해준다.

노라도 다쳐서 돌아오곤 했지만 쿠루쓰는 노라보다도 약한 듯 어쩐지 축 처져서 우울해한다. 요샌 다소 밝아져 활기차 보이기도 한다.

노라를 어렸을 때부터 거실에 들이지 않으려 한 건 작은 새를 잡으면 안 되기 때문으로 노라는 그게 버릇이 되고 습관이 되어서 신경 쓰지 않았지만 쿠루쓰는 다른 집에서 키우던 고양이라 그런지 그런 걸 신경 쓰지 않는다. 길 잃어 들어왔던 초반부터 쑥쑥 거실로 들어왔다. 그 탓에 이쪽에서 꽤나 신경을 쏟으며 쿠루쓰가 작은 새를 바라보거나 하면 바로 머리를 때려서 그만두게 하곤 했다.

그렇게 신경을 쓰는데도 잠깐 방심한 사이 쿠루쓰가 가운데 마루 선반 위 새장 안에 있는 미야자키 동박새를 노리며 기둥을 기어오르던 걸 아내가 발견해 머리를 때리며 혼내서 무사히 일단락되었다. 다시 안아 올려 동박새를 보여 주며 그 앞에서 나도 머리를 대여섯 번 연달아 때려 주었다.

쿠루쓰는 완전히 겁을 먹고 귀를 바짝 내려 붙여 움츠러들었다. 아래로 내려와선 사람 발밑으로 머리를 땅바닥에 붙이더니 머리부터 아무렇게나 벌러덩 드러누워 공순(恭順)의 뜻을 표한다. 혼날 땐 늘 그렇게 군다. 응석을 부리고 싶을 때도 그런 흉내를 낸다.

이삼일 전 아침, 꿈에서 맞은편에 커다란 사자가 나왔는데 그 몸 덩치가 다다미 한 장 정도였다. 그 커다란 사자는 나를 보더니 머리를 지면으로 붙이며 쿠루쓰의 요령처럼 아무렇게나 벌러덩 가로누웠다.

쿠루쓰는 고등어를 좋아해 고등어가 주식이다. 그사이에 치즈 밥이나 가쓰오부시 밥을 먹기도 한다. 가쓰오부시를 줄 때는 아내가 퍼내는 옆에 단정히 앉아 양손을 앞으로 가지런히 내밀고서 언제나 똑같은 모양새로 어른스럽게 기다린다. 분명 원래 집에서 버릇을 들인 듯 예의범절이 몸에 익어 있다. 그 모습을 보면 이 길 잃은 고양이가 가여워진다.

노라는 가쓰오부시를 먹지 않았다. 노라의 주식은 작은 날것의 전갱이였지만 가끔씩 아내의 손으로 받는 초밥 위 계란부침을 굉장히 좋아했다. 아내의 무릎에 양손을 얹고 계란부침을 받아먹던 모습이 떠오른다.

노라가 돌아오지 않게 된 3월 27일로부터 벌써 반년이 지났지만 그 사이 한 번도 초밥을 시키지 않았다. 지금으로서도 아직 주문하고픈 기분이 들지 않는다. 나는 작업을 할 땐 그날 일이 끝나기 전에는 저녁상에 앉지 않기 때문에 매일 밤 그 시간이 늦어진다. 그러므로 작업을 하기 전 잠깐 간단한 식사를 해두기 위해 초밥집 주먹밥을 자주 주문했다. 하루건너, 간혹 연일 이어지는 경우도 많아 특별히 신경 써주시는 초밥집이었지만 3월 27일 이후로는 노라가 떠오를까 봐 겁이 나서 주문할 수가 없다.

5

요즘 같은 계절엔 비가 자주 내린다.

오늘은 밤늦은 소나기로 젖어버린 뜰에 우뚝 서 있던 나무 건너편에서 번개가 쳐서 멀리 가을 천둥소리가 빗소리를 억누르듯 울려 퍼졌다.

노라는 어디 있는 걸까. 소나기가 노라의 길을 적시며 연신 내린다.

쿠루쓰가 복도에서 재채기를 했다. 그 바람에 목에 달린 방울이 딸랑딸랑 울린다. 노라의 목걸이는 완성한 채 종이로 포장해서 서랍 안에 넣어 두었다. 서랍을 열면 종이 포장 안에서 딸랑딸랑 울리곤 한다.

쿠루쓰가 복도에서 과장되게 몸을 뻗더니 살금살금 이쪽으로 들어왔다. 내 옆에 나란히 앉아 사람 얼굴을 바라본다. 어느새 완전히 익숙해져 역시 얄미운 고양이는 아니다. 꼬리가 짧을 뿐 털 모양은 노라와 똑 닮았고 옆모습 등은 자칫 노라를 보는 듯한 기분도 든다. 그래서 곤란하다. "이봐 쿠루쓰, 그렇게 콧등을 앞으로 내밀다니, 도대체 넌 어디 고양이인 게냐. 어디서 왔는진 몰라도 넌 노라를 알고 있는 게지? 노라가 어느 담벼락 구석이나 잡초 수풀 안에서 너보고 '난 이제 집으로 돌아가지 않을 거니까 니가 집으로 가서 나 대신 있어' 하고 말한 거잖아. 그런 거지? 그렇게 된 거지? 아니니? 아닌 거니? 어떻게 된 게니?"

쿠루쓰는 눈물이 고인 눈으로 사람을 올려다보더니 커다란 사자처럼 얼굴을 바닥에 붙이며 벌러덩 옆으로 돌아누웠다.

노라, 아직 돌아오지 않다

1

오늘은 3월 27일이다. 아침부터 어두운 하늘을 뒤덮으며 가는 비가 내렸다. 때로 하늘이 개었지만 젖은 징검돌이 마르기도 전에 다시 비가 내려서 점점 빗발이 굵어졌다. 어두운 구름 아래로 평소보다 이른 야음(夜闇)이 흘러 바깥은 더 이상 보이지 않는다.

노라가 작년 3월 27일 오후, 뜰의 속새 수풀을 빠져나가 어디론가 떠나 버린 채 돌아오지 않게 된 지 딱 1년이 지났다. 작년 그날은 아침엔 얼음이 얼 정도로 추웠지만 오후에는 날씨가 풀려 따뜻했다. 좀처럼 밖으로 나가지 않는 노라는 온기에 이끌려 멀리 걸어 나갔다가 돌아오는 길을 잃어버리고, 다음날 28일엔 봄추위가 풀린 뒤 큰비가 내려서 고양이가 다니는 길이 씻겨져 버렸다.

그 이후로 1년 동안 하루하루 날짜를 세면서 365일 매일 노라가 돌아오기를 기다렸다. 밤늦게 잠들 때면 이미 닫혀 있는 서재의 비 내리는 창을 한 번 더 열어 어두운 뜰을 향해 노라야, 노라야, 노라야 하고 불러보아야 마음이 놓인다.

작년 5월 하순 노라가 나간 뒤 50여 일이 지났을 때 구마모토의 어느 모르는 사람이 사라진 고양이를 반드시 돌아오게 한다는 주술을 알려주었다. 노라를 기다리고 있긴 해도 주술을 믿고 싶진 않았지만 노라가 돌아오지 않는 하루하루를 세며 날을 보내는 게 괴롭다. 오늘은 돌아오지 않았지만 내일은 돌아올 거라고 생각하고 싶다. 그 확신을 매일매일 새롭게 하기 위해 알려 받은 주술을 실행하기로 했다. 노라가 사용하던 식기를 깨끗하게 씻어 엎어놓고 그 위에 쑥 조금을 얹어서 뜸을 들인다. 처음 시작할 땐 이미 경과한 50여 일치를 한 번에 뜸 들인 뒤 매일 밤 자기 전에 한 번씩 뜸을 들였다. 그 역할을 아내가 이어받았다. 식기 바닥이 얼룩덜룩 타버린 쑥으로 가득 차면 긁어 떼어낸 뒤 새로 다시 시작한다. 거의 백일 남짓 뜸을 들여 화덕이 가득 막혔다.

날짜 수가 쌓여 마침내 365가 되었다. 되기 전부터 365라는 숫자가 심히 신경 쓰여 오지 않기를 바라고 있었지만 5, 6일 전으로 닥쳐오자 만 1년이 지났으니 뜸 들인 횟수가 365가 되는 날 그만두려고 했다. 2, 3일간 몇 번이고 몇 번이고 그렇게 생각했지만 결국 그렇게 결정하고 중단해버릴 결심이 서지 못했다. 하고 있는 주술에 의미는 없을지 모르지만 관두는 것도 의미는 없다. 고양이에게 달력이 있을 리 없다. 날짜가 일 년이 지났다든지, 뜸을 들인 횟수가 365가 되든지 말든지 신경 쓰지 않고 자연스레 게을러 질 때까지 이어가면 된다.

쑥이 도중에 끊기지 않도록 떨어지기 전에 약종상에 주문해 두라고 아내에게 말했다.

2

작년 가을 「노라에게 내리는 가을 소나기」 이후 일기 중 비망록

10월 5일 토요일 / 노라 192일

새벽 비, 흐림, 약간 햇살.

정오가 지나 온반메 모 씨에게서 노라인 듯한 고양이가 왔다고 연락이 왔다.

10월 7일 월요일 / 노라 194일

흐림, 약간 흐림, 다시 흐림.

오전에 근방 후타바(雙葉) 여학교 뒷문 근처에 노라와 닮은 고양이가 있다고 연락을 받았다. 하지만 길을 걷고 있다고 해서 보러 갈 때까지 있을지 없을지 알 수 없어 포기했다. 오후에 엊그제 연락받은 온반메에 아내가 보러 갔지만 그 고양이는 없었다.

10월 13일 일요일 / 노라 200일

흐림 맑음 오후 쾌청, 24.5도.

밤에 가만히 앉아서 생각했다. 노라가 집으로 돌아올 수 없게 되었다. 더 이상 돌아오지 못하게 된 게 아닐까 생각이 들자 불쌍해서 눈물이 흘러 멈출 수 없었다.

10월 15일 화요일 / 노라 202일

쾌청.

저녁이 가까워진 뒤 외출해 부재중이던 사이에 노라 전화가 왔다. 언젠가 고양이를 데리고 오겠다고 해서 준비했을 때와 같은 목소리로 역시 고양이를 데려가겠다고 말했다. 꼬리가 짧다고 해서 노라가 아닌 것 같다고 아내가 거절했지만 이번엔 상대편에서 주소를 밝혔다고 한다.

10월 17일 목요일 / 노라 204일

새벽 내내 비, 후에 흐림, 비. 오후 바람이 불어 비. 때때로 갬. 저녁 반청. 22도.

오늘은 일기예보에 따르면 이번 겨울 첫 계절풍이 분다고 한다. 아직 춥진 않지만 초겨울 찬바람이 불기 시작해 저녁이 가까워진 뒤로는 바람이 매섭게 불어댄다. 거실에 앉아 유리창 너머로 저녁 뜰을 바라보는데 뜰의 전기 불빛이 떠다니는 징검돌 위로 바람에 흔들리는 나뭇가지 그림자가 움직인다. 뭔가 이쪽으로 다가오고 있는 것처럼 보인다. 노라가 아닐까 하는 생각이 곧바로 들진 않았지만 역시 절로 노라가 연상되어 떠오른다. 바람이 차가워지면 이전에 노라가 추위에 몸을 떨며 돌아오던 때가 떠오른다.

11월 1일 금요일 / 노라 219일

쾌청.

아침에 눈을 뜨기 전 꿈에서 노라가 나왔다. 장소는 알 수 없다. 저기 있다고 생각이 든 순간, 선명해지기도 전에 제대로 알 수 없게 되어 버려 아쉬웠다. 하지만 꿈속에서 선명해진다 한들 눈을 뜨면 역시 꿈일 따름이다.

11월 2일 토요일 / 노라 220일

약간 구름, 흐림. 저녁부터 비.

쿠루쓰가 저녁에 비 오는 바깥으로 나가려고 해서 나갔다가 잠시 후 돌아왔는데 온몸이 시궁창 진흙으로 더러워져서 눈도 코도 알아볼 수 없고 눈가와 코, 귀에 상처가 있었다. 지고 온 듯하다. 아내가 이런저런 약으로 치료해 줬지만 노라가 어디선가 이런 꼴을 당하면 누가 치료해 줄까 싶다.

11월 3일 일요일 / 노라 221일

쾌청.

밤중 2시를 지나 이제 자려고 매일 밤 버릇처럼 노라가 늘 드나들던 부엌문을 열어 보았다. 근처로 노라가 들어올 것 같지는 않았지만 역시나 기다리는 마음으로 바깥을 둘러본다.

 여태 살아남은 가을벌레 귀뚜라미가 완전히 가락에서 벗어난 느릿느릿한 박자로 우는 소리가 귀에 들려와서 노라가 멀어지는 것 같아 쓸쓸하다.

11월 8일 금요일 / 노라 226일

 쾌청. 바람이 참.
 정오가 지나 노라로 짐작되는 전화가 걸려 왔다. 꼬리에 대해 물어보자 털 색깔이 다른 것 같아서 그대로 전화는 끊겼지만 여태 신경 써주는 사람이 있다니 감사하다. 그러자 또 어딘가를 어슬렁거리던 끝에 돌아올 수 없게 된 게 아닐까 싶어 불쌍한 노라가 이제 바깥바람도 차가워졌는데 어찌할는지 걱정된다.

11월 11일 월요일 / 노라 229일

 더운 비, 오후 비가 남풍을 동반함. 저녁 비가 개고 서쪽 하늘이 갬. 밤 다시 비.
 저녁 8시경 후카가와(深川)에서 노라로 짐작되는 전화가 왔다. 너무 멀기도 하고 또 복부 털에 얼룩이 하나 있다고 해서 아니었지만, 친절한 사람이란 생각이 들어 감사하다.

11월 25일 월요일 / 노라 243일

 쾌청.

노라는 이미 8개월이 지나서 집안 소리 따위로 돌아올 거라고 생각하긴 힘들지만, 밤이 깊어 늘 노라가 돌아오던 도중 기어오르던 세면장 창문을 닫아야 할 때면 필요 이상으로 큰 소리를 내며 다시 한 번 열어서 노라야, 노라야 하고 불러본다. 당장 눈앞에 노란색 털머위 꽃 서너 송이가 밤의 엷은 빛 가운데 피어 있다. 노라는 어떻게 된 걸까.

11월 28일 목요일 / 노라 246일

쾌청.

저녁 히토쓰바시 학사회관의 아베 요시시게(安倍能成) 씨를 만나러 갔다. 연회 후 배웅하러 온 이시자키와 함께 시타야사카모토(下谷坂本)의 술집인 가기야에 들러 더 마셨다. 그 뒤에 가기야 건너편 가게의 갓 구운 뜨거운 이마가와야키(今川燒; 국화빵과 비슷한 일본식 과자)를 먹을 생각이었지만 이시자키와 가게 앞에서 장기를 두다가 시간을 잊어버려서 정신을 차렸을 땐 이마가와야키 가게 문은 이미 닫혀 있었다. 뭔가 술 뒷맛을 바꾸고 싶기도 하고 취한 상태에서 결심이 서면 참을 수 없다. 이마가와야키가 쉰다면 하나마키소바(花卷蕎麦; 김을 뿌린 메밀국수)가 먹고 싶었는데 아주머니가 보러 갔더니 소바집도 쉰다고 한다. 하는 수 없이 포기하고 택시를 타고서 돌아가는데 올라가는 언덕길 왼편에 단팥죽 가게 간판이 아직 나와 있어서 차를 세워 기다리게 하고 이시자키와 함께 단팥죽을 먹었다. 가게 앞에 반 살 정도의 배가 하얀 후지고양이 새끼가 웅크려 앉아 자고 있었다. 마침 한창 귀여운 덩치라 털 모양은 달라도 노라도 저럴 때가 있었지, 하고 생각이 든 순간 단팥죽

그릇으로 눈물이 떨어졌다.

12월 6일 금요일 / 노라 254일

약간 햇살, 맑음.

쿠루쓰가 발정이 온 듯 정원에서 냐아ー 냐아ー 하고 울고 있다. 아직 어려서 목소리가 온순하니 귀엽다. 그 목소리가 노라와 똑 닮아 듣고 있는데 눈물이 흘렀다.

오후 오키쿠보의 가와미나미(川南) 경찰서 근처 어느 집에서 노라로 짐작되는 전화가 와서 너무 멀기도 하고 살짝 다른 점도 있는 것 같았지만 모르는 사람의 친절에 감사하다.

12월 15일 일요일 / 노라 263일

흐림.

뜰이 어두워진 뒤 근처 툇마루 아래에 있던 듯한 어린 암컷 고양이가 스토브를 켠 어두워진 복도 유리창 건너편에 얼굴을 내민 순간 덜컥 노라인가 싶어 뒤이어 가슴이 철렁했다.

33년(1958년) 1월 9일 목요일 / 노라 288일

흐렸는지 맑았는지 알 수 없음.

아침 노라 연락 전화가 왔다. 털색이 달랐지만 그 친절을 감사히 생각한다.

1월 5일 수요일 / 노라 294일

비.

이삼일 비가 계속 내린다. 빗소리 때문인지 노라가 집으로 돌아올 수 없게 되었던 당시가 계속 떠오른다.

2월 24일 월요일 / 노라 334일

비. 따뜻함.

벌써 1개월 정도 전부터 아키히게(오키나와 다네가시마 등지에 서식하는 울새와 닮은 멧금류. – 저자 주)가 울기 시작해 고음은 아니지만 듣기 좋은 소리로 지저귄다. 나날이 소리가 커지며 마디가 분명해졌다. 일부러 들으려고 한 건 아니어도 듣고 있다 보면 절로 지난해 이맘때쯤 노라가 연상되어서 아키히게 우는 소리가 괴로워졌다. 노라도 벌써 1년이 가까워져 간다. 아키히게 울음소리는 날마다 높아져 간다. 노라는 더 이상 돌아오지 않는 걸까.

하지만 1년 정도 지난 뒤 돌아왔다는 사례를 알려주는 엽서가 몇 통이나 왔었다.

2월 27일 목요일 / 노라 337일

흐림.

오후 모르는 사람에게서 전화가 와서, 반초 경찰서 근처 유원지에 집고양이로 생각되는 고양이가 있는데 털이 더러워져 사람이 가까이 가면 도망가긴 하지만 뭔가 좋아하는 걸 주면서 좀 더 살펴보려고 한다. 노라는 뭘 좋아하는지 물어보았다. 벌써 만 1년이 가까워져 가는데 아직 노라를 기억해 주는 사람이 있다.

3월 17일 월요일 / 노라 355일

흐림. 밤에 비.

고음을 내며 점점 울음이 극에 달해 가는 아키히코 소리를 들을 때마다 작년 이맘때 즈음의, 아직 집에 없는 노라가 떠오른다.

3월 24일 월요일 / 노라 362일

흐림. 약간 흐림.

노라의 3월 27일이 다가와 낮이고 밤이고 눈 안이 뜨겁다. 뜰의 히간 벚꽃 가지에 옅은 색 꽃이 두세 송이 피기 시작하는 모습을 바라봐도 그 아래로 노라가 뛰놀던 모습이 떠올라 꽃잎이 흐려져서 잘 보이지 않는다.

3

고슈(江州)의 히코네(彦根)에서 온 편지에, 그 집 고양이는 작년 1월 6일, 노라보다 3개월 정도 전부터 없어져서 아직 돌아오지 않는다. 사람들과 이야기해 보면 죽었다든가, 누가 죽였을 거라든가, 이제 돌아오지 않을 거라고 단언한다. 하지만 그렇게 생각하지 않는다. 분명 돌아올 거라고 생각하며 아직도 돌아오기를 기다리고 있다고 쓰여 있었다.

같은 발송지에서 두 번째 편지가 왔다. 건너편 날짜는 3월 23일이다. 그 고양이가 돌아왔다! 역시 돌아왔다! 1년 3개월 만이라 꿈만 같이 기쁘다고 한다.

노라가 함께 떠올라 기쁘기도 하고 또 함께 떠올라 눈물이 흐른다. 하코네의 편지는 노라가 보낸 게 아닐까.

고양이 귀에 가을바람

"쿠루야, 쿠루야. 고양아. 너구나. 고양이냐? 고양이인가. 고양이지? 틀림없지? 고양이가 아닌 게냐? 아닌가? 너구리인가? 오소리인가? 족제비? 그런 얼굴로 뭘 생각하고 있는 거야. 이거, 이거, 밥상 위는 올려다보면 안 돼. 본다 해도 이건 순채(蓴菜)야. 식초가 들어 있다고. 이건 시치미(七味)랑 고추가 들어 있어. 고양이가 먹는 게 아니야. 고양이한테는 맞지 않아. 맞는다고 해도 여기선 주지 않을 거니까 마찬가지지만, 도대체가 너는 예의범절이 부족한 것 같아. 그 납작하고 빈약한 코를 움직이는데, 그래, 코가 조금씩 움직이고 있잖아. 그렇게 납작한 코가 잘도 움직이네! 조그만 구멍을 하나하나씩 넓혔다가 움츠렸다가 하는 거야? 그래 그러면 구멍 주위가 신축해서 코가 움직이는 효과가 날 거야. 그렇게 네가 밥상 위 음식들에 흥미가 있다고 보여 주는

게냐? 그건 안 돼. 너는 행동거지가 나빠. 노라는 그런 행동은 하지 않았어. 우선 밥상 옆으로 오지도 않았지. 너는 노라가 돌아오지 않게 된 뒤 집 안으로 들어와서 뭐든 네가 하고 싶은 대로 멋대로 행동하잖아. 너는 너니까 그런 건 상관할 바 아닐지도 모르지만 노라가 돌아오면 사이좋게 지내야 해. 싸우기라도 하면 용서하지 않을 거니까. 그때까진 그렇게 으스대고 있으라고. 근데 그렇게 밥상 끝에서 순채 접시만 보고 있지 말고 술병 한 병 더 가지고 오는 건 어때? 이제 이것도 다 비어 버렸어. 고양이 손도 한 번 빌려 보고 싶은데. 쿠루야."

"냐아—"

"고양이같이 울지 마"

"냐아—"

"그렇다면 역시 고양이인 게냐"

"냐아—"

"고양이라고 해도 남자라면 냐아- 하고 울면 안 되지"

"냐아-"

"뭐야, 뭐라는 거야. 니가 하는 말은 불명확한 언어라서 제대로 못 알아듣겠어."

가을 이후 아내가 몸이 안 좋아져 입원하게 되었다. 뒤에 남겨진 고양이와 나는 다른 집 아주머니나 부인, 어머님들이 교대로 와서 집안일을 해주신 덕분에 아침저녁 하루하루 멀쩡히 보내고 있지만 병원 일이 걱정되고 신변이 쓸쓸하다. 입원 당일 밤은 고양이가 내 잠자리에 들어와서 하룻밤 내내 달라붙어 떨어지지 않았다. 다행히 경과가 좋아 퇴원 날만 기다린다고 하여 고양이를 상대로 기울이는 한잔 술도 맛이 좋다.

"이봐 쿠루쓰, 너는 저녁에 좀 더 일찍 돌아와야 한다고. 걱정한단 말이야. 멀리 나갔다가 비가 내려 돌아오는 길을 잃어버린 노라처럼 집으로 돌아오지 못하게 되면 어쩔 거야. 도대체 너는 매일 걸어서 어디를 싸돌아다니는 게냐. 몸에 이 껍데기를 붙여 오는 걸 보면 반초 학교 앞 공터 풀밭을 뛰어노는 건가? 거긴 죽은 고양이를 자주 버리는 데니까 그런 곳에서 노는 건 그만둬. 여기 긴카쿠지(禁客寺; 손님이 찾아오는 걸 싫어한 핫켄이 자신의 집에 붙인 '손님이 금지된 사찰'이란 별칭으로 유명 사찰인 금각사와 발음이 같음) 뜰에서 담장 아래로 기어들어가서 건너편에 가 보면 구둣방 촌뜨기 고양이가 있잖아. 그 촌뜨기가 노라랑은 엄청 사이가 좋았는데 너는 사이가 나쁜 것 같더구먼. 얼굴을 보면 그냥은 넘어갈 수 없는 싸움 상대인가 보지? 니가 심한 상처를 입고 돌아온 날은 언제나 촌뜨기하고 맞붙어 엎치락뒤치락하고 온 거겠지. 언젠가 네 입 근처에 뭔가 검은 게 붙어 있길래 보니까 고양이 털 뭉치더라고. 촌뜨기는 후지 고양이니까 그 털을 물어서 잡아 뜯어 온 게냐. 누가 강한 진 모르겠지만 싸우면 지지 마라. 하지만 싸움에서 이겨도 니가 상처를 입고 돌아오면 곤란해. 가능하면 저쪽으론 가지 마. 알겠냐? 모르겠냐? 아는 것도 모르는 것도 아닌 건가? 그런 것 같네. 어쩔 수가 없구먼. 이런 짐승 자식."

입원 중에 도와주러 와주는 아주머니 집에도 고양이가 있어서 그 이야기를 하던 중 "고양이한테 짐승 자식이라고 했더니 뭐라 표현할 수 없지만 싫다는 표정을 짓더라고요" 하고 말했다. 쿠루쓰는 싫어하는 표정을 지은 것 같진 않지만 내 이야기를 알아듣는 것 같다. 한쪽 귓바퀴를 조금씩 움직여가며 사람 얼굴을 바라보고 있다. 안쪽에 털이 자라는 귓바퀴는 지금에야 어엿하게 자라 끝이 쫑긋 위로 빠져나와 있지만 노라가 떠난 뒤 얼마 안 있어 들어온 당시 쿠루쓰의 귀는 조그맣고 빈약해서 엄지손가락 한마디 정도밖에 되지 않았다. 화살대로 이마 뒤 두 군데를 삐죽삐죽 뽑아낸 흔적이 귀가 된 것 같은 느낌이 들었다. 즉 그는 아직 다 크지 않은, 노라보다 대략 7, 8개월 후에 태어난 듯했다.

노라는 이웃집 툇마루 아래에서 태어났을 것이다. 약간 자란 뒤 이웃집과 경계에 있는 담장 위에서 어미 고양이와 볕을 쬐거나 장난을 치던 모습이 자주 눈에 띄었는데 그사이에 우리 집에서 귀여워하는 걸 확인한 어미 고양이는 "그럼 이 아이를 잘 부탁드리겠습니다" 하고 우리에게 인사라도 한 듯 어디론가 떠나 버렸다. 그 노라가 작년 3월 27일에 떠나 버린 채 이렇게 오랫동안 돌아오지 않으면 인사를 받은 어미 고양이에게도 면목이 없다.

쿠루쓰는, 쿠루쓰라고 하는 이름은, 노라의 꼬리가 봉투 정도 길이였는데 반해 쿠루쓰의 꼬리는 짧을 뿐만 아니라 조그만 냄비 뚜껑같이 둥글고 납작하다. 짧으므로 독일어로 쿠루쓰라는 이름을 붙였다. 부르기 좋게 '쿠루'라고도 부른다. 꼬리는 길고 짧아 명확히 구별할 수 있지만 앞에서 보이는 털 모양이나 얼굴 느낌은 노라와 똑 닮았다. 노라에 대해 걱정해 주는 다른 사람들은 쿠루쓰를 보고서 "아니, 노라가 돌아왔네요?" 하고 말한다. 나 자신도 노라 실종 당시 담장을 타고 이쪽으로 건너온 쿠루쓰를 보면서 몇 번이나 노라가 돌아왔다고 생각했는지 모른다.

　노라의 태생은 거의 알 수 없지만 그 후에 들어온 쿠루쓰는 더욱이 전혀 알 수 없다. 우리 집에 이렇게 정착하기까지 어디서 자란 건지, 어느 집에서 키운 고양이인지 짐작도 가지 않는다. 어미 들고양이가 키운 건 아니란 사실은 곁에서 키워 보면 바로 알 수 있다. 어디서 키우던 고양이가 무슨 계기로 자신의 집으로 돌아가는 길을 잃어버리고 우리 집에 정착하게 되어 버린 걸까. 그렇다면 노라도 어딘가에서 마찬가지 경우가 된 게 틀림없다고, 결국 다시 그 방향으로 생각이 미친다.

　쿠루쓰는 피곤한 듯 보이더니 밥상 옆에서 빤히 허풍스러운 기지개를 켰다. 그리고서 하품을 했다.

　"이봐, 이봐, 쿠루야. 이 녀석 그걸 바로 실례라고 하는 거야. 이쪽은 아직 상 위에서 정상을 넘기지 못했다고. 자, 나무문 소리가 들린다. 자아, 자, '오래 기다리셨죠?' 하고 말하잖아. 정말 오래 기다렸지, 거의 4, 50분이니 까딱하면 한 시간이나 기다릴 뻔했어. 너도 기다리고 있던 거야? 아주머니가 이곳에 가져다주시는데 너도 가서 좀 도와. 태평히 움직이려고 하지를 않네. 그런 주제에 코만 씰룩대고. 좋은 냄새가 나지? 장어구이야. 장어라고. 맛있단다. 나중에 저쪽에서 네 접시에 조금 나눠 줄까? 예의 바르게 군다면 줄 수도 있지만, 고양이는 장어구이란 말을 그다지 들어본 적이 없을 거야. 쿠루야 장어구이는 비싸단다. 비싸서 맛있는 거야. 고구마나 정어리도 비싸긴 하지만 그것보다 더 맛있을 거야. 싸니까 대충하는 거지. 좀 더 비싸지면, 비싸서 먹을 수 없을 정도로 비싼 걸 먹어 보면 분명 맛있을 거라고 상상할 수 있잖니. 알겠어? 모르겠어? 어느 쪽인들 마찬가지구나. 도대체 너는 뭐 하는 놈이길래 하품을 하고 나서도 계속 가만히 앉아 있는 거야? 역시 밥상에서 의리상 어울려 주는 게냐? 여길 떠나는 게 쓸쓸한 게냐?"

 손을 내밀어 쓰다듬으려 하자 얼굴을 살짝 숙여 손에 비벼대듯 군다. 손바닥에 닿은 한쪽 귀 끝이 갈라진 채 낫지 않은 그대로 털이 자라고 있다. 언젠가 후지 고양이 촌뜨기와 맞붙어 촌뜨기에게 찢긴 상처이다. 그때 싸움은 싸움터가 우리 집 뜰이기도 해서 그랬는지 쿠루쓰 쪽이 유리했던 듯, 문 안쪽 근처에서 큰 소리가 나길래 나가보자 부엌 입구 앞을 촌뜨기가 화살같이 달려나갔다. 곧장 그 뒤를 쿠루쓰가 쫓아가다가 석탄 상자 위에서 다시 맞붙어 싸움을 시작하려 했다. 그 소음과 울음소리로 언제나처럼 아내가 부엌에서 달려나와 세 갈래 빨래 장대로 쿠루쓰 편을 들어줬다.

 등뼈 부분을 얻어맞은 촌뜨기가 도망친 뒤 쿠루쓰는 아내에게 안겨 후우— 후우— 하고 울며 복도에 있는 자신의 방석 위로 돌아왔다. 전신 곳곳에 상처를 입어 피투성이가 되었다. 아내가 리바놀 액으로 상처 부위를 씻어 소독한 뒤 그 뒤에 클로로마이세틴 연고를 발라 줬다. 쿠루쓰는 의젓하게 치료를 받으며 치료가 끝나자마자 잠들었는데 지금까지도 다쳐서 돌아온 적이 몇 번이나 있었지만 오늘은 그 정도가 꽤 심각해 보이고 보는 내가 답답해질 정도로 고양이의 호흡이 가쁘다. 가만히 놔둬도 될까 싶을 정도로 걱정이 든다. 특히 이마 한중간에 뼈까지 닿은 상처가 신경 쓰인다.

초여름 저물어가는 저녁 시간이지만 수의사의 진찰이 꼭 필요해 보인다. 짚이는 곳을 물어물어 그렇게 멀지 않은 곳에 있는 견묘 진료소에 전화를 걸어 왕진을 부탁했다. 처치를 받을 상황이나 비용 문제로도 데리고 가는 편이 분명 더 낫겠지만 전신이 상처투성이인 고양이를 집 밖으로 데리고 나가는 게 익숙하지 않아서 지금 같은 경우에 어떻게 해야 할지도 알 수 없었다.

그런데 평소엔 고양이 의사를 귀찮게 할 일이 없어서 사정을 전혀 모르고 있었는데 역시나 바쁠 땐 바쁜 건지 담당 의사 선생님은 지금 바로 외출해 미타카(三鷹) 시에 왕진 갔다가 가마쿠라(鎌倉)에 들러야 한다. 댁에 방문하면 이르면 11시고 더 늦어질지도 모른다고 한다.

밤 11시가 지난 뒤 고양이 의사가 왕진을 오는 건 곤란하다. 왜 곤란한가 하면 그 시간이 되면 가장 중요한 내가 술기운이 올라서 부탁해 오게 한 사람과 만날 자격이 없을 것이기 때문이다. 또 매일 밤의 그 순서를 바꾸거나 생략해야 할 정도로 쿠루쓰의 상태가 긴박해 보이진 않는다. "그럼 오늘 하룻밤 용태를 보고 나서 내일 경우에 따라 다시 연락해 주시기로 하죠"라고 말하며 그날 밤 내진을 부탁하는 건 관두게 되었다.

다행히 쿠루쓰는 하룻밤 만에 몸이 많이 나아지고 다음날엔 더 이상 그럴 필요도 없을 정도로 건강해져서 고양이 의사 선생님이 집으로 찾아오는 사건은 흐지부지되어 버렸다.

나와 친한 집이 오모리에 있고 내 주치의가 또한 그 집 주치의이기도 하다. 그 집에는 고양이가 있다. 어느 날 주치의 박사가 왕진하러 오고 나서 고양이 주치의가 잇따라 오느라 인간 의사와 고양이 의사가 우연히 마주치게 되었다.

인간 담당 주치의 박사는 커다란 진찰 가방을 들고 게이힌(京浜) 선의 혼잡한 전차 손잡이에 매달려 찾아왔다. 고양이 담당 주치의는 덴엔초후(田園調布) 근처 먼 곳에서부터 자동차로 간호부를 태워 왔다. '세상이 거꾸로 변했도다' 하는 감상이 들지 않을 수 없다.(에도시대 유행한 단가로 '이거야 참으로, 세상이 거꾸로 변했도다, 올라탄 사람보다 둥근 말의 얼굴'이 원문)

고양이는 과연 아무것도 모르는 걸까. 어쩐지 그렇지 않은 것 같은 점도 있다. 모르는 게 아니라 알지 못하는 처지인 척 시치미를 떼고 있는 건 아닐까. 알아들은 뒤로도 이어서 그 기억의 정도를 계속 지속할 수 있다는 예를 현실에서 본 적이 있다. 바로 얼마 전에 도와주러 오던 다른 집 아주머니와 근처에서 우연히 만난 젊은이가 전갱이 건어물을 구워 둘이서 간단한 점심을 먹고 있었다. 키 작은 밥상 아래엔 쿠루쓰가 아무것도 모른다는 얼굴로 웅크려 앉아 있다. 눈을 늦게 뜬 내가 그곳으로 나가서 복도 덧문을 여는데 집안일을 도와주는 사람들이 사정을 잘 모르고 덧문 갑창(甲窓) 뒷마무리를 항상 실수하던 게 떠올라 "식사 중이지만 잠시 일어나 이쪽으로 와서 여기 항아리 상태 좀 봐주게" 하고 말했다. 상에서 일어나 복도로 나온 둘에게 "여길 이렇게 하면 간단히 열 수 있네" 하고 알려주며 바로 일단락되었지만 그사이에 키 작은 밥상 다리 근처에 있던 고양이가 기어 나와 아무도 없는 밥상 위 전갱이에 손을 내밀던 걸 둘이 발견해 "이놈!" 하고 혼을 냈다. 쿠루쓰는 완전히 겁을 먹고 움츠러들어 바로 손을 당기긴 했지만 배가 고픈 것 같다며 동정하던 아주머니가 따로 고양이에게 고양이 밥을 차려줬다. 고양이 밥도 전쟁이이다. 고양이 전갱이는 간을 약하게 하여 조린다. 쿠루쓰는 혼자서 따로 받아먹어 맛있었다는 것처럼 입 주변을 날름 핥은 뒤 이번에는 내가 있는 방으로 찾아와 난로 앞에 웅크려 앉았다.

조금 전 키 작은 밥상의 전갱이 건어물 뒤로 시간이 꽤 지났다. 그사이 자기 밥도 받아먹었으니 고양이의 배 상태도 건어물 구이에 손을 뻗으려 했을 때와는 다를 것이다. 또한 그 건어물 사건도 손을 뻗으려다가 혼이 난 채 미수로 끝났으니 나도 잊어버렸다.

난로 근처에서 쿠루쓰가 몸을 편히 뻗고 있다. 한숨 자려는 듯하다.

"밥을 먹고 왔다는 거냐 쿠루야" 하고 말하며 손을 뻗어 등을 쓰다듬으려 하자 내 손이 아직 그에게 닿지도 않았는데 그저 내 손이 그쪽으로 움직이는 걸 보고서 쿠루쓰는 전신을 움찔 움츠리며 팔딱 뛰어오르려는 듯이 굴었다.

흠칫하는 모습은 아까 그 건어물 사건이 꽤 무서웠는지 그의 기억에 아직 생생히 남아 있음을 보여 주는 것 같았다. 그러자 나는 쿠루가 꽤 영리하다는 생각이 들었다. 노라는 영리한 고양이였는데 쿠루도 못지 않게 영리하다.

"쿠루야, 너는 영리하구나. 고양이긴 해도 영리한 편이 낫지. 인간 중에는 똑똑하지 못한 사람들이 있거든. 알고 있니? 모르겠니? 어느 쪽이든 상관없어. 영리한 것 같은데 영리하지 못한 사람도 있고. 아니

왜 사람 얼굴을 쳐다보는 거야? 왜 그런 눈으로 멀뚱멀뚱 쳐다보지? 뭘 생각하는 게냐. 네 표정은 낮이고 밤이고 언제 봐도 모호해. 좀 더 확실히 지으라고."

냐아ㅡ

"냐아ㅡ 하고 말하는 게냐. 조그만 목소리로. 뭐. 뭐라는 거야. 잘 모르겠다고. 이거 쿠루야. 이쪽은 이미 비었어. 가서 아주머니에게 한 병 더 달라고 하고 오너라. 걱정하지 마. 슬슬 이제 마무리할 거야. 하지만 이 뒤가, 이제부터가 꽤 길 거야. 이 사이가 즐거운 거거든. 알겠니? 아니 비가 오네. 빗소리가 나잖아. 귀를 움직인 게냐. 듣고 있는 거지? 함석지붕 소리야. 쿠루야, 비가 오면 쓸쓸해진단다. 병원에도 비가 내리고 있을 거야. 쿠루야 너는 병원이란 곳을 모르지? 기다란 복도에 하얀 옷을 입은 사람들이 걸어 다니는 곳이야. 가볼 테냐? 데리고 가줄까? 하지만 도중에 포기하려냐?"

조그만 머리를 숙이고 잠든 꼴을 하고 있다.

"쿠루야 너는 오늘 밤 꽤 얌전하구나. 이야기를 듣고 있는 게냐? 같이 어울려 주는 거야? 쓸쓸한 거지? 생각해 보면 너는 친척도 없으니까. 아버지나 어머니는 어떻게 된 게냐. 있는지 없는지 알고는 있나? 형제도 있을 테고. 전부 뿔뿔이 흩어져선 우리 집에 들어와 인간 사이에 섞여 인간한테 의지하고 있구나. 그렇게 생각해 보면 불쌍해. 고양이가 쓸쓸하다 해도 그건 그럴싸한 변명이지만. 너는 밖에서 돌아오면 언제나 허풍스러운 목소리로 냐아ㅡ 냐아ㅡ 하고 집안사람들을 불러내지 않니. 문에서 부엌 입구로 돌아다닐 때도, 뜰에서 복도 바깥으로 돌아올 때도 냐아— 냐아— 하고 울길래 밖으로 나가보면 입을 샐쭉 내밀고서는 이렇게 떠드는 거지. '다녀왔습니다, 다녀왔다고요! 다녀왔다잖아! 빨리 문 열어!'라고 말하는 거야. 도와주러 온 다른 집 사람들이 맞이하러 가면 처마 밑 작은 돌 위에 누워 딱 달라붙어서 들어 올리지 못하게 고집이나 부리고 말이야. 제멋대로도 정도가 있어, 다른 집 친절한 사람들한테 실례라고. 이렇게 중요한 시기엔 주의해야 해. 어때 알겠니? 어라 저렇게 빗소리가 나네. 내일도 비가 오면 바깥으로 나가지 못할 거야. 괜찮니, 쿠루야? 괜찮겠어?"

그렇게 말하며 손바닥으로 머리를 팡팡 두들기자 그 박자에 맞추듯 벌렁 옆으로 드러눕더니 두 앞발을 공중으로 뻗어 어중간한 꼴로 양태머리 안쪽 같은 하얀 턱을 앞으로 내밀었다. 언제나처럼 그곳을 긁어달라는 의미란 걸 알고 있기 때문에 그가 만족할 정도로 긁어 주었다. 하지만 꼭 가려워서 긁어달라는 것만은 아닐 것이다. 사람에게 응석을 부리고 싶을 때의 자세라서 고양이의 기분을 보여 주는 하나의 표정일 것이다.

그대로 쿠루쓰는 키 작은 상 옆에 비어 있던 방석 위에서 뒹굴며 완전히 유유자적한 표정을 짓고 있다.

"쿠루야 너는 고양이니까 머리나 귀야 그렇다 쳐도 그게 발인지 손인지 모르겠지만, 뭐 상관없긴 하지, 발이니 손이니 그렇다 쳐도 그 뒤쪽의 부드럽고 물컹한 부분을 이쪽을 향해 보여 주면 너무 고양이, 고양이 같아서 질린다고. 저쪽으로 당겨서 숨겨 둬."

이삼일 전 새벽에 봤던 사람 발목이 떠올랐다. 입원 중에 부재중인 집안일을 도와주는 여자들 외에 내 신변을 도와주러 오는 젊은이가 며칠 밤인가를 집에서 묵었다. 내 옆방에서 자고 있었는데 누웠을 땐 더울 정도로 따뜻했지만 오밤중에 밤에서 새벽이 가까워지면서는 추워지기 시작해 나는 눈을 뜨고 화장실에 가려고 일어났다. 복도로 나가려면 그가 누워 있는 옆방 이불 발밑을 지나야 한다. 잠자리에서 일어나 그쪽으로 눈을 돌렸는데 그는 밤중에 추웠는지 자면서 이불을 너무 위로 끌어당겨서 발밑에 깔아둔 요가 바깥으로 튀어나와 있었다. 깜짝 놀란 건 그 하얀 시트 위에 발목 하나가 굴러다니고 있어서였다.

깜짝 놀라 무서워져서 도저히 그쪽으로 갈 수 없었지만 다시 눈을 제대로 뜨고서 확인해 보았다. 틀림없는 사람 발목이 시트 위를 기분 나쁘게 굴러다니고 있다. 지그시 바라보려 하는데 아직 눈이 제대로 뜨이지 않는다. 머리맡 등불을 켜도 전기 불빛이 희미하다. 뭔가 착각한 게 틀림없다. 잠시 바라보자 양말인 것 같았다. 양말을 신은 채로 누웠다가 나중에 갑갑해서 벗어던져 말아 둔 게 발밑에 있는 것이다. 그렇게 생각하고 나서 다시 한 번 바라봤지만 역시나 양말이 아니다. 틀림없는 사람의 발목이다.

기분이 너무 이상하다. 파우스트 전설에서 자면서 코를 골던 파우스트가 자신 깨우려 하는 손을 잡아당기자 손이 안쪽에서부터 빠져 버렸다. 발을 잡아당기자 발이 빠져나왔다는 이야기가 있다. 여기 잠들어 있는 그가 설마 그런 마법을 부릴 리는 없다. 쿠루쓰가 어딘가 툇마루 아래에서 물어 왔을 리도 없다. 쿠루쓰는 밤이면 바깥으로 나가지 않는다. 저쪽 방석 위에서 자고 있다. 하지만 저기 굴러다니는 건 발목이 틀림없다. 도저히 수긍이 가지 않는다. 보고 싶지 않아도 발목밖에 보이지 않는다.

일어나서 불을 켜 비췄다. 그러자 잠에 덜 깬 눈도 확실히 뜨였다. 역시나 진짜 사람 발목이었다. 다만 분리되어 굴러다니는 게 아니라 그에게 이어져 있다. 그는 양말을 벗고 속바지를 입은 채 잠들어 있었다. 끌어 당겨진 이불자락 바깥으로 그 다리가 빠져나와 있다. 속바지는 세탁소에서 막 찾아온 건지 새것인지 순백색이다. 시트는 쓴 적이 없는 신품이다. 하얀 시트 위에 하얀 속바지가 떠 있는데 내 눈도 제대로 뜨이지 않고 전기 불빛도 어렴풋해서 시트와 속바지가 상쇄되어 양말을 벗은 맨 발목만이 눈에 들어와 께름칙한 착각을 한 것이었다.

"어라, 어라? 자면서 앞발만 쭉 내밀잖아. 재주를 부릴 수 있네. 손가락 사이도 활짝 벌리고 있고. 이제 슬슬 어울려 주기 지친다고 말하는 게지. 그런데 내 쪽은 아까부터서야 비로소 기분이 좋아졌다고. 고양이는 싫증이 났는데 이쪽은 술기운이 돌다니 어긋나버렸구나, 쿠루야. 한 번 더 일어나 보거라. 일어나 이리로 와, 너도 뭔가 먹을 걸 줄게. 아주머니한테 가서 냐아— 하고 울어보렴. 해 달라니까? 네가 좋아하는 건 주식 작은 전갱이 말고 배달시킨 양식점 고로케에 달려 붙어 오는 비엔나소시지, 그 구운 맛이 넌 좋은 거겠지. 고양이는 반죽한 걸 좋아한다던데 너도 그 예에서 벗어나지 않는 건가 봐. 하지만 오늘 밤엔 소시지는 없어. 주문하지 않았으니까 없다고. 그 대신 은박지에 싼 삼각형 치즈, 그것도 좋아하지. 역시 반죽한 거잖아. 빨랫비누 깨물었을 때처럼 재밌진 않지만 그래도 고양이가 좋아한다는데 참견할 생각은 없어. 그거야 그렇지. 저쪽으로 가서 달라고 해보렴. 아니 이야 일어나는 게냐? 역시 사람 말을 알아듣는 거지? 근데 일어나자마자 또 그 조그만 코를 씰룩씰룩 거리다니. 밥상 위를 그렇게 바라보면 안 돼. 앗, 아! 그런 거구나, 잊어버렸어. 까먹고 다 먹어버렸어. 너한테 장어구이를 조금 남겨 주기로 했었는데! 기름이 미끌미끌해서 바로 목구멍으로 미끄러져 버렸어. 미안하구나, 쿠루야, 치즈로 참아 주거라."

노라도 대략 쿠루와 비슷한 것들을 좋아했지만 특히 늘 주문시키던 초밥집 주먹밥 계란부침을 정말 좋아했다. 집에서 구운 계란부침과는 달리 어시장에서 사온 생선 진액을 계란에 넣는다고 해서 고양이 입에도 별미일 것이다.

노라가 돌아오지 않게 된 이후 노라가 그 계란부침을 그렇게나 좋아했다는 사실을 떠올리고 싶지 않아서 초밥가게는 아무 상관도 없는데 그 이후로 초밥 주문을 중단했다. 물론 다른 가게에서도 주문하지 않았다. 아내가 퇴원하면 이번 기회로 다시 노라가 있던 때처럼 초밥을 주문하려 한다. 단 계란부침은 빼야 한다. 그렇게 지시하면 상대편이 만들 때 사정이 더 까다로워질지 모르지만 우선 그렇게 원래 단골 초밥을 다시 집으로 주문시켜야겠다. 주문하지 않았던 기간은 1년 8개월이다. 그 사이 가게 주인이 타계하고 노라가 있을 때 집에 배달하러 오며 노라와 친해졌던 형님이 지금 가게를 차지했다고 한다.

쿠루쓰도 그 계란부침을 주면 좋아할 게 분명하다. 하지만 노라가 없는데 그걸 쿠루쓰에게 주고 싶지는 않다. 노라가 돌아온 뒤, 그때 함께 주면 양쪽 모두 좋아할 것이다. 그때까지 계란부침은 중지하려 한다.

아내의 입원이라는 사건 때문에 하나 더 결정지은 일이 있다. 노라의 실종 이후 구마모토에 거주하던 누군가가 알려준 고양이가 돌아오는 주술을 매일 밤 이어 나갔는데 그 쑥뜸 숫자가 535가 된 날이 바로 입원 전날 밤이었다. 노라를 기다리는 심정이 변한 건 아니지만 주술을 이어갈 수 없는 사정이 생겨서 어쩔 수 없다. 535회에서 일단 중단했다.

그런 일을 이 쿠루쓰는 전부 알고 있는지 전혀 모르는지 알 수 없다. 다시 일어나 늘 그러는 것처럼 상 옆에 앉아 사람 얼굴을 바라본다. 딱 좋게 술이 달아오르는데 무심코 노라가 떠올라 곤란하다. 눈 뒤쪽이 뜨겁다.

"있잖아, 쿠루야, 곤란한걸. 그만둬야지. 보렴, 저렇게 비가 내리잖니. 점점 심하게 내리고 있어. 비가 내리면 곤란해. 소리가 나서 싫어. 쿠루야, 너냐?"

무릎 위로 안아 올리자 그대로 혼자서 자세를 고쳐 내려앉는다. 미끄러지지 않도록 한쪽 손으로 받쳐 주자 무릎이 따뜻해진 바로 그 순간 곧장 쿠루의 뺨 위로 눈물이 떨어졌다.

"쿠루야, 아무것도 아니야. 자아 이제 술은 그만. 끝내야지. 근데 애초에 너는 고양이잖니. 무릎 위에 오른 고양이는 너지? 네가 고양이고, 쿠루가 너고, 오소리도 족제비도 너구리도 아니고?"

고양이 로맨티시즘

문예 상 자연주의 이후 주창된 신낭만주의, 네오 로맨티시즘은 오스트리아의 휴고 폰 호프만슈탈(Hugo von Hofmannsthal)과 벨기에의 마테를링크(Maurice Maeterlinck) 등을 통해 젊은 시절 우리에게 커다란 영향을 미쳤다. 소세키 선생이 아직 건강하셨던 당시 목요일 밤 소세키 산방(햣켄의 스승인 나쓰메 소세키 서재이자 작업실의 별칭으로 목요일마다 이곳에 주변 사람을 모아 연회를 열었음) 자리에선 네오 로맨티시즘이 자주 사람들 사이에서 거론되곤 했다. 스즈키 미에키치(鈴木三重吉; 소설가이자 아동문학가) 씨는 선생의 '고양이'를 비꼬며 네오 로맨티시즘을 항상 고양이(일본어 발음으로 '네코') 로맨티시즘이라고 불렀다.

문득 옛날 그 농담이 떠올라 이 원고의 제목으로 따왔다.

1

3월 27일이 벌써 다가왔다.

5년 전 3월 27일 오후 집에서 키우던 노라가 속새 수풀을 빠져나가 뜰 너머 어딘가로 사라져 버린 채 돌아오지 않게 된 당시가 떠오른다.

떠오르는 게 괴롭다. 가급적 건드리고 싶지 않지만 그날이 다가오면 역시나 떠오른다.

무릇 쇼와 30년(1955년)이 지난 뒤 내 신상으로 즐거운 일이 없었다.

31년 초여름 장마철, 도카이도(東海道) 가리야(刈谷)에서 미야기 미치오(宮城道雄; 맹인 음악가이자 샤미센 연주자, 핫켄의 샤미센 스승이자 친구로 철도에서 실족사)가 사망했다.

단지 애석한 사람이 죽었다거나 천재를 잃은 게 아닌, 나에겐 가만히 앉아 있기도 힘들 정도로 고통스러워서 견딜 수 없는 사건이었다.

다음해 32년 봄, 노라가 어디론가 떠나 버렸다. 집에서 머무는 동안 귀여워하긴 했지만 사라지면 이 정도로 슬퍼할 거라곤 예상하지 못했다. 그날 밤에 돌아오지 않아서 제대로 잠을 잘 수 없을 정도로 걱정이 들어 하룻밤을 지새웠지만 그날 저녁부터 비가 내리더니 밤부터 빗발이 강해지며 억수로 비가 내려서 세찬 물보라 때문에 부엌문을 열 수도 없었다.

그날 밤 큰비 때문에 노라는 돌아오는 길을 찾을 수 없었을 것이다. 길을 잃은 나머지 어딘가에 섞여들어 집으로 돌아오지 못하게 되었다고 생각하면 슬퍼서 견딜 수 없다.

그렇게 그 다음해 33년 가을에는 아내가 큰 병으로 입원했다. 다행히 낫긴 했지만 그사이 걱정은 필설로 다할 수 없다. 요컨대 3년간 연속으로 일생의 비애와 고통을 우려내 맛보게 된 것이다.

2

행방을 알 수 없는 노라를 찾아내기 위해 여러 가지 온갖 수단을 다 했다.

우선 처음에는 신문 안내광고란에 고양이 수색 광고를 냈다.

반향이 있었는지 정말 여러 방면에서 짚이는 곳을 알려주었다. 그중에는 꽤나 먼 곳에서 온 연락도 있었다.

실마리를 얻는 데 헛되진 않았지만 생각해 보면 고양이가 길을 잃을 만한 범위는 대략 한도가 있다. 너무 멀리 있는 사람에게 부탁해봤자 별 의미가 없다.

그래서 다음엔 신문에 같이 넣어 배달하는 삽입 광고를 시험해 보았다. 근처 신문점에 부탁해 그 담당 배달구역에 배포하도록 부탁했다.

효과 또한 현저하고 직접적으로 드러나 짚이는 곳을 알려주는 우편 외에 전화 응대로 매우 분주할 정도였다. 그중엔 장난이나 다소 협박성의 전화도 있긴 했다. 알려주면 사례를 하겠다는 항목에 이끌려 온 듯하다.

하지만 노라는 아직 발견하지 못했다. 그래서 시간 간격을 두고 다시 새 문안의 삽입 광고를 만들어 끝내 그 횟수가 4회에 이르렀다. 배포하는 구역을 조금씩 빗겨 가게 하여 인쇄 매수도 그때그때 조금씩 다르게 했지만 합해 보면 2만 장 가까이 될 듯하다. 노라가 길을 잃었을 법한 범위 안에는 외국 공사관 몇몇이 있기도 하고 또 미군 임시막사도 모여 있어서 그 방향을 목표로 배포할 영문 삽입 광고도 만들었다.

곳곳의 사람들이 친절하게 알려준 단서를 집안사람들이 일일이 보러 나갔다. 하지만 정말 닮은 고양이는 있어도 노라는 없었다.

노라 찾기를 통해 세상엔 친절한 사람들이 많다는 사실을 절절히 느끼게 되었다. 노라와 닮은 고양이, 노라 인가 싶은 고양이가 있으니까, 혹은 이런저런 시간에 꼭 오곤 하니까 보러 오라고 알려줄 뿐만 아니라 때에 따라서는, 노라일지도 모르는 고양이가 죽어 있길래 집안 뜰에 묻어줬다. 확인할 겸 다시 파볼 테니 와보시라고 말해온다.

그런 연락을 네 군데서 받았다. 집안사람들이 가서 하나하나 정원 파내 확인했다. 죽은 고양이를 다시 파낸다든가 물론 기분 나쁜 이야기다. 굳이 알려줄 뿐만 아니라 그 집 사람도 입회해서 도와주곤 했다. 하지만 어디에도 노라는 없었다. 파내던 중 흙 속에서 보인 꼬리만 보아도 아니라는 걸 알 수 있을 때도 있었다.

구역소의 그런 처리를 담당하는 부서에도 가보았지만 성과는 없었다.

결국 노라의 행방은 알지 못한다. 알지 못한 채로 세월이 흘러 지금도 아직 돌아올 것만 같은 기분이 든다. 이런저런 사람들에게서 이런저런 이야기를 듣거나 위로를 받았는데 고양이 수색을 이어가던 가장 마지막 즈음엔 같은 구에 사는 어떤 사람에게서 이런 이야기를 들었다.

댁에서는 한조몬(半藏門)이 가깝다. 댁의 노라는 그 방향으로 갔을지도 모른다. 아마도 길을 잃고 그 방향으로 떠나 버렸을 것이다.

듣고 보니 그럴 것 같은 기분이 든다. 사실상 무슨 근거가 있는 것도 아니었지만 노라는 우리 집을 나와서 남쪽을 향해 그 방향을 더듬어 가던 중 다음날 밤 큰비를 만나 그만 길을 잃게 된 것이다. 집에 돌아올 생각으로 길을 헤매다 그 앞으로, 앞으로 점점 집에서 멀어져 갔다. 노라는 아마도 남쪽 혹은 동남쪽으로 헤맸을 테니 어쩔 도리가 없다. 북쪽이나 서북쪽의 짐작이 가는 곳도 찾아봤고 또 그쪽 부근에서 연락도 받았지만 역시나 그곳보단 반대 방향을 향했을 것 같다. 황궁이 있는 한조몬은 우리 집의 동남쪽에 있다.

한조몬에 대해 말을 꺼낸 사람은, 혹시 그렇다면 댁의 노라는 반초거리 주택가 사이를 지나거나 아니면 영국 대사관 옆길을 빠져나와 한조몬 방향으로 갔을지도 모른다.

한조몬에서 황궁 안으로 들어간다.

황궁에 들어갔다가 찾을 수 없게 된 길 잃은 고양이는 무수히 많다. 그들은 어소 안 울창한 숲속에 자리를 틀고 야생으로 돌아가서 좀처럼 밖으로 나오지 않는다. 혹은 나올 수가 없는 건지도 모른다. 노라가 한조몬에서 어소 안으로 들어갔다고 하면 아마도 돌아오지 못했을 것이다.

그렇게 들어도 나는 아직 차마 노라를 포기할 수 없었다. 하지만 오늘까지도 돌아오지 않는 노라의 발자취를 생각한다면 우리 집을 나와서 동남쪽으로 길을 헤맨 지 며칠째 되는 날 한조몬에서 황궁으로 들어가 버렸다는 설이 가장 이해가 간다.

그렇다면, 노라가 황궁 안에 있다면 나는 노라에 관해 일언, 사려 깊으신 황후 마마께 부탁드려 보고 싶다. 하지만 배알한 적도 없고 물론 앞으로도 그럴 기회는 없다.

최근 폐하 부부가 머무를 후키아게(吹上) 어소가 완성되어 원래 있던 황자들의 구레다케(吳竹) 궁은 허물게 되었다고 한다. 그 구레다케 궁 안 숲속에 서식하던 야생성을 띤 고양이들이 그 주위에 빈번히 출몰했다고 한다.

숲에 고양이가 너무 증식해 나뭇가지 위 작은 새를 습격하거나 둥지를 어지럽혀서 고양이 사냥을 했다는 신문기사를 읽었다.

덫을 설치해서 30여 마리인가 40여 마리를 잡았다고 한다. 그중에 노라가 들어 있진 않았을까. 궁금증이 들어도 보러 갈 수도 없고 우선 황궁 숲에 노라가 있는지 어떤지도 확실히 알 수 없다.

3

관할 반초 경찰서에 수색원을 냈었다.

고양이 한 마리로 바쁜 사람들을 번거롭게 해서 죄송했지만 대단히 친절하게 처리해 주었다.

그런데 노라는 잡종 고양이다. 이 근방에 어디에나 있는 흔해 빠진 고양이에다 태생은 들고양이 새끼이다. 만약 페르시안고양이, 샴고양이, 앙골라고양이 따위였다면 어쩌면 한 마리에 10여 만 엔, 혹은 좀 더 됐을지도 모른다. 그렇다면야 경찰도 우리의 부탁을 받아들여 처리하기가 수월했을 것이다. 사람의 생명과 재산을 보호하는 게 경찰의 임무이다. 그런 고가의 고양이가 사라졌다, 혹은 훔쳐간 걸지도 모른다고 한다면 경찰의 임무 중 하나일 것이다. 나에게 아무리 중요하다고 한들 그저 들고양이 새끼라면 사라졌으니 찾아달라고 해도 경찰로서 고양이 찾기에 손을 빌려주기 다소 난처할 것이다.

하지만 반초 경찰서는 친절했다. 전화로 몇 번씩 정보를 알려주거나 우리 집에 형사가 와주는 등 노라는 아직 돌아오지 않았지만 당시 경찰의 처리 방식은 생각이 날 때마다 감사하다.

반초 경찰뿐만 아니라 인접 가구라자카 서, 요쓰야 서, 아카사카 서에도 수색원을 냈다. 가구라자카 서에서는 순찰 중이던 순사가 보러 가보라고 연락을 줘서 바로 가보았는데 노라가 아니긴 했지만 그걸 전해 준 경찰도, 또 우리가 보러 갈 때까지 그 고양이를 붙잡아 준 상대편 댁 사람들의 친절에도 감사하다.

감사하다든가 친절하다든가 해도 별 볼 일 없는 잡종 고양이 한 마리 때문에 그렇게나 세상 사람들을 시끄럽게 하고, 하물며 공공 기관인 경찰서까지 번거롭게 하는 건 무엄하다며 화를 내는 사람이 있을지도 모르지만, 물론 정말이지 변명의 여지가 없다. 죄송스러운 일이긴 하지만 노라는 도대체 어디로 가버린 걸까.

3월 27일 봄에 노라가 돌아오지 않게 된 그해 말, 문예춘추사에서 『노라야』라는 제목의 단행본이 나왔다. 그 이후로 다섯 번째 봄이 돌아와 다시 3월 27일이 가까워져서 이 원고를 쓰고 있는데 여기저기 이상의 『노라야』를 참고하고 싶은 부분이 있다. 『노라야』 책을 꺼내 책상 옆에 놓았지만 도저히 펴볼 용기가 나지 않는다. 곳곳을 펼쳐 다시 안을 읽어보기가 꺼려진다.

이 『노라야』는 스스로 읽고 싶지 않아서 상재(上梓)나 교정 등 그 외 모든 일을 전부 다른 사람에게 일임하고 잘 부탁드려 책으로 엮어내게 되었다. 5년이 지났으니 이제 괜찮지 않을까 싶었지만 역시나 어렵다. 열어본 곳을 살짝 읽어만 봐도 마치 어제오늘 일처럼 당시의 비애가 되살아나고 괴로워져서 결국 열어 본 곳을 읽지 못하고 다시 덮어 버렸다.

『노라야』 책은 그렇다 치지만, 노라는 아직 돌아올지도 모른다.

4

3월 27일에서 반 개월 남짓이 지난 4월 15일 일기에 나오는 담장 위의 빈약한 고양이가 지금 우리 집에 있는 쿠루이다. 노라와 달리 꼬리가 짧아서 독일어로 쿠루쓰라는 이름을 붙였는데 쿠루쓰는 삼 음절이라 부르기 힘들어서 어느샌가 쿠루가 되어 버렸다.

쿠루는 이후 5월 11일경부터 다시 드문드문 일기에 등장한다. 그렇게 어느샌가 우리 집에 들어와 눌러앉아 버렸다, 그러므로 그는 벌써 5년이나 이미 우리 집에서 함께한 것이다.

어느샌가 들어와 눌러앉았다고 했지만 따로 속임수를 써서 잠입한 게 아니라 마치 자기가 여기 있는 게 당연하다는 듯 침착하게 시치미를 떼고 있었다. 노라보다 덩치가 작고 빈약하지만 꼬리가 짧은 것 외 전신의 털 모양도 생김새도 노라와 매우 닮았는데 그저 닮은 정도가 아니었다. 집에 오는 고양이 통의 견해론 노라의 동생일 것이라 한다.

노라의 태생은 안다 해도 쿠루는 어디에서 태어나서 어디에서 자란 건지 전혀 알 수 없다. 우리 집에 들어왔을 땐 아직 귀 안쪽에 털이 자라지 않아 태어난 지 1년이 지나지 않았던 것 같다. 하지만 어딘가에서 키우던 고양이임은 확실하여 분명 들고양이는 아니다.

그 고양이가 어째서 우리 집에 오게 된 걸까. 쿠루는 노라의 전언을 들고 있는 것 같다고 나는 생각한다. 어떤 전갈인지 쿠루가 아직 전해 주진 않았지만 고양이 입으로 듣지 않아도 대략 알 수 있다. 그렇게 생각하면 다시 노라가 불쌍해서 견딜 수 없다.

동시에 노라와 똑 닮은 쿠루도 점점 귀여워졌다. 그가 원래부터 우리 집고양이였다는 듯한 표정으로 하고 싶은 대로 제멋대로 행동한 지 5년이 지났다.

그사이 병에 걸려 사람을 걱정시켰다. 고양이 병원 의사에게 내진을 청하거나 약을 부단히 받으러 갔다. 고양이 병원은 우리 집에서 멀지 않다. 근처에 좋은 병원이 있어서 쿠루에게 다행이었다.

처음에 내진을 청했을 때는 내과적 이상이었는데 바로 1개월 정도 전 밖에서 싸웠던 상처가 곪아 고양이 상태가 갑갑해져서 내진을 받게 되었다.

진단 결과 입원이 필요하다고 듣게 되었다. 장소가 열려 있어 위험하다. 패혈증이 생기면 치명적일 수 있다.

다음날 입원하게 되었다. 매일 아침 집에서 쿠루가 좋아하는 것들을 운반해다 주었다. 어젯밤 쿠루를 위해 보관해둔 보통 사시미 남은 것, 그가 매일 먹던 가자미 토막, 슈크림 빵, 간디 우유.

노라는 날전갱이 토막만을 먹었고 쿠루는 처음엔 고등어를 좋아했는데 나중에 의사에게서 고등어나 전갱이는 기름이 많아서 고양이 배에 좋지 않고 가자미같이 담백한 것들을 주도록 하라고 들어서 이후로는 계속 가자미를 먹였다. 나도 돌가자미나 참가자미를 매우 좋아해 늘 쿠루와 함께 생선가게에 주문하곤 했다.

간디 우유는 노라도 마셨었는데 노라는 다른 우유는 마시지 않았지만 쿠루는 그 정도로 방자하게 굴지 않는다. 하지만 입원 중이니까 가장 맛있는 우유로 가져다주었다.

슈크림은 쿠루가 좋아한다. 다만 안에 든 크림밖에 먹지 않는다. 집에서는 바깥 부분을 내가 먹지만 병원에 차입할 때는 그렇게 하지 못한다. 바깥 부분을 어떻게 했을지 잘 모르겠다.

입원 8일간 점점 나아가기 시작했다. 매일 아침 같은 음식을 가져다주었다. 집에서 차입하지 않아도 물론 병원에서 입원식을 줄 테지만 불쌍하기 때문에 그가 좋아하는 것들을 운반해 주었다.

저녁 식사는 아침에 우리가 들고 간 것 중 남은 음식을 병원에서 준다. 그런데 집에서 들고 간 접시가 아니라 병원 식기에 주면 쿠루는 홱 고개를 돌린 채 먹으려 하지 않아서 "집에서 키우던 고양이는 접시가 달라지면 먹지 않아요" 하고 고양이 여의사가 말했다고 한다.

퇴원하기 전날 밤부터 배탈이 난 것 같지만 "다소 난처하긴 해도 상처 부위는 이제 괜찮으니까 데리고 가세요" 하고 말해서 아내와 식모가 맞이하러 갔다.

커다란 바구니에 들려 돌아왔다. 뜰 방향으로 돌아오는데 담장 근처에서부터 바구니 안에서 냐아— 냐아— 우는 소리가 들렸다.

복도로 올라오자 바구니에서 빠져나왔다.

완전히 야위어 반쪽이 된 데다가 배탈이 나서 비틀거린다. 정면으로 걷지 못하고 자신이 향하는 방향과 다른 방향으로 휘청거린다. 그러다가 사람 손에 얼굴을 문지르며 기쁘다는 듯한 목소리로 냐아— 냐아— 하고 울며 털썩 그곳에 드러누워 보인다.

5

몸이 너무 약해져서 당분간 밖으로 나가지 못하게 하기로 했다.

하지만 이제 곧 히간이 다가온다. 절분 고양이가 끝난 뒤엔 히간 고양이의 계절이다.(절분 때 잡귀 쫓는 의식으로 뿌린 콩이나 히간 때 공양을 올린 음식 때문에 고양이나 강아지가 몰리곤 함) 다른 고양이가 대신 들락날락 찾아와 뜰이 소란스럽다.

그럼에도 초반의 쿠루는 밖으로 나가려 하지 않았는데 얼마 안 있어 무럭무럭 건강을 되찾아 털에 윤기도 흐르고 몸동작도 단정해졌다.

이제 더 이상 집 안에서 참고만 있을 수 없을 것이다. 경사스럽게도 밖으로 나가게 해주자 금세 싸움을 시작해 다른 고양이를 정원 밖으로 쫓아내려 한다.

노라도 그랬지만 쿠루도 마찬가지로 "이곳 여기 정원은 내 영역이다, 나가!" 하고 말하는 듯 기세를 드러낸다.

어제 아침엔 밖으로 나갔다가 눈앞에 있던 흑백의 털북숭이 고양이에게 갑자기 덤벼들어 백매가 만개한 가지 아래서 각투를 시작했다.

달라붙어 싸우던 채로 구르다 그만 풀이 마른 연못가에서 물 안으로 떨어졌다.

그렇다 한들 결빙 때문에 생긴 연못가 콘크리트 균열로 물이 줄어서 고양이가 빠질 정도로 깊지 않다. 하지만 그 얕은 물웅덩이 바닥엔 진흙이나 조류, 마른 수초 뿌리, 이끼가 괴어 있다. 맞붙어 있던 둘은 물에 빠진 순간 일단 떨어져 물에서 빠져나온 뒤 다시 쫓을 생각인 듯하다. 그는 물 바닥 아래의 갖가지 것들을 전신에 뒤집어쓴 채 기어 올라와 만개한 매화나무 가지 아래에서 물방울을 부들부들 털었다.

쿠루야, 너냐?

1

 소련의 위성 우주선 보스토크 3호와 4호가 지구 밖으로 날아가 주위를 빙글빙글 돌고 있다곤 하지만 그런 건 어찌 되든 상관없다. 우리 집 고양이 쿠루쓰가 얼마 전부터 병이 위독해져 집안사람들 세 명, 나와 아내와 식모가 총동원해서 밤잠도 자지 않고 간호하고 있다.
 보스토크는 8월 12일과 13일이었는데 그 소동 외에 18일부터 19일에 걸쳐 12번 태풍이 접근해 부산스럽게 움직이며 흔들리는 정원수 나뭇가지와 우듬지로 연달아 소나기가 씻어 내렸다.
 유리창 너머로 씻겨 내리는 뜰이 보이는 거실엔 며칠 내내 아무렇게나 펼쳐진 아내의 침상 위에서 쿠루가 하루하루 쇠약해져 가고 있다.

누운 채 다시 일어설 기운도 없는 듯하다.

불쌍하다며 곁에 붙어서 몇 번이나 머리나 등을 쓰다듬어 준다. 손에 닿는 감촉으로 뼈가 점점 더 확연하게 느껴지기 시작했다. 털이 자라는 피부도 늘어져 축 처진 채 주름이 깊게 졌다.

하지만 일단 치료가 효과를 보이기 시작하면 그 뒤로 분명 기운을 차릴 수 있을 것이다. 어서 그 전환기를 맞이하길 바라며 고양이의 머리맡에서 돌보는 신께 의지하듯 일념으로 기도한다.

쿠루는 우리 집에 온 지 5년 3개월, 그사이 우리에게 늘 걱정만 끼쳤다. 성질이 세서 툭하면 싸워대고 끊임없이 다쳐서 돌아온다. 상처 부위에 소독약, 곪는 걸 막아 주는 항생물질, 약 두세 종류, 따로 쿠루 주치의에게서 받아온 내복약 등등 쿠루의 조그만 약상자는 약이 끊인 적이 없다.

걱정의 원인은 대개 외상이었는데 이번에도 역시나 그게 발판이 되었는지 모르지만 극렬한 더위가 이어지던 토왕(土旺; 입춘, 입하, 입추 전 18일 동안 기간) 후반부터 쿠루는 불쑥 기운이 사라져 버렸다.

8월에 든 어느 날 아침 아내가 언제나처럼 바깥으로 나가려 하는 쿠루를 안고 현관 앞뜰로 나와 문으로 향했다. 아직 문에 닿지도 않았는데 쿠루가 안긴 손 아래로 내려가려 하길래 놓아준 뒤 앞서 걸어가는 모습을 지켜보는데 발걸음이 어쩐지 비틀비틀거린다.

이렇게나 기운이 없으면서 밖에 나가면 분명 또 싸움을 할 게 틀림없다. 이런 몸 상태로는 차양이나 담장을 기어오르는 것도 곤란할 것 같아 아내는 품에서 막 내려온 쿠루를 다시 끌어안아 그대로 집으로 데리고 돌아왔다.

그 이후로 쿠루는 밖으로 다시 나가지 못했다.

그때 그대로 쿠루를 밖으로 내보냈다면 어쩌면 다신 돌아오지 못했을지도 모른다. "어딘가 모르는 집 툇마루 아래나 공터 풀숲 같은 곳이면 이렇게 아파도 어떻게 해줄 수가 없었겠죠. 그때 바로 데리고 돌아와서 다행이지, 다행이야." 누워 있는 쿠루를 어루만지며 아내가 연달아 되풀이해 말했다.

2

쿠루는 매일 밤 아내의 침상 속에서 안긴 채로 잠든다. 잘 때 베개 베는 걸 좋아하길래 아내가 조그만 고양이 베개를 마련해 줬다. 계속 그 베개를 베고 잠들다가 얼마 전부터는 베개가 아닌 아내 팔에 안겨 자는 게 버릇이 되었다.

나중에 생각해 보면 어쩐지 사람에게 점점 더 달라붙어 있으려고 한 것도 같다.

그렇게 얌전히 자면 좋겠지만, 자기 혼자 잘 만큼 잔 뒤 눈을 뜨고 홀로 일어나 있기는 외로운 듯하다. 한밤중이나 동이 트기 전을 개의치 않고 다양한 짓으로 자는 아내를 깨운다. 사람 얼굴 옆에 자신의 얼굴을 들이밀며 냐아— 냐아— 하고 울거나, 차갑게 젖은 코끝을 잇달아 문질러대거나, 그래도 일어나지 않으면 장지문 틀을 기어올라 장지문 종이를 찢거나, 서랍 선반 위에 놓여 있던 독일제 슈타이프(steiff; 독일 수공예 인형회사) 아기 사슴 인형을 넘어뜨려 버리는 등등 있는 대로 말썽을 부린다. 아내가 아무리 혼을 내고 화를 내도 말을 듣지 않는다. 고양이의 목적은 자기 혼자 일어나기는 싫으니까, 사람이 자고 있는 게 마음에 들지 않으니까 자고 있는 아내를 깨우는 데 있다. 그리하여 아내가 그 근성에 질려 그렇게 일어나야 얌전해진다. 일어나는 걸 지켜본 뒤 이제 마음이 놓인다는 듯 그 뒤엔 침상 발치 방향으로 돌아가 편안히 쉬는 척을 하다가 다시 쿨쿨대며 잠들어 버린다.

오만하고 제멋대로라 다루기가 힘들다.

하지만 그렇게 왠지 모르게 사람에게 엉겨 붙으려 하는 고양이의 마음이 귀엽지 않을 리가 없다.

아내는 덕분에 수면 부족이 쌓여서 며칠째인가부터는 머리가 지끈지끈 하다며 낮잠을 자거나 약을 먹어야 했다.

그렇게 아침이 되면 바깥으로 나가려고 한다.

어디에 무슨 볼일이 있는 건지 알 수 없지만 마치 출근하러 나가는 것처럼 외출한다.

하지만 비가 내리고 있으면 나가지 않는다.

아내가 "너는 우산도 쓸 수 없고 장화도 없으니까 안 되는 거야" 하고 말해도 알아듣지 못한다. 안아 올려서 유리창 너머 밖에 비가 오는 걸 보여 줘도 받아들이지 못한다.

계속 나가려고 아등바등한다.

아내가 끌어안은 채 부엌 입구에서 한 발짝 밖으로 나와 고양이 이마에 떨어지는 빗물 두세 방울을 적중시킨다. "자아 비가 온다, 비가 와, 내리고 있구나" 하고 들려준다. 그래야 쿠루는 포기하는 듯하다. 그 뒤론 더 이상 시끄럽게 굴지 않는다.

밖으로 나가는 날에는 아침에 나가서 정오 전에 일찍 돌아올 때도 있고, 어두워져 저녁이 되어서도 계속 돌아오지 않을 때도 있고, 기다리는데도 끝끝내 돌아오지 않고 하룻밤 동안 집을 비울 때도 있다. 그러면 그 다음날 아내가 근처 짐작 가는 집에 고양이를 찾으러 돌아다닌다. 전에 노라 때부터 버릇처럼 해오던 일이라 상대편도 "못 봤어요"라든가, "어제는 집안 뜰에 있었어요"라든가. "다른 고양이 두 마리 뒤를 쫓아서 저쪽으로 갔었어요"라든가 하고 알려준다.

하룻밤뿐만 아니라 두 밤 연속으로 집을 비워 심히 걱정을 시킨 적도 있다.

나간 뒤로 날씨가 바뀌고 비가 내려서 마중 나갈 방법도 없고 어떻게 해야 할지 모르던 참에 흠뻑 젖은 생쥐 꼴로 돌아왔던 적도 있다.

최근에는 대체로 출입이 당연해져서 그다지 큰 걱정도 들지 않게 되었다.

돌아오면 맨 처음 목걸이 방울 소리가 들린다. 미세한 소리지만 집에 있는 사람 누군가는 반드시 듣게 된다. 지난 노라 수색 당시 누군가에게서 받았던 작은 방울로 남쪽 바다 어느 섬에서 만들어졌다고 한다. 매우 먼 소리를 내는 은방울이다.

그 음과 함께 쿠루가 냐아— 냐아— 하고 울며 돌아온다. 뜰로 들어오면서 울기 시작하는 듯하다. 점점 간격을 좁혀오며 뭔가 의미가 있는 듯 사람을 부른다. "다녀왔어요"라고 말하는 것도 같고, "다녀왔다 잖아! 왜 마중 나오지 않는 거야"라고 말하는 것도 같다.

어디에 다녀오는진 알 수 없지만 생각해 보면 이렇게 집으로 돌아오려 하는 그 마음가짐이 귀엽다.

쿠루는 우리 집을 자기 집이라고 생각하는 게 틀림없다. 다른 사람에게 길러졌다는 열등감 따위는 티끌만큼도 없다. 제멋대로 건방지게 굴며 하고 싶은 대로 행동해 갖고 싶은 건 무턱대고 졸라댄다. 그리고 또 입을 열지 않아도 우리가 먼저 알아듣고 고양이가 원하는 뭔가가 그대로 인간에게도 전해져서 자연 만사가 쿠루의 생각대로 이루어지는 것이다. 고양이가 인간과 대등할 뿐만 아니라 어쩌면 고양이 쪽이 한층 더 위에 있을지도 모른다.

그렇게 방울 소리를 내며 냐아- 냐아- 울면서 돌아오지만 바로 안으로 들어오진 않고 내내 밖에서 울기만 해서 집안사람이 나가보면 쿠루는 부엌 앞 헛간 지붕 위에 올라 그곳에서 공중을 날아서 부엌 선반으로 뛰어들려고 하고 있다.

쿠루가 뛰어들려고 하는 곳엔 유리창이 닫혀 있다. 유리창을 열라고 말하며 지붕 위에서 소란을 피우는 것이다. 하지만 주방 선반이다 보니 여러 가지가 놓여 있다. 그곳으로 뛰어드는 건 곤란하다. 하지만 쿠루는 지금도 당장 뛰어들 기세로 허리를 흔들어 대며 탄력을 주고 있다. 유리창이 닫힌 채 그곳으로 뛰어들면 손톱을 세울 수 없어서 아래로 떨어질 게 분명하다. 그 아래엔 뚜껑 없이 물을 받아 놓은 너 말 들이 술통이 있다. 술통 안으로 빠져들면 또 한바탕 소동이 일어날 것이다. 빨리 데려오라고 해서 식모가 밖으로 나가 헛간 지붕에 사다리를 세우고 손을 뻗어 끌어 내리려 했다.

그러자 쿠루는 그 손을 빠져나와 지붕 뒤편으로 돌아서 이웃집과의 경계에 있는 담장 위로 이동해 버렸다.

하는 수 없이 식모가 사다리를 내려오자 쿠루는 다시 원래 장소로 돌아와서 똑같은 자세로 뛰어오르기 위한 탄력을 주고 있다.

다시 한 번 똑같이 반복해 보아도 역시나 쿠루는 품에 안기려 하지 않는다. 그 근성에 질려 쿠루가 뛰어들어 수 있도록 선반 위 물건들을 정리한 뒤 서둘러 유리창을 열어 주자 폴짝 능숙하게 공중을 날아 선반 위로 뛰어든다.

그렇게 그의 기분도 풀어진 듯하다. 선반 위에서 내려와 응석을 부리며 가자미 밥을 맛있다는 듯이 먹었다.

밖에서 싸워서 상처를 입고 돌아올 때도 곧바로 안으로 들어오지 않는다. 냐아— 냐아— 울며 어쩐지 밖에서 주저하고 있다.

그건 오랜 경험에 따르면 이럴 땐 곧장 붙잡혀 소독제로 아픈 부위가 씻겨진다. 그리고서 치료를 받게 될 것이 틀림없다. 그걸 알고 있기 때문에 이렇게 돌아와 곧장 안으로 들어가기 전에 각오를 해야 한다. 그래서 그만 발걸음이 무거워지는 것이다.

바깥일을 서둘러 일단락 짓고 오전 안에 돌아올 때면 아침이 늦은 나는 아직 대개 자고 있다.

낮 동안 쿠루는 내 침상에서 자는 버릇이 있다.

돌아와서 식사를 마친 뒤 몸 곳곳을 핥아 털 정리도 끝나면 내가 있는 곳으로 다가온다.

　자는 내 얼굴 옆에 자신의 콧등을 들이밀며 커다란 목소리로 냐아— 냐아— 운다. 아니면 내가 덮고 있는 모포 안으로 기어들어 온다. 그리고서 곧장 잠들어 버린다.

　한숨 자고 난 뒤엔 언제나 정해진 버릇처럼 내 발밑으로 향해 쿠루를 위해 놓인 방석 위에 올라가서 완전히 축 늘어져 본격적으로 잠든다. 쿠루용 방석은 내 이불 밑에 겹쳐진 채 결코 다른 곳으로 움직이지 않는다. 그러므로 쿠루는 그곳에 오면 언제나 자신이 누울 자리를 잘 알고 있다. 한 바퀴 바깥을 돌고 돌아와 좋아하는 가자미 밥을 먹은 뒤 온몸을 핥아 아주 정리가 끝나면 자신의 방석 위에서 푹 잠든다. 그 뒤로 사소한 일로는 눈을 뜨지 않는다. 시간이 지나 내가 눈을 떠 일어날 때면 쿠루는 대개 쿨쿨대고 있다. 고양이 코에 초롱불을 매단 건 아니지만 옆에 계속 사람이 서 있거나 움직이거나 해도 아무런 자극도 되지 않는 듯하다. 애초에 잠든 쿠루는 아무런 경계나 조심도 하지 않는다. 적에게 대비하는 마음가짐 따위는 전혀 가지고 있지 않다.

　나는 일어나 침상에서 나올 때 반드시 쿠루에게 말을 건다. 잠든 쿠루의 이마에 내 얼굴을 갖다 붙이고 손으로 쿠루의 몸을 끌어안으며 말을 건다. 쿠루에게선 쿠루 냄새가 난다.

　"쿠루야, 너냐?"

　목구멍 안쪽에서 "응, 응" 하는 소리가 난다. 잠결에 대답하려는 듯하다.

　"쿠루야, 너냐? 그렇게 자는 게냐?"

"응, 응" 하고 말하며 조그만 손을 뻗어 손끝에 손톱이 난 손가락 사이를 활짝 펼쳐 보인다.

"쿠루야, 너는 영리하잖아. 그렇게 영리하게 잠들어 있는 거냐? 쿠루야, 너냐?"

이번에는 턱을 자신의 양손 사이로 끌어안듯 둘둘 둥글게 말아 마치 소라고둥 껍데기 같은 꼴로 쌕쌕 콧김을 낸다. 내가 놀리는 중에도 절대 눈을 뜨지 않는다.

그대로 저녁까지 잘 때도 있고 또는 어느샌가 일어나 사람에게 섞여 들며 집안을 오간다.

내가 복도에 서서 유리창 너머로 뜰을 바라보고 있으면 곁으로 다가와 한쪽 다리에 몸을 살짝 문지른다. 또는 두 다리 사이로 들어와 쪼그려 앉는다. 그리고서 나와 함께 뜰을 향해 뭔가를 열심히 바라보는데 도대체 뭘 바라보고 있는 걸까. 나는 그곳에 서서 뜰을 바라보긴 하지만 그저 고개를 향하고 있을 뿐 뭔가를 바라보는 건 아니다. 쿠루는 내가 뭘 바라보고 있는 걸까 궁금해하며 나와 나란히 뜰을 바라보는 건지, 아니면 자신에게는 자신의 흥미가 동한 무언가가 있는 건지, 궁금한 뭔가를 향해 뜰을 바라보고 있는 건지 나는 알 수 없지만 알 수 없는 채로 언제까지고 그렇게 나와 함께 건너편을 바라보는 쿠루의 마음이 사랑스럽다.

낮 동안 쿨쿨대며 계속 잠들어 있을 때도 저녁이 다가와 생선가게 형님이 부엌 입구로 찾아오면 그 낌새를 알아채고 곧장 눈을 떠 일어나 부엌을 접한 문턱으로 와서 맹장지를 으득으득 할퀴어댄다.

"이야 벌써 일어나서 왔네, 어떻게 안 거야." 봉당 바닥에 서서 이야기하는 동안 으득으득 할퀴어대며 "빨리 열어!" 하고 말하는 것만 같다.

열어 줘서 나오면 그걸로 기분이 풀리는 듯하다. 꼭 그 장소에서 뭔가를 받으려는 게 아니라 언제나 자신이 좋아하는 음식을 가져다주는 형님이 좋아서 직접 나와 고양이 식 인사를 건네고 싶은 듯하다.

그리고 다시 원래 자기 잠자리로 돌아와 아직 뜨끈뜨끈한 방석 위에서 도로 잠든다. 고양이는 '잠든 아이'라는 이름처럼 정말 자주 잔다.

내 저녁상은 언제나 늦다. 내가 밥상 앞에 앉아 저녁 술잔을 쥐려고 할 때면 딱 마침 그 시각을 잘 아는 쿠루는 그때까지 자고 있다가도 바로 일어나서 지체 없이 바짝 밥상 옆으로 온다.

그곳에 와도 내 옆에 앉지는 않고 모퉁이에서 나와 상을 마주하고 있는 아내 무릎에 달라붙어 내 손 근처를 바라보며 내내 얌전히 기다린다. 번번이 작은 술잔을 입술로 가져가는 나를 보며 감탄하는 건지 안타까워하는 건지 알 수 없지만 때때로 고쳐 앉는 모습을 보면 뭔가를 계속 기다리는 것 같다.

나는 매일 밤 술을 마셔서 상에는 항상 사시미가 나온다. 아주 옛날부터 해오던 일인데 어느새 그 상대 자리에 쿠루가 앉아 쿠루의 작은 접시에 사시미 1인분을 함께 나눠 먹는 게 습관이 되어서 쿠루의 귀가가 늦어져 밥상 시간에 맞추지 못하게 되거나 올봄처럼 며칠씩 입원하게 될 때면 접시에 놓인 사시미를 혼자서 젓가락질하는 게 늘 어딘지 뭔가 부족하고 쓸쓸하다.

내 사시미는 흰 생선이다. 그러므로 쿠루도 항상 흰 생선 사시미를 받아먹는다. 쿠루 주치의 소견에 따라 전갱이나 고등어는 기름이 너무 많고 고양이에게 좋지 않다고 하므로 주식으론 가자미를 준다. 흰 생선 사시미는 도미일 때도 있지만 대개 넙치이다. 쿠루와 밤에 먹는 사시미가 흰 생선인 넙치면 더할 나위 없이 좋을 것이다.

슬슬 쿠루에게 사시미를 나눠 줄 순서다.

"쿠루야 영리하게 기다리고 있었지? 자 나눠 줄게."

사람 말을 아는지 모르는지는 생각해 볼 것도 없다. 아는 게 분명하다. 단어 하나하나를 고양이가 이해하는지 아닌지가 아니라 내가 말하는 것들이 전체적으로 그에게 전해지는 게 분명하다. 일어서서 몸을 쭉 뻗으며 아내의 무릎으로 양손을 뻗어 더는 가만히 있을 수 없다는 듯이 군다.

쿠루가 보는 눈앞에서 내가 쿠루용 작은 접시에 나눠 준다. 하지만 절대 밥상 위에서 주지는 않기로 했으므로 아내가 그 작은 접시를 가져다가 밥상에서 떨어뜨려 놓는다. 그렇게 사시미를 주는 위치가 매일 밤 정해져 있고 쿠루도 잘 알고 있기 때문에 언제나 정해져 있는 장소에 가서 그곳을 향해 아내의 무릎 앞에 미리 앉아 있는다.

앉아 보긴 하지만 빈둥빈둥 기다리고 있을 수만은 없어서 허리를 들어 엉거주춤하게 움직인다.

그러자 아내가 예의 바르게 굴게끔 "똑바로, 똑바로. 가만히 앉아야지" 하고 말하면 상반신은 뻗을 만큼 뻗은 자세 그대로지만 허리만은 바닥에 붙인다.

그렇게 손을 뻗어 아내의 팔을 끌어당기려는 것처럼 졸라댄다. 아내의 손에서 한 점씩 받아먹는다. 보고 있으면 너무나 귀여워서 내 쪽에서 자진하여 "조금 더 먹게 줘봐" 하고 추가해 주는 경우가 다반사이다.

덕분에 내가 먹을 양은 절반도 안 되지만 괜찮다.

그때 그 모습이 떠오르면 나는 쿠루가 없는 밥상에서 사시미를 먹을 기분이 도저히 들지 않는다. 먹을 수가 없다.

오랫동안 밥상 위 순서에 따라 익숙해진 사시미지만 사시미 따위 먹지 않아도 괜찮다. 먹고 싶지 않다.

벌써 1개월 이상이 지났지만 아직 한 번도 사시미를 주문하지 않았다.

3

아침에 나가려 하던 쿠루의 발걸음이 비틀거려서 아내가 데리고 돌아온 그날부터 쿠루는 더 이상 밖으로 나가지 못했다. 억지로 나가려고 하지도 않았다.

얌전히 집에서 집안사람들과 함께 어울려 하루하루를 보낸다. 완전히 가족 일원이란 표정이다. 그야 그렇다. 따로 친척이 있을 리도 없으니까.

얌전한 건 좋지만 어쩐지 기운이 없어서 다소 걱정이 든다. 항상 그 장소에서 잠들어 밤이면 사시미를 즐기러 나오는 쿠루의 매일매일 순서에 변함이 있는 건 아니지만 어쩐지 신경이 쓰인다.

집에서 멀지 않은 구단 욘초메에 이전부터 견묘 병원이 있었는데 그곳 원장님이 쿠루의 주치의다. 쿠루는 늘 다쳐서 오거나 어딘가 이상이 생겨서 이전부터 신세를 졌었는데 올해 들어서도 2월에 8일, 5월에 5일 동안 그 병원에 입원을 시켰다.

이번에도 가만히 놔두기엔 걱정스러워서 전날 밤 병원에 전화를 해두어 쿠루의 상태를 말하고 내진을 받을 수 있도록 부탁했다.

8월 6일 아침 의사 선생님이 내진을 와서 치료 주사를 놔줬다. 그땐 이른 아침이라 나는 실례하고 진료에 함께하지 못했지만 고양이 여름 감기와 변비라고 한다. 고양이 여름 감기라니 어쩐지 하이쿠적인 풍류가 있는 진단이란 생각이 들었다.(일본의 정형시조인 하이쿠俳句는 계절이 들어간 시어를 반드시 사용함)

8월 9일 목요일 기온 35.7도

쿠루가 매일같이 계속 기운이 없다. 걱정스러워 견딜 수 없다. 아침에 쿠루의 의사 선생님이 내진. 치료. 이른 아침이긴 했지만 일찍 일어나서 인사를 하고 다시 부탁드렸다.

8월 10일 금요일 34.3도

한밤중 3시 반에 일어나 쿠루가 자는 방석 위로 가서 쿠루의 모습을 지켜본다.

아침에 다시 의사 선생님이 내진. 치료. 걱정이 들어 일어나 참관했다.

8월 11일 토요일 33.1도

새벽 4시 반에 일어나 어제처럼 쿠루의 모습을 보러 갔다. 그 이후에도 몇 번이나 쿠루를 위해 일어나서 다시 잠자리로 돌아와 잠들었다.

오늘 아침에도 의사 선생님이 내진. 치료. 아침 일찍이지만 걱정으로 자리를 떠날 수가 없다. 참관하여 "뭔가 조처를 해주십시오" 하고 부탁한다. 매일 받는 치료의 보람도 없이 쿠루는 아직 기운을 찾지 못했다. 어젯밤은 사시미를 약간 뱉어내더니 그 이후로 줄곧 아무것도 먹지 않는다. 오늘 하루 우유도 노른자도 받아먹지 않았다. 오후 늦게 아내가 병원에 전화를 걸어 그 이야기를 호소해도 오늘 아침에 놓은 주사에 영양분이 들어 있었으니 하루 종일 아무것도 먹지 않아도 괜찮다고 한다. 하지만 그렇다고 해도 전혀 기운이 없는 쿠루의 모습을 보면 걱정이 들어 견딜 수 없다. 온 집안이 고요해 집으로 누가 와도 그 누구도 그다지 입을 열지 않는다.

성락추풍오장원 星落秋風五丈原

위수의 푸른 물결이 마르고
목 메이는 비정한 가을 목소리
승상의 병이 깊어만 가는구나
(학자이자 시인인 도이 반스이土井晩翠가 쓴 삼국지를 배경으로 한 한시 중 일부)

드문드문 떠오른 옛날 신체시, 승상은 제갈공명, 병이 깊어 가는 건 우리 집 고양이. 고양이가 공명이든 아니든 나았으면 한다.

8월 12일 일요일 32.6도

아침 8시 반 쿠루의 의사 선생님이 내진을 와서 일어났다. 치료를 받았지만 용태가 좋지 않다. 점점 더 걱정이 든다. 저녁에 쿠루가 우유를 마시길래 점점 좋아지는 건가 하고 들떠서 나도 기운을 차리고 오랜만에 상에서 술을 마시려 했다. 그런데 뒤이어 쿠루가 아까 마신 우유를 토해내서 역시 아닌가 보다 하고 불쌍해져서 울어 버렸다. 눈물이 멈추지 않는다. 쿠루의 조그만 이마에 얼굴을 갖다 대고 "쿠루야, 너냐? 쿠루야, 너냐?" 하고 부르며 가여워한다.

8월 13일 월요일 34.1도

7시 전에 눈을 뜬다. 쿠루가 걱정되어 일단 눈이 뜨이면 다시 잠들 수 없다. 오늘은 8시 전에 의사 선생님이 내진, 치료를 받았지만 패혈증이 생긴 것 같다고 해서 한층 더 걱정이 든다.

8월 14일 화요일 35.2도

아침 8시 의사 선생님이 내진. 치료. 쿠루는 2, 3일 전보다는 나아졌고 그렇다 할 병고도 없는 것 같지만 여전히 아무것도 먹지 않는다. 이미 뼈가 털에 드러날 정도로 야위었다. 이대로 추이가 계속되면 회복은 어려울지도 모른다는 걱정에 견딜 수 없다.

8월 15일 수요일 32.6도

아침 8시가 지나 의사 선생님이 내진. 치료. 쿠루는 어제 즈음부터 조금씩 나아지는 듯 소량이지만 우유를 마시기 시작했다.

8월 16일 목요일 33.8도

동틀녘 오전 3시부터 3시 반경 쿠루는 아무도 알지 못한 사이 비틀거리는 발걸음으로 어떻게 혼자 걸어갔는지, 전화기가 놓인 세 장짜리 방 안 낡은 신문과 아직 열지 않은 우편물이 쌓인 곳 앞에 가서 앉아 있었다.

무슨 이유인지는 알 수 없지만 그 옆 세 장짜리 방에 누워 있던 내가 기척을 느끼고서 복도를 사이에 낀 모퉁이 방에서 자고 있던 아내를 불러 "쿠루가 혼자서 이쪽으로 온 거 아냐?" 하고 말하자 아내가 깜짝 놀라 일어나서 쿠루를 안아 갔다.

세 장짜리 방은 쿠루가 늘 쌓여 있는 신문 테두리를 할퀴어대다가 혼나던 곳이다.

이런 일이 있었다고 아내에게서 나중에 들어 알게 되었지만 나 스스로는 전혀 기억이 없다. 어째서 눈을 떴는지 그것도 알 수 없다. 생각이 나지 않아 꿈이었나 싶은 기분도 들지 않는다.

의사 선생님이 아침 8시가 지나 내진. 치료. 쿠루는 병고는 없는 것 같지만 우유도 가자미 토막도 먹지 않는다. 아침에 의사 선생님이 가자미를 먹여준 것과 오후 1시가 지나 미음과 우유를 섞어 준 걸 아주 조금 먹었을 뿐 그 이후 4시경 다시 우유를 주려 했지만 먹지 않는다.

혼수상태에 빠지는 게 아닐지 걱정이 든다. 오후에 의사 선생님과 이에 대해 전화로 이야기를 나눴지만 역시 쿠루는 좋아지고 있지 않은 듯하다. 불쌍해서 견딜 수 없지만 의사 선생님 말로 점을 치듯이 살펴보면 역시 그렇게 생각하지 않을 수 없다. 매일 오는 내진에서도 "괜찮습니다, 이제 나아지고 있어요"라는 말 한마디를 하지 않는다.

쿠루는 자신을 위해 개지 않은 채 펼쳐 놓은 아내의 침상 위에 하루 종일 누워 있다. 그래서 누군가가 항상 그 옆을 지키기로 했다.

같은 날 오후 그 옆을 아주 잠시 아무도 지키지 못하게 되었는데 신경을 쓰지 못했다. 이쪽 세 장 방에 있던 내 귀에 두 소리로 고양이 목소리가 들려서 부엌 입구에 있던 아내에게 "고양이 소리가 들리는 것 같은데 아닌가?" 하고 묻자 "고양이 소리는 아닌 것 같아요" 하고 대답했다. 하지만 역시나 신경이 쓰여서 거실로 가보자 어떻게 올라간 건지, 그럴 체력이 있을 리 없는 쿠루가 키 작은 밥상 위에 올라가 아내의 차 끓이는 다기를 쓰러트리고 있었다. 물이 마시고 싶었던 걸지도 모른다.

아내가 와서 안아 내리자 부엌 쪽으로 가고 싶은 듯 칸막이 유리문 너머 부엌 방향을 바라본다. "가고 싶은 곳으로 따라가 줘" 하고 말해서 아내가 따라가 보자 비틀거리며 세면장을 향한다. 위로 올라가려 해도 도저히 위로 올라갈 수 없어서 아내가 끌어안아 주자 안긴 채로 세면대 물을 마신다. 언제나 쿠루가 밖에서 돌아오면 올라가서 물을 마시는 곳이다.

한밤중의 세 장 방이나 키 작은 상, 세면장 모두 쿠루가 자신과 익숙한 장소에 한 번 더 가보려고 했던 게 아닐까 싶다.

저녁 밥상 시간에 일어난 쿠루가 비틀거리며 내 침상이 놓인 세 장 방으로 와서 언제나 자신이 눕던 방석까지 다가오다가 그 옆 맹장지 앞에서 비틀거리며 쓰러졌다. 조그맣고 이상한 목소리를 냈다. 정말 안 되겠구나 싶어 다들 당황했지만 다행히 다시 일어났다. 그렇게 놔두고 떠나기가 안쓰러워 아내도 세 장 방에서 함께 잠들며 하룻밤 내내 팔로 안아 주었다.

8월 17일 금요일 33.4도

아침 8시 의사 선생님이 내진. 치료. 쿠루는 여전히 나을 조짐이 보이지 않는다. 어제 전화로 "이후의 처치는 강심제 주사인데 효과가 끊기면 괴로워서" 하고 이야기듣자 먼 옛날 조모 임종 때, 당시 83살에 수명이 다하였는데 의사가 강심제를 처치해서 마지막을 고통스러워했던 기억이 떠올라 이렇게 점점 쇠약해지는 쿠루에게 옛날 조모와 같은 고통은 주고 싶지 않았다. 쿠루는 오늘도 거의 아무것도 먹지 않는다. 밤에도 그대로 하룻밤을 보냈다. 불쌍하지만 어쩔 수 없는 걸까.

8월 18일 토요일 33.1도

어젯밤은 쿠루 걱정 때문에 세 장 방 내 침상으로 돌아가서 자지 않고 새 거실 쿠루 옆에 누워서 잠들었다.

아침 8시 전 의사 선생님이 내진. 치료. 그때 우유 소량을 숟가락으로 받아 마셨다. 오후에 다시 우유를 줘보자 스스로 입을 열어 숟가락으로 받아 마셨다. 어제보다 약간 좋아졌구나, 하고 멋대로 생각하고 싶었다. 하지만 저녁에 다시 한 번 줘보자 전혀 마시려 하지 않는다. 게다가 손발 끝이 차가워지고 있다. 다리에 유탄포 병을 넣어 주며 어떻게든 편히 해주려 한다. 오늘 밤도 쿠루가 걱정되어 쿠루 옆에서 잔다.

밤 내내 비가 내린다. 12번 태풍 예고가 있었다.

8월 19일 일요일 28.7도

아침 8시 의사 선생님이 내진. 치료. 오늘도 의사 선생님이 우유를 먹이려 했지만 쿠루는 받아 마시지 않는다.

신뢰하여 맡겨둔 의사에게 문외한이 끼어들어 캐묻는 건 삼가야겠지만 의사 선생님 가방에서 매일 여러 가지 주사액 앰플이 나와서 오늘은 무엇인지 하나하나 물어보았다.

○ 링거 ○ 포도당 ○ 비타민 B12 ○ 계란 흰자로 만든 폐 심장 강화제 ○ 수혈 대용 주사액

수혈은 고양이 혈액형을 알아내기 힘들고 또 고양이 혈액은 응고가 빨라 실제 피를 사용하는 건 곤란하다고 한다.

이상의 5종 중 4종을 두꺼운 병 하나에 넣어 섞고 따로 작은 병에 1종.

우유는 마시지 않아도 주사를 놓으면 쿠루는 얼마 안 있어 어쩐지 편안해진 듯 기분 좋은 얼굴로 새근새근 잠드는데, 그런데 어째서 낫지 않는 건지 초조해진다. 먹기만 하면 다시 한 번 기운을 차릴 수 있을 것 같다. 하지만 먹지 못하는 것이 곧 병 아닐까. 자는 얼굴을 바라보자 불쌍해서 견딜 수 없다.

쿠루의 이마에 얼굴을 가져다 대고서 "쿠루야, 너냐? 쿠루야, 너냐?" 하고 말하자 털이 자란 조그만 삼각형 왼쪽 귀가 파닥파닥 움직인다. 또 손끝 손가락 사이를 살짝 벌리며 반응한다. 이미 이렇게 되어 버렸는데 알아듣고 있는 걸까.

쿠루의 후각은 이미 마비되었다. 눈도 보이지 않는 듯하다. 의사 선생님이 회중전등 불빛을 비춰 확인했다고 한다. 하지만 귀만은 들리는 걸까. "쿠루야, 너냐?" 하고 말하면 조그만 삼각형 귀를 살짝 파닥파닥 움직이는 그 귀여움, 그 애처로움.

오늘 아침도 5시가 지나 일어나서 너무 잠이 부족해 오후 3시 반경 쿠루의 곁에 가로누웠지만 좀처럼 잘 수 없다.

쿠루를 쓰다듬던 아내가 딸꾹질을 한다고 말해서 바로 벌떡 일어나 곁으로 들이밀어 달라붙었다. 임종이다. 아내와 둘이서 쿠루에게 얼굴을 딱 붙이고 식모가 등을 쓰다듬던 사이 그다지 괴롭지 않게 숨을 거뒀다. 오후 4시 5분. 셋이 통곡하는 사이 쿠루는 죽었다. 아아 어째서, 어째서 이 아이를 죽게 하는 건가. 평정을 잃을 것 같았지만 겨우 참았다. 하지만 쿠루야, 8월 9일 이후 11일간 밤잠도 자지 않고 네 옆에서 떨어지지 않았는데, 쿠루야, 넌 죽어 버린 게냐.

4

숨을 거둔 쿠루를 잠시 안아 준다. 물론 아직 따뜻하고 사랑스러운 얼굴을 하고 있다. 하지만 완전히 야위어 평상시의 절반도 되지 않게 가볍다. 불쌍하게 만들었다. 이렇게 야윌 때까지 아무것도 해줄 수 없었다. 얼굴을 갖다 대고서 "쿠루야, 쿠루야" 하고 불러본다. 쿠루의 작은 이마와 삼각형 귀, 쿠루의 털이 다 젖을 정도로 눈물을 떨궜다.

하지만 이제 해야 할 일을 처리해야 한다.

이전『바보 열차』당시 나는 도카이도의 유이(由比)역이 좋아서 몇 번이고 가곤 했었다. 그 당시 유이역 역장이 지금은 국철을 그만두고 시즈오카에 있는 회사에 있다.

그 옛날 역장님이 매년 계절이 되면 시즈오카 감귤을 보내 준다. 한 알 한 알 푸른 감귤잎이 두 장씩 매달려 있어 항상 그 풍미를 맛보기 전에 먼저 보는 눈을 즐겁게 해준다.

헛간에 빈 상자가 있던 이유이다. 내가 그렇게 좋아하던 감귤 상자라서 쿠루를 그 감귤 상자에 납관하려 한다.

상자 바닥에 쿠루의 작은 이불과 타월을 깔아 머리를 내릴 조그만 베개를 만들고 아내가 끌어안아 그 위에 눕혔다. 쿠루는 아직 따뜻하다. 손발도 부드럽다. 내가 그 손을 끌어다 기분이 좋을 때면 늘 만들어 보이던 뱅글뱅글 소라고둥 같은 자세로 구부려 감싸 주었다.

다음날 20일은 날이 흐려 비가 계속 내리고 12번 태풍은 비껴간 듯했다.

아침에 어젯밤 부탁해 둔 정원사가 와서 정원 담장 옆 약간 높은 곳에 구멍을 파고 쿠루의 감귤 상자를 묻어 주었다.

마치고 정원사가 돌아간 뒤 태풍의 여파로 내리는 강한 소나기가 쿠루를 묻은 흙덩이 위를 씻어 내렸다.

○

그날은 종일 끔뻑끔뻑 흘러내리는 눈물을 억제하기 힘들었다.

그 다음날도 끔뻑끔뻑. 너무 더워서 재보자 37.1도로 올라 있었다.

그 다음날, 쿠루의 19일부터 3일째 되는 22일 아침, 5시가 지나 눈이 뜨였다. 내 세 장 침상으로 돌아갈 기분이 도저히 들지 않아서 역시나 쿠루가 있던 거실에서 잤다.

아직 잠은 부족하지만 도저히 잠들 수 없을 것 같다가도 꾸벅꾸벅 30분 정도 졸던 사이 쿠루가 꿈에 나왔다.

거실에는 바닥이 낮은 반 장짜리 도코노마에 은박이 타서 새카맣게 되어 버린 소세키 선생의 단권이 놓여 있다.

쿠루는 그 앞 아내의 침상에 누운 채 몸이 나빠진 뒤 이삼일 동안 계속 그 도코노마 위로 오르고 싶어 했다. 먹은 음식을 토해내고 게워내던 건 대개 그 도코노마 바닥 위에서였다.

꿈에서의 쿠루는 이미 죽었지만 움직이면서 한 번은 왼쪽으로 갔다가 비틀거리며 오른쪽으로 돌아서 도코노마 위로 올라갔다. 아내에게 빨리 와서 보라고 말했다. 쿠루는 이미 눈이 보이지 않는다. 도코노마에 올라간 쿠루는 거기서 둥글게 소라고둥 자세로 앞발을 모아 앉았다. 3일 전 감귤 상자에 넣었을 때 상자 안에서 만들어 준 자세 그대로이다.

그 꿈을 꾼 뒤 그걸로 다행이다 싶은 생각이 들었다.

○

8월 23일 밤 처음으로 귀뚜라미 소리를 들었다. 훨씬 전부터 울고 있었을지도 모르지만 올해는 쿠루 일 때문에 오늘 밤까지 알아채지 못했다.

○

결혼 축하나 생일 축하 등에 의례용 다과를 보낸다. 그건 축하를 위한 다과지만 영전에 봉하거나 문상 가서 전할 부조 의례용 다과도 있을까. 관계가 있는지 없는지 나는 원체 미숙해서 잘 알지 못하지만 올해 겨울 소학교 이후 옛 친구가 사망했을 때 단골 과자가게에 주문해서 부조 의례용 과자를 만들어 영전에 봉했다.

8월 25일 오후 천둥이 친 뒤 저녁 소나기가 내려서 밤이 되어도 비가 계속 이어졌다. 오늘은 쿠루의 첫 7일이다.(임종 후 7일 단위로 제를 지내는 49제) 쿠루를 다시 한 번 건강하게 해줄 순 없었지만 쿠루를 위해 11일 내내 마지막까지 이런저런 손을 써주신 의사 선생님께 감사 의미를 전하기 위해서 부조 의례용 과자를 만들어 아내가 전해드렸다.

과자 뒤에는 초콜릿으로 쿠루의 이름을 적었다.

Kater Kurz

(Kater; 독일어로 수고양이)

과자에 쓰인 글자를 보자 독일 태생의 미국 국적 연주 지휘자 에프렘 쿠르츠(Efrem Kurtz)가 연상되었다. 고양이와 함께 연상해서 죄송하지만 이름이 우리 집 고양이와 같아서 그런 것일 뿐 다른 의미는 없다. 올해 초봄이었나, 신문에 오늘 밤 하네다(羽田)에 도착한다고 쓰여 있어서 그날 밤 내 옆에 있던 쿠루쓰에게 "쿠루야 너는 마중 나가지 않아도 괜찮겠니?" 하고 말하며 머리를 쓰다듬어 줬던 게 떠오른다.

오늘 저녁에 내리던 소나기가 자기 전까지도 계속 내려 빗소리가 무성하다. 쿠루의 귀가가 늦어지는 밤 이렇게 비가 내릴 때면 심히 걱정이 들었다. 이젠 그런 마음고생은 없다. 그렇게 잠들게 된 뒤라면.

○

8월 26일 일요일은 아침부터 계속 소나기가 내렸다. 구마노나다(熊野灘)에서 동해(日本海)로 빠져나간 14번 태풍의 여파이다.

쿠루는 전주 일요일 오후 4시 5분, 집에 있던 세 사람이 쓰다듬어 주며 작은 머리를 껴안고 있던 사이 숨을 거두었다. 오늘 지금이 그 4시 5분. 하지만 이제 전부 끝난 일이고 또 날을 센다면 어제가 첫 7일이라 의사 선생님께 답례품도 마무리했다. 똑같은 요일인 일요일이니까 하고 생각해도 별 의미는 없다. 하지만 오늘은 그 4시 5분이 신경 쓰여 도저히 떨쳐버릴 수 없었다. 정오가 지난 뒤 다시 잘 생각으로 누웠지만 잠이 안 오고 계속 쿠루의 그 시간이 떠올라서 어쩔 수 없이 다시 일어났다. 2시가 지났다. 일어나 보자 시간은 점점 4시에 가까워진다.

○

8월 매일 늦은 밤 식사 도중에 화장실로 향한다. 돌아오면 항상 그곳에 있던 쿠루, 털이 자란 삼각형 귀를 쫑긋 세우고 있던 쿠루가 없다. 꿈에서라도 좋으니 다시 한 번 쿠루를 만나고 싶다. 안고 싶다. 눈앞으로 꿈속 고양이가 어렴풋하게 보인다.

○

9월에 들고 난 뒤 어느 아침, 아직 더 자고 싶지만 좀처럼 잠이 오지 않아 포기하고 일어났다. 그에 앞서 꾸벅꾸벅 졸다가 쿠루 꿈을 꾸었다. 그러므로 역시 잠들었을 것이다. 오카야마의 생가 시호야 가게 봉당에서 쿠루를 안은 채 뒤편 창고로 들어갔다. "쿠루야, 불쌍하구나" 하고 말한 건 쿠루가 죽은 당시의 일이 떠올랐기 때문이었다. 창고 안 봉당에 내려 주려고 하다가 다시 안아 올리며, 봉당이니까 손톱을 세울 수 없다. 그 쿠루의 손을 끌어 잡으려 하던 참에 눈이 뜨였다. 다시 곧장 일어났지만 쿠루를 끌어안던 팔과 쿠루의 이마에 가져다 댄 얼굴에 아직 쿠루의 온기가 남아 있는 게 확연히 느껴졌다.

○

그 다음날, 저녁이 가까워져 하늘이 덮이고 거센 빗소리가 나기 시작했다. 빗소리가 들리면 쿠루가 아직 돌아오지 않아서 비가 심하게 내리기 전에 빨리 돌아오도록 늘 빌곤 했다. 그럴 때면 내리기 시작한 비 사이를 빠져나온 듯 내가 바란 대로 돌아온 적도 있었다. 오늘 빗소리를 듣자 똑같은 일이 몇 번씩 떠오르고 쿠루가 계속 떠올라서 빗소리에서 귀를 떼어놓고 싶었다. 아무리 기다려도 쿠루는 더 이상 돌아오지 않는다.

○

중추명월(仲秋明月)로부터 이삼일 밤이 지난 저녁, 귀뚤귀뚤 하고 청귀뚜라미 소리가 들린다. 이 근처에선 희귀하다. 어느 집 벌레 통에서 울고 있는 것 같다.

히간 고양이의 계절이라 다른 고양이들은 발정이 온 듯 집 근처에서 시끄럽게 울어댄다. 쿠루가 사라진 후 뜰에서는 고양이 그림자 하나 볼 수 없지만 냐아— 냐아— 하고 울던 모습이 떠오른다. 아내는 한밤중에 고양이 소리가 들려서 잠을 잘 수 없었다고 한다. 오전에 발정이 나진 않은 듯한 울음소리가 집 근처에서 몇 번씩, 어쩐지 우리 집 사람들을 부르는 듯한 소리로 냐아— 냐아— 하고 들려와서 기분이 뒤숭숭해졌다. 노라와는 다르지만, 그렇다고 물론 쿠루일 리도 없다.

어젯밤 청귀뚜라미는 근처 벌레 통 안에서 우는 게 아니라 우리 집 뜰의 물이 떨어지는 홈통 옆 수풀에서 우는 듯하다.

○

쿠루의 19일이 벌써 가까워졌다. 이 1개월 동안 연일 무더위 가운데 음울하게 보내며 집 안 사람들 모두 종기를 건드릴 것처럼 쿠루 언급을 피하고 쿠루에 대해서 입을 열지 않도록 조심하며 지냈지만 어제와 엊그제 저녁 청귀뚜라미는 실로 반가웠다. 그 소리를 들으면 상쾌한 기분이 든다. 원래 나는 찌르찌르 우는 방울벌레보다도 귀뚤귀뚤 우는 청귀뚜라미가 더 좋고 또 최근 몇 년 동안 그 소리를 듣지 못해서 귀중했다. 저녁이 되어 어두워지자 홈통 근처에서 곱고 맑고 분명한 마디로 울기 시작한다. 어젯밤부터 쿠루가 나를 위로하기 위해 청귀뚜라미가 되어서 그 근처에서 울어 주는 게 아닐까 싶은 생각이 들었다. 그러고 보면 청귀뚜라미가 있을 법한 수풀 바로 앞쪽에는 쿠루의 감귤 상자가 묻혀있다.

5

들고양이 새끼 노라가 집에서 자라며 우리 집 고양이가 된 뒤에 거실이 새로 생겼다.

그래서 노라는 새 거실의 개축공사를 지켜보며 문과 담장 사이에 쌓여 있던 목재에 올라 뛰놀곤 했다.

지금으로부터 5년 전인 쇼와 32년(1957년) 봄 3월 27일 날씨가 좋던 오후, 아내가 바느질을 하던 새 거실로 나와 노라가 냐아— 냐아— 하고 울며 밖으로 나가려 하길래 아내는 노라를 끌어안은 채 부엌 입구에서 문을 통해 뜰로 나갔다. 노라는 안겨 있던 아내의 품을 벗어나 속새 수풀로 빠져나가서 못이 있는 뜰을 지나 담장을 넘어서 남쪽 방향 이웃집 뜰로 떠나 버린 채 돌아오지 않게 되었다.

내가 살던 곳엔 옛날 시골 생가에도, 또 도쿄에서 구하게 된 집에도 대개 늘 고양이가 있었다. 하지만 집고양이를 딱히 귀엽다고 생각하진 않아서 그다지 상대해 준 적이 없다. 있든 없든 조금도 신경 쓰지 않았다.

그랬는데 이번 가련한 들고양이 새끼 노라가 돌아오지 않게 된 이후 실로 심각하도록 고양이의 귀여움을 알게 된 것이다.

그러고 나서 2개월 정도 뒤, 매일 노라를 생각하며 계속 울고 있던 나에게 찾아온 게 쿠루쓰이다. 그러므로 쿠루는 5년 몇 개월 정도를 머물렀다.

쿠루와의 초반 동안 일들, 그리고 뒤이어 우리와 함께 기거하게 된 사연은 이 원고 이전 몇 편인가 써 둔 글 있는데 지금 당장 떠오르진 않는다.

쿠루는 5년 몇 개월, 정확히는 5년 3개월 동안 우리 사이에 완전히 섞여들어 점점 귀여워하게 되었다.

처음 쿠루는 집으로 돌아오지 않는 노라의 전갈을 전하러 왔다고 나는 생각했다. 어딘가 수풀이나 담벼락 그늘에서 노라가 쿠루를 향해 "집에 가서 그렇게 전해"라고 말한 게 틀림없다. 쿠루는 꼬리가 짧긴 하지만 그 외 털 모양이나 생김새는 노라와 꼭 빼닮았다.

처음 쿠루는 눈물을 머금은 듯한 눈으로 사람 얼굴을 올려다보았다. 그 모습이 뭐라 표현할 수 없을 정도로 귀여워서 쿠루에게 점점 마음이 끌리기 시작했다.

노라로 지쳐 버렸다. 너무 귀여워하게 되면 곤란하다고 늘 생각하면서도 점점 귀여움이 늘어나기 시작했다.

몇 년 동안 매일 한나절을 내 세 장짜리 방 침상 발밑으로 와서 잠들었다.

내가 일어나서 책상 앞에 앉아 골똘히 생각에 잠겨 있는데 아까부터 저 너머 새 거실이나 주방 쪽에서 뭔가를 하고 있던 쿠루가 찾아와 책상 건너편에서 이쪽을 향해 사람 얼굴을 정면으로 바라보더니 입을 삐죽이며 냐아— 냐아— 하고 운다. 저쪽에 뭔가 자기 생각대로 되지 않는 게 있어서 내게 고자질을 하러 온 듯하다.

몇 번이나 그런 행동을 해서 입을 열지 않아도 쿠루의 생각이 전해져 오기 시작했다.

하지만 귀엽긴 해도 한밤중이나 아직 날이 밝지도 않았는데 소란을 부리며 아내를 억지로 깨워버리면 곤란하다. 아내의 여러 할 일과 다음날에 지장이 생긴다.

그게 매일 밤 너무 심하게 이어져서 아내는 아주 녹초가 되어갔다.

불쌍하긴 하지만 사람이 자야 할 때만큼은 쿠루를 우리 안에서 재우는 건 어떨지 의논했다.

대략 실행해 볼 생각으로 쿠루의 의사 선생님께 말씀드렸다. 거실에 올려둘 수 있는 예쁜 우리가 있어서 잠자리가 이중으로 되어 있고 모래 상자도 들어 있다. 주문하면 바로 받을 수 있다며 가게 전화번호도 알려주었다.

이제 전화를 하기만 하면 된다.

하지만 생각해 보니 안에 들어가 잠드는 걸 쿠루가 좋아할 리가 없다. 한 번이나 두 번이 아니라 언제나 밤이 되면 그 안에 들여보내져 결국 저 너머 자기가 가고 싶은 아내의 침상에 숨어 들어갈 수 없게 된다. 우리 격자를 드륵드륵 긁어대도 밖으로 나갈 수 없다. 밤이 되면 그 안으로 들어가야 하는 게 떠올라 기분이 나빠져서 집에 돌아오고 싶지 않게 되기라도 한다면 큰일이다.

그렇게 된 뒤에 쿠루의 행방을 걱정하며 쿠루 수색에 신경을 쏟아부을 수도 없다.

쿠루를 재우는 우리를 사거나 하는 건 그만두게 되었다.

고양이 우리는 포기했지만 모래 상자는 밤에 잠들 때 쿠루가 있는 새 거실에 넣어둔다. 원래는 부엌의 좁은 봉당 구석에 놓았지만 어느 샌가 거실에 올려두게 되었다.

쿠루가 병에 걸려 눕게 된 뒤로는 밤낮으로 그곳에 놓아두었다. 처음에 스스로 걸을 수 있을 때는 물론, 비틀거려서 그곳까지 가는 게 어려워진 뒤로도 누군가가 부축하거나 안아줘서라도 모래 상자에 갔다.

나날이 쇠약해져서 안겨 가서도 상자 안에 제대로 설 수 없게 되자 사람의 손으로 부축을 받으면서까지 역시나 모래 안에 처리하여 한 번도 실수하지 않았다.

그런데 19일 전날 저녁부터 불쌍하게도 끝끝내 대소변을 흘리게 되었다. 물론 두꺼운 이불이 불결하게 엉망이 되었지만 그런 건 상관없다. 이불 따위는 신경 쓰지 않는다. 솜은 다시 틀면 된다. 병들어 쇠약해진 쿠루를 그렇게까지 움직이게 하는 건 불쌍하다. 쿠루가 좋아해 자주 누워 잠들곤 하던 아내의 침상에 그대로 눕혀 두었다.

다만 일종의 기분전환으로 돌아오지 않게 된 노라와는 달리 해주고 싶은 건 전부 해주었다. 쿠루가 하고 싶은 건 전부 하게 해주었다.

6

이전 중학교 저학년 때부터 한문을 배웠다. 점점 어려워져서 5학년 때는 백문(白文; 주석이 없는 순 한문 서적)으로 『한비자』 따위를 읽게끔 시켰다.

하지만 처음에는 쉬운 것부터 시작했는데 한문 독본은 정말 한문 서적에서 옮겨온 게 아니라 흥미가 있을 법한 이야기를 삼엄한 말투의 한문으로 옮겨 묶은 교재였다.

인도 총독의 어린 영애를 돌보게 된 코끼리 이야기, 구경거리 코끼리가 코끼리 사육사의 지시대로 재주를 부리게 되는 이유 등등의 글이 한문으로 쓰여 있었다.

그중 하나로 호주의 까마귀가 수를 세는 이야기가 실려 있었다.

까마귀가 잔뜩 있는 곳에 작은 오두막을 세워 까마귀가 보고 있는 앞에서 여러 사람이 오두막 안으로 들어간다. 오두막 앞에는 까마귀가 좋아하는 주먹밥을 쌓아 둔다.

배울 때는 아무런 생각도 들지 않았지만 나중에 생각해 보면 오스트레일리아에 주먹밥이라니 이상하지 않은가. 오스트레일리아를 잘 아는 건 아니지만 혹시 원주민들이 쌀을 주식으로 할지도 모른다.

그런 건 어찌 되든 상관없으니 알기 쉽게 주먹밥이라고 했을 것이다. 주먹밥을 보고 있던 까마귀는 어서 날아가서 먹고 싶을 게 분명하다.

하지만 오두막 안에는 사람이 들어가 있다. 무심코 가까이 가면 안 된다. 그래서 근처 나뭇가지에 매달린 채 초조해하고 있다.

그때 오두막 안에서 사람이 한 사람 나와 어디론가 가버린다. 뒤이어 또 한 사람이 나온다. 이어서 다시 또 한 사람이 나온다.

즉 세 사람이 나왔다. 그러자 지금까지 기다리고 있던 까마귀가 일제히 가지에서 내려와 주먹밥을 향해 모여든다.

오두막 안에는 아직 여러 사람이 남아 있지만 까마귀는 헤아리지 못한 채 세 명이 나온 걸 보고서 안심해버린 것이다. 이를 통해 살펴보면 까마귀는 수를 셋까지 셀 수 있음을 알 수 있다는 이야기다.

고양이는 몇까지 셀 수 있을지 모르겠지만 우리 집에는 사람이 셋, 그 세 명이 전부 모이지 않으면 쿠루는 기분이 풀리지 않는 듯하다. 세 명을 한 명 두 명 세고 있는지 어떤지 알 수 없지만 한 사람 한 사람 보고 기억해 두고서 각각 친근함을 들였을 것이다. 고양이가 우리를 점호시킬 리는 없지만 누군가가 빠지면 불안한 기분이 들 거라고 상상 못 할 것도 없다.

밖을 돌아다니며 어디서 뭘 하는지 알 수 없지만, 때로는 돌아오지 않는 밤도 있는 주제에 자신이 돌아왔을 때 집 안 사람들 셋이 전부 모여 있지 않으면 집 안 이곳저곳을 냐아— 냐아— 하고 울면서 찾아다 닌다. 처음에는 뭘 시끄럽게 소란을 피우는지 알 수 없었지만 누군가가 어디선가 나타나거나 돌아와서 얼굴을 보여 주면 그걸로 됐다는 듯 바로 잠들어 버린다.

쿠루는 원래부터 외로움을 잘 타는 고양이지만 최근에 특히나 사람을 그리워해서 아무런 이유도 없이 사람에게 달라붙었다. 스스로 죽음을 예상하진 못했겠지만 외로워서 사람을 반기고 사람에게 엉겨 붙었을 것이다.

나는 그때부터 계속 새 거실에서 자고 있다. 세 장짜리 원래 내 침상으로 돌아갈 기분이 들지 않는다.

잠든 머리맡 위 격자는 쿠루가 할퀴어 찢어 놓은 그대로이다. 새로 갈아 깨끗하게 하기 싫어서 오랫동안 그대로 놔두고 건드리지 못하게 했다.

날이 지나도 쿠루 생각이 사라지지 않는다. 떠오르면 그 뒤를 감당하기가 힘들어서 최대한 건드리지 않도록, 끝내 마음에 떠올라도 그 자리에 멈춰 서지 않도록 하려 했다. 하지만 쿠루가 사라진 뒤에 한 번 쿠루가 그렇게 만들고 간 게 아닐까 싶었던 적이 있었다. 나는 오래전부터 자고 일어나는 순서가 잡혀 있지 않아 하루의 시간을 생각한 대로 쓸 수 없었다. 꽤 오랜 습관이라 더는 하는 수 없다며 포기하고 있었는데 요즘엔 대체로 아침이면 사람들과 비슷하게 일어나게 되었다. 어째선가 하면 쿠루가 아프게 된 뒤로 걱정 때문에 아침에도 일찍부터 쿠루가 누워 있는 곳에 보러 가고 의사 선생님께서 매일 와주신 뒤로 진찰과 치료를 참관하여 용태를 듣고 그때마다 "부디 어떻게든 조처를 해주세요" 하고 부탁했다. 의사 선생님의 내진 시각은 대개 8시, 또는 더 이를 때도 있었다. 하지만 아무리 일러도 너무 이르다고 생각한 적도 없고 오히려 먼저 기다리고 있을 정도여서 그게 11일간 이어지고 나자 일시적인 일에서 자연스러운 습관이 되어갔다.

아침 일찍 일어나 보통의 순서가 선다고 하는 건 나에게 있어서 기대할 수도 없던 행운이라 지금껏 몇 번이나 그렇게 해보려고 결심해도 해낼 수 없던 일이 이루어지게 되었다. 쿠루의 작별 선물이라는 생각이 든다.

작별 선물은 좋지만 또 쿠루가 가져가 버린 것도 있다. 그건 바로 전에도 서술한 사시미로 그 뒤로 나는 더 이상 생선가게에서 사시미를 주문하지 않는다. 맛이 싫어진 건 아니지만 매일 밤 내가 상에 앉는 걸 기다리며 그렇게나 즐거워하던 쿠루가 떠올라 견딜 수 없어서 그 연상을 매개하는 사시미를 멀리하게 되었다. 마지막 즈음엔 넙치 사시미 조각도 너무 커서 더 이상 먹을 수 없게 되어 생 가자미를 썰어 주었다. 그 마지막에 쿠루가 먹다 남긴 게 냉장고에 있어서 나중에 내가 조려 먹었다. 가자미도 더 이상 그다지 먹고 싶지 않다.

그렇게나 더운 여름도 지나 조금씩 날이 줄며 아침이 늦어지고 있다. 새벽이 오기 전 문득 눈을 떴다.

옆방 침상에서 아내가 울고 있다. 휴지로 눈을 닦으며 울어대는 듯하다.

서로 쿠루에 대해 아무런 이야기도 하지 않기로 했지만 그 뒤로 얼마 안 있어 어느 날 아침, 아침이 되어 괴롭다는 한마디를 꺼내고는 아내가 울음을 터뜨린 적이 있었다.

그로부터 벌써 한 달 반이 지났다.

하지만 아무리 날이 지나도 새벽 지금 즈음 시간만 되면 잠든 아내를 깨우려고 소동을 부리던 쿠루가 떠오르는 것이다.

아내는 문득 눈을 떴는데 품속에 쿠루가 없어서 울음을 터뜨렸을 것이다.

울보

요전날 밤 '가을 직박구리 모임'에 나갔다.

직박구리 모임은 봄과 가을 연 2회이다.

봄에는 88일 밤(입춘으로부터 88일 후로 파종 적기) 전후를 헤아려 하루를 정한다.

올해는 4월 29일 천황 탄신일 밤이었다.

그때 협의하여 가을 모임은 내년 입춘이 되기 88일 전 즈음으로 하자고 결정했다.

입춘에서 88일이 지난날이 88일 밤, 그 입춘에 다다르기까지 88일 전이란 날은 달력상 이름은 없어도 그 근방에서 길일을 점치기로 했다.

그 가을 모임이 유시마 성당(湯島聖堂) 안 연회가 나오는 객실에서 열렸다.

직박구리 모임에 대해선 얼마 전 본지(월간지 「소설신초」)에 써두었지만, 예전에 나는 학생항공회 두목으로서 호세이대학 항공연구회 회장이 되어 당시 일요일마다 군용 비행장이었던 다치카와(立川) 비행장으로 나가 학생들의 비행연습을 참관하고 그들을 감독했다.

나는 물론 비행을 가르치진 못한다. 교관은 따로 있다. 하지만 하여간에 다소 위험한 일이 동반되기 쉬운 연습이므로 가장 우선 규율을 엄중히 지킬 필요가 있기 때문에 혹시 일어날지도 모르는 사고를 막기 위하여 학생들이 멋대로 뿔뿔이 흩어져 행동하지 않도록 해야 한다.

그렇게 나는 비행연습이 있을 때마다 나가게 되었다. 벌써 30년도 전의 이야기지만 그때 그 학생들이 사회에 나가서 훌륭한 사람이 되었다. 최근 그들이 옛날을 떠올리며 전부 모여서 나를 불러 주는 것이다.

다치카와 비행연습 당시 나는 항상 커다란 양철통에 주먹밥을 넣어 들고 갔다. 주먹밥은 양념이 되어 있다. 삶은 유부를 자른 조각이나 간장을 적신 가쓰오부시 등등. 그들은 그걸 고양이 반찬, 여우 반찬 등등으로 불렀다. 하나하나 크기가 전부 엄청나서 손바닥에서 삐져나올 정도였다.

그 주먹밥으로 비행장을 뛰어 돌아다니는 공복의 그들을 달래며 비행장 주변 음식점 따위로 새지 못하게 했다.

당시 나는 아침 일찍 나가야 해서 아내가 주먹밥을 위해 한밤중부터 일어나 불을 피우고 밥을 준비해야 했다. 온 집안에 큰 소동이 났던 건 사실이지만 그 당시엔 그 정도라고 생각지 못했었다. 최근이 되어 그 비행장 주먹밥을 우걱우걱 먹던 신사들이 당시를 떠올리며 직박구리 모임에 나와 함께 항상 아내를 불러 준다. 30년 전 야밤의 주먹밥 당사자를 그곳에 앉히겠다는 취향인 셈이다.

우리 집은 사람이 별로 없어서 이렇게 아내와 둘이서 외출하면 부재중인 집에는 식모가 혼자 남는다. 하지만 직박구리 모임은 그렇게 늦어지지 않는다. 그날 밤도 동석했던 한 명이 배웅해 줘서 곳곳의 가게가 아직 열려 있는 밝은 거리를 아내와 함께 돌아왔다.

대문으로 들어와 현관 디딤돌에 서서 벨을 눌렀다.

부재중인 집을 지키던 식모가 나와 현관문을 열어 줬다.

그때까지 아무런 생각도 들지 않았지만 이럴 때면 늘 식모의 발 근처로 따라붙어 현관까지 나오던, 혹은 그 한쪽 팔에 안겨 우리를 마중 나오던 쿠루가 없다. 현관 봉당으로 들어와 그 모습이 다시 떠오르면 느껴지는 부족함, 그리고 쓸쓸함.

이제 시간도 꽤 흘러서 오늘 밤은 밖에 나가 있던 사이에 다행히 단 한 번도 쿠루가 생각나지 않았다. 그런데 그렇게 집에 돌아온 순간 무너져 버리고 만 것이다.

위로 올라와 양복을 벗은 뒤 항상 쿠루가 있던 새 거실에 편히 앉은 뒤로는 완전히 쿠루에 대한 생각으로 사로잡혀 당시의 더운 여운이 남아 맴도는 듯 눈물이 멈추지 않았다.

쿠루야, 영리하게 기다리고 있었던 게냐? 쿠루야, 너냐? 하고 말하면 사람 얼굴을 올려다보며 바닥 위로 벌러덩 눕는다. 그 쿠루가 없다.

이전 호 본지(월간지 「소설신초」)에 실렸던 「쿠루야, 너냐?」 이후 쓰기 힘들었던 일을 써 내리며 감정을 정리하고 가능한 한 쿠루의 일로 되

돌아가지 않도록 유의했다. 애초에 나는 고양이를 좋아하는 일반 부류에는 들지 않는다고 생각한다. 고양이를 받아 오거나, 외국 종 고양이를 사거나, 취미로 고양이를 키우는 취미는 없다. 쿠루는 그전 노라가 사라진 뒤 슬퍼서 눈물을 흘리며 찾아다니던 중에 스스로 우리 집에 들어왔던 고양이로 노라도 이웃집 툇마루 아래에서 태어난 들고양이 새끼지만 우리 집 물동이에 빠졌던 조그만 새끼고양이 시절, 감기에 걸려 몸이 약해져서 불쌍해하다가 집에 들여와 키우게 된 것이었다. 고양이가 좋아서, 너무 좋아해서 키웠던 건 아니다.

노라와 쿠루, 두 마리 연달아 이미 지칠 대로 지쳐서 우리는 겨우 목숨을 부지하는 상황이다. 언젠가 어느 모임 석상에 동석했던 사람이 자기 집 뜰에선 적어도 고양이 500마리는 장사지냈을 거라는 이야기를 꺼내서 께름칙한 기분이 들었다. 이번 쿠루는 집에서 죽어서 어디로 찾아다닐 일은 없었지만 노라는 정말 여러 곳으로 찾으러 돌아다녀야 했다. 아내가 짐작하여 방문한 집에 실제로 20여 마리 고양이가 있었다는 이야기를 듣고 나는 수긍이 가지 않았다.

사람들의 각자 좋아하는 부분에 따라 여러 가지 키우는 방식이 있을 것이다. 나는 그저 고양이를 한 마리씩 키운 것만으로 이렇게 심한 꼴을 당하고 있다. 그리고 그 이후로도 끌려 다니며 언제까지고 잊을 수 없을 것이다. 고양이는 사람을 슬프게 하기 때문에 인생에 끼어들 수 있는 건지 모른다.

하지만 나의 경우 원인을 되짚어 보자면 선천적으로 내가 울보라서 어쩔 수 없는 건지도 모른다.

옛날이야기라 몇 살 정도였는지 분명하진 않지만 아직 10살이 되지 않은, 혹은 더 조그맣던 시절일지도 모른다. 집에선 양조장을 하고 있어서 술을 빚기 위한 쌀을 거두는 전지(田地)가 있었다. 그곳 소작인에게 조모께서 부탁했던 듯하다. 어느 날 종달새 둥지를 가져다주었다.

조모는 작은 새들을 좋아해서 언제나 울새를 키우고 있었고, 꽤 훌륭한 꾀꼬리를 가져다가 새장을 장롱 위에 둔 적도 있었다. 종달새 새끼를 받아서 키워 보자고 결심한 듯하다. 소작인이 가지고 온 종달새 둥지를 안뜰 볕이 잘 드는 툇마루에 놔두고서 둥지 안에서 누런 부리를 커다랗게 활짝 벌리고 삐약삐약 모이를 졸라대는 종달새 새끼에게 짓이긴 모이를 장대 촉으로 뿌려 주었다. 둥지 안에는 종달새 새끼가 두 마리밖에 없었다.

종달새 새끼는 처음 봤지만 아직 날갯깃이 완전히 자라 있지 않다. 머리 정수리에는 가는 이쑤시개 같은 작은 봉이 쫑긋 솟아 있어 그 끝에 털이 붙어 있다. 그 머리를 흔들어 세우며 삐약삐약 모이를 졸라댄다. 몹시 귀여워서 둥지 곁에 붙어 떨어지지 않고 종달새 새끼를 계속 바라보았다.

그런데 종달새 새끼는 하루밖에 살지 못했다. 그 다음날이 되자 두 마리 모두 기운을 잃기 시작해 조모가 걱정하던 중 한 마리가 먼저 죽었다.

종달새 새끼가 죽은 걸 보자 갑자기 슬퍼져서, 어린 마음에도 대단히 심각한 감정이 들어와 마음 안쪽에서 눈물이 났다.

그때 그 슬픔이 지금까지도 어렴풋이 떠오른다. 아이가 우는 거야 평범한 일이라서 특별히 내세울 정도도 아니지만 다른 경우 아무 일도 아닌데 울어대는 것과 달리 슬프고 또 슬퍼서, 작은 종달새 새끼가 죽었다는 사실만으로 어린 마음 안쪽 깊은 곳 어딘가가 건드려진 것 같다. 조모나 어른들이 나를 난처해하던 사이 다른 한 마리도 죽어 버렸다.

　울보의 근원은 꽤나 멀리 있는 듯하다. 지금 쿠루로 인해 억누를 수 없는 이 눈물도 옛날 옛적 종달새 새끼를 보고 흘린 눈물과 같은 곳에서 나오는 듯한 기분이 든다.

카터 쿠루쓰 부록

1

"쿠루는 있죠?"
"있지."
아내가 묻자 어디선가 돌아와서 질척질척 불결하게 더러워진 털 그대로 이불 발치에 누워 있던 쿠루가 갑자기 벌떡 일어나서 뛰어든다. "더럽잖니" 하고 말해도 개의치 않고 아내의 품으로 달려든다.
내가 "있지" 하고 말한 건 한밤중에 눈을 뜨면 자다가 뒤척이는 발 근처에 쿠루가 올라타고 있기 때문이다. 무거워서 바로 알 수 있다.
한밤중이 아닌 낮에도 올라탄다. 요새 책상 앞에 앉아 철야 작업을 하느라 날이 밝은 뒤 피로가 몰려와서 누워 있으면 바로 졸음이 솔솔 몰려온다. 아직 완전히 잠들지 않은 그때 내 발 위로 재빨리 쿠루가 달려온다.

"아저씨 끝났어? 수고하셨습니다" 하고 쿠루가 말하는 듯한 기분이 든다. 그렇게 발 위에 쿠루를 얹은 채 기분 좋게 잠들었다.

쿠루는 작년 늦은 여름, 한창 더웠던 8월 19일 오후 4시 5분 우리들의 오열 소리를 들으며 귀엽고 조그만 숨을 거두었다.

그때로부터 벌써 반년 가까이 지났다. 그래서 요즘은 밤낮으로 이렇게나 춥다. 쿠루는 집안 뜰 담장 옆 약간 높은 곳 땅속에 잠들어 있다. 상자 안에는 작은 이불을 깔아 위로도 덮어 주고, 타월을 말아서 조그만 베개도 넣어 주었지만 추울 것이다. 하지만 땅속은 따뜻할지도 모른다. 비가 내려도 지하에선 젖지 않을 것이다. 아무튼 집 안에 있는 셈이라 때때로 나와서 아내나 나에게 안기거나 이불 속 발 위로 올라타곤 한다.

나는 고양이 유령 이야기를 하는 것이 아니다. 일반적으로 유령의 실재와 통하는 사고방식과 일맥상통하는 점이 있을지도 모르지만 쿠루의 유령을 상대로 쿠루가 변신해서 찾아온다고 생각하는 건 아니다. 나도 아내도 반년 전에 떠난 쿠루의 일은 아직도 잊을 수 없다. 언제나 우리의 마음속에 있다. 우리 속에 가만히 앉아 바깥 자극에 감응하여 어긋나지 않을 땐 쿠루가 안에 있다는 사실을 알아챌 수 없지만, 비가 내리거나, 빗소리가 거세지거나, 찬바람이 집을 울리거나, 다른 고양이가 뜰에서 소동을 부리면 우리 안에 있는 쿠루가 똑똑히 느껴져 온다.

그 쿠루에게 모습을 부여하는 건 아무런 어려움도 없기 때문에 자연스럽게 모습을 갖추게 된 쿠루는 당연하다는 듯 사람에게 안기거나 이불 위로 올라오곤 한다.

우리가 이렇게 있으면 따라서 쿠루도 그렇게 행동할 것이란 점에는 아무런 이상함도 없다.

약간 이상하다고 생각되는 점은 쿠루가 사라진 뒤 집안에 한 마리도 없던 벼룩이 아내의 팔을 물었다는 것이다. 아침이 되고 보면 그 근방에 물린 자국이 확연히 남아 있다. "그러고 보니 어젯밤은 쿠루가 와서 머리맡에 나란히 누웠는데 고양이수염이 제 코 근처를 콕콕 찔러서 간지러워 힘들었어요."

쿠루의 수염이 간지러운 것까진 좋지만 그때 그 고양이의 벼룩에게 물린 자국이 아침까지 남아 있다는 건 곤란한 이야기다. 정말로 실재하는 벼룩이 있는 것이다.

쿠루는 차후에도 늘 거리낌 없이 나오너라. 우리가 이러고 있는 한 언제나 너를 기다리고 있다.

우리가 없다면 없는 곳에 와도 어쩔 수 없을 것이다. 인간 동지의 이야기지만 유령이 심심해서 어슬렁어슬렁 산책하다가 사람과 맞닥뜨렸다는 예는 들어본 적이 없다. 인간 유령은 그 유령을 보는 사람을 위해 나올 것이다. 하물며 쿠루는 유령이 아니다. 쿠루는 항상 우리의 마음속에 편히 머물고 있다.

2

  고양이는 어린아이들처럼 속이거나 거짓말을 하면 안 된다. 쿠루가 우리 집에 있던 5년 반 동안 인간이 그를 속인 적은 한 번도 없다. 상대가 쿠루여도 성심성의껏 그를 대해 주었다.
  쿠루도 마음 깊숙이 우리를 신뢰하고 있었다.
  쿠루는 병사했는데 부단히 치료해 주어도 죽을 수밖에 없었을 것이다. 살려고 하면 살 수 있다고 말하는 사람도 분명 죽는다. 죽기 전에 살아있는 것이야 물론 당연하고, 살아있지 않은 자가 죽을 수는 없다. 고양이라고 해도 마찬가지고 쿠루도 마찬가지다. 그 죽기 전, 살아있었을 때 우리와 함께 기거했다. 그래서 이렇게 심각한 감동을 남기고 떠났다.
  아내가 멀리 귀를 기울이는 듯한 표정으로
  "역시 냐아- 하고 우는 소리가 들려요" 하고 말한다.
  처음엔 나도 그런가 하고 생각이 들었지만 아니었다.
  천식 기운이 있는 목 안쪽이 희미하게 울리는 소리였다.
  "쿠루야, 너는 목구멍 안까지 들어가 있는 게냐?"
  현관 옆 나무문 근처에서 뭔가 와자지껄한 소리가 들리더니 근처 후타바 학원 여학생 대여섯 명이 몰려와 "댁 고양이가 죽었다는 소식을 듣고 안타까워서, 대신 수컷 삼색 고양이 새끼를 드릴게요. 괜찮으시면 지금 바로 데리고 올까요?" 하고 말하는데, 혹 그렇게 말하도록 지도한 선생이 있을지도 모른다.
  "친절은 받아두겠지만" 하고 인사하며 고양이는 거절했다.

모르는 사람이 전화로 샴고양이 새끼를 주겠다고 한다. 쿠루 생각만 하지 말고 꼭 키워 보라고 추천한다. 거절하는 것도 조심스럽다.

에치고(越後)의 니가타(新潟)에서 그 집 새끼고양이에게 "너는 이제 도쿄에 가서 쿠루를 대신할 법한 얼굴로 선생님 집에 몰래 들어가는 거야" 하고 가르쳤다는 편지가 왔지만 폭설로 기차가 정차해서 일단 찾아올 걱정은 없는 것 같다.

모두의 친절은 감사하지만 나는 몇 해 전 봄, 3월 27일 오후 화창한 뜰의 속새 수풀을 빠져나가 어디론가 사라져 버린 채 돌아오지 않게 된 노라와 이번의 쿠루, 이 두 마리의 고양이가 소중한 것이지 그 밖의 우수한 고양이, 진귀한 고양이, 혹은 고가의 고양이 등등에는 아무런 흥미도 없다. 노라도 쿠루도 어디에나 얼마든지 있는 잡종 고양이였지만 그 점이 나에게는 무엇과도 바꿀 수 없는 점이다.

노라 수색 당시 발견해 주신 분께 사례하겠다는 광고 문장에 주목해 다소 위험한 교섭을 걸어오던 경우가 있어서 일단 소관 경찰서에 전해 두었다.

그 담당자 두세 명이 찾아와 이야기하기를 "경찰은 사람의 생명과 재산이 침해받는 경우에 보호하는 역할이라서, 우리 집 고양이는 잡종 고양이라 이 근처에 얼마든지 있다고 말씀하시면 다소 사정이 맞지 않습니다. 그 고양이는 5만 엔이라든가, 10만 엔에 샀다든가, 그런 식이어야 대책을 세우기가 편하죠." 하고 웃으며 말했다.

애초에 나는 고양이를 좋아한다고 할 수 없다. 그런 무리에 들어갈 자격이 없다. 그저 사라져 버린 노라와 병사한 쿠루, 이 두 마리가 있든 없든 귀여워서 견딜 수 없었을 뿐이다.

하지만 사람들은 나를 고양이 애호가 아저씨라고 생각하는 듯하다. 이리저리 친절하게 알려주는 것도 그 때문일 것이다. '일본 고양이 모임'이란 곳에서 초대를 받았다. 그 모임은 전국 사무소가 있고 또 다른 곳에 도쿄 사무소가 있다. 다가오는 어느 날 인권 옹호에 맞서 고양이를 보호하기 위해 '고양이 권리의 날'을 개최한다. 그 법률을 만들려고 하는데 당일 그 모임에 초대받게 되었다.

"그러므로 고양이로서 말하자면" 하고 고양이의 연설이 있을지도 모르지만 유감스럽게도 나는 결석했다.

3

근처 저택의 식모가 찾아와 "고양이가 다쳐서 저희 집 뜰에 쓰러져 있어요. 목걸이를 하고 있길래 이 댁 고양이가 아닌가 싶어서 알려드려요." 하고 말했다.

쿠루가 떠난 뒤 일이라 "저희 집 고양이는 아니지만 친절하게 알려주셔서 감사합니다." 하고 감사 인사를 했다.

아내는 목걸이를 한 고양이라면 집안 뜰에 자주 오곤 해서 잘 알고 있다고 한다. "아직 어린 수컷인데 물론 어딘가에서 키우던 고양이일 거예요." 어려서 싸움에서 늘 지기만 했을 것이다. 어린 고양이는 경험을 쌓은 고양이에게 상대가 되지 않는다. 우리 집 쿠루는 강했지만,

나중에 들어보니 그 고양이는 역시 그대로 죽어 버렸는데 쓰러진 장소에서 조금씩 움직여 이웃집 담장 경계까지 가서 죽었다고 한다. 쓰러진 장소에서 조금이나마 움직인 건 자신의 집으로 돌아가기 위해서였을 거란 생각이 들자 너무나 불쌍했다. 쿠루에게 걸어 준 목걸이는 우리 집 주소와 이름과 전화번호를 새겨둔 가늘고 기다란 놋쇠판이 가죽 줄에 매달려 있었지만 그 어린 고양이의 목걸이에는 그런 것들이 새겨져 있지 않아 어디서 키우던 고양이인지 알 수 없어서 우선 감귤 상자에 넣어 근처 짐작 가는 곳을 찾아다니고 있다고 한다.

무척이나 상냥한 이야기라서 듣는 것만으로도 감사하게 느껴진다. 이에 관해서 쿠루의 경우는 다르지만 노라는 어디선가 그렇게 죽은 게 아닐지 하고 다시 당시 일들이 떠오른다. 노라는 한 살 반의 어린 고양이였고 또 처음 손으로 거두어 키운 고양이라서 아직 경험이 부족해 고양이를 보호하기 위한 이런저런 처치가 불충분했다. 노라에게는 목걸이도 해주지 않았다. 그러므로 저택에서 죽었다는 어린 고양이와 사정이 비슷하다. 오히려 그 어린 고양이는 주소나 이름은 알 수 없어도 키우던 고양이라는 사실을 사람들에게 알려줬으니 노라보다 나을지도 모른다.

노라가 돌아오지 않게 된 뒤 황급히 이름을 새겨 넣은 목걸이를 만들었다. 조만간 돌아올 것이다. 돌아오면 바로 매달아 주자. 그럴 생각으로 갈아 바꿀 용도의 여분도 준비해서 몇 개씩 만들어 두었다. 하지만 노라는 돌아오지 않는다. 노라의 전언을 들고 온 것 같던 쿠루에게 그 목걸이를 걸어 주었다.

쿠루는 싸움에 강했다. 지는 일은 없었던 것 같다. 하지만 그 때문에 늘 크게 다쳐서 돌아왔다. 상처는 전부 얼굴 쪽에 입은 상처다. 이를 통해 그 분투에서의 씩씩한 모습을 대신 친견할 수 있었다.

싸움에서 이겨도, 얼굴에 상처를 입어도 곪도록 가만히 놔둘 수 없다. 쿠루의 주치의인 고양이 의사에게서 치료를 받거나 약을 사고, 입원을 시켰던 적도 두 번이나 있는데 그 뒤론 잠시 동안 빈약해져서 바로는 기운을 찾지 못했다.

쿠루가 병사에 이르게 된 병인(病因)은 거듭된 곪은 상처 때문일지도 모른다. 마지막 즈음 며칠째 되던 날 의사 선생님은 패혈증이 생긴 것 같다고 말했다.

하지만 건강했을 때는 용감 늠름해서 다른 고양이가 집안 뜰로 들어오는 걸 용서치 않았다. 발견하면 뛰쳐나가서 쫓아내 버린다.

기세가 넘쳐 상대 고양이와 함께 연못 안에 빠져든 적도 있다.

발정기 때는 한층 더 강해져 암수를 가리지 않고 뜰을 찾아온 고양이는 모조리 내쫓아 버린다. 쿠루의 위세와 무력이 널리 퍼져서 결국엔 한 마리도 남지 않게 되었다. 쿠루는 뜰에서 떨어진 작은 헛간 지붕 위에 올라 안쪽을 건너보며 "그래, 좋아" 하고 생각했을 수도 있지만 그러면서 관심이 가던 암컷도 어디론가 내쫓아 버리고서 한 마리도 남겨두지 않은 건 어째서일까.

쿠루야, 무슨 목적의 위세였는지 모르는 게 아니냐.

쿠루는 그 뒤를 쫓아가지도 않고 다시 차양 위에 올라 뜰의 어딘가를 바라보고 있다.

울타리 너머 이웃집

1

 울타리 너머 이웃집은 전후에 지어진 2층짜리 목조 건물로 위층은 방 한 칸, 아래층은 방 두 칸, 해봐야 방 세 칸 정도의 좁은 집이었는데 어떻게 쓸 생각이었는지 부엌에서부터 무시무시하게 커다란 봉당이 이어져 있었다. 우리 집보다 나중에 지어져서 갑갑한 대지를 전부 써야 할 이유라도 있었던 건지 지붕에서 떨어지는 빗물이 우리 집 뜰 뒤편에 떨어질 정도로 딱 붙어서 지어졌다.

 한 번 앞으로 돌아 나와 2층을 올려다본 적이 있었다. 장지문이 활짝 열려 있고 난간 근처에 줄줄이 초상화 액자를 걸어서 늘어놓은 게 눈에 띄었다. 꽤 멀리 떨어져 있어서 누구의 초상인지 확실히 알 수 없었지만 대개 이쪽저쪽 모두 스님의 모습인 듯했다. 하지만 그렇게 몇 장씩 나란히 걸려 있는 액자가 한 장 한 장 전부 다른 사람인지, 같은 사람이 다른 포즈를 취하고 있는 건지 알 수 없었다.

중년의 부부가 살고 있고 아이는 없었던 것 같다. 남편은 뭘 하는 사람인지 알 수 없지만 출근하는 사람은 아니었다. 그 아내는 때때로 울타리 너머로 우리 집 사람들에게 말을 걸며 인사를 나눴다. 땅 경계가 맞닿아 우리 집 뒤뜰에 자라던 부추를 가져다주겠다며 매일같이 조금씩 뽑아 갔다.

몇 년인가 전 이야기로 지금은 더 이상 이웃이 아니다. 다른 사람이 그 집을 헌 뒤 이웃한 땅에 지어 올린 커다란 빌딩의 뒤뜰로 만들었다.

사실은 원래 그곳에 있던 이웃이 어느 스님의 액자를 걸어 둔 건지, 부추 약초를 뽑아 가던 부부가 그 뒤로 어떻게 되었는지를 이야기하려는 게 아니라, 세월이 정말 빠르게 흘러서 집에서 키우던 고양이 쿠루쓰가 병상에 몸져누운 뒤 열흘여 만에 죽게 된 작년 여름 8월 19일이 벌써 바로 앞으로 다가왔다.

1년 동안 뭐만 하면 쿠루를 떠올렸다. 장마철에 들어 긴 비가 내리자 집안 곳곳 기둥이나 맹장지, 장지문 아래 판자 등에 쿠루가 건강하던 시절 아무렇게나 흘린 소변 자국이 습기를 머금고 다시 축축하게 드러났다. 이미 1년 가까이 지났는데 당시의 축축한 자국이 돌아와 이상하기도 했지만 그 얼룩을 보자 이제는 없는 쿠루의 버릇없던 모습이 떠올라 복습이라도 하는 듯한 기분이 들었다.

쿠루는 6년을 있었는데 6년 전에 어떻게 우리 집에 오게 된 건가 하면 그건 그 전에 있던 노라와 관련되어 있다. 6년 전 3월 27일, 화창하던 봄날 오후 뜰의 속새 수풀 사이로 빠져나가 떠나 버린 채로 돌아오지 않는 노라의 전갈을 쿠루가 우리 집에 들고 온 것 같다고 나는 생각했다.

그러므로 쿠루와 노라는 내 기분상으론 하나로 이어져 있다. 거듭 노라 이야기인지 쿠루 이야기인지 따질 것 없이, 극히 간추려서 가련한 고양이의 일신상 이야기로 들어 주시길.

울타리 너머 부부의 이야기를 본론 앞에 둔 건 노라가 그 스님 액자를 꾸며둔 집 툇마루 아래에서 태어난 게 모든 일의 시작이기 때문이다.

2

이웃집 툇마루 아래에서 태어난 노라는 외동인 듯하다.

나는 일반적인 고양이를 그다지 잘 알지 못하지만 어린 어미 고양이는 한 번 배가 불러 몇 마리씩 새끼를 낳다가 해가 지나면서 점점 그 수가 줄어들어서 결국에는 한 번에 한 마리밖에 낳지 못하게 된다고 한다.

노라가 태어났을 때 그 외 다른 형제가 있었는지 어쩐지 그렇게 사소한 것까지는 알 수 없지만 걸을 수 있게 되었을 때부터 우리 집 담장 위로 어미를 따라 올라왔던 건 늘 노라 한 마리뿐, 노라 외 다른 새끼 고양이는 본 적이 없다.

그렇다면 노라의 어미 고양이는 이미 나이를 꽤 먹은 고양이였을 것이다. 혹은 노라가 막내였을지도 모른다.

다른 집 툇마루 아래에서 낳은 건 들고양이기 때문이지 누군가가 키우는 고양이였다면 그러지 않았을 것이다.

툇마루 아래에서 태어난 들고양이 새끼라서 노라라는 이름을 붙였다. 입센의 『인형의 집』의 노라와는 관련이 없다. 입센의 노라는 여자지만 우리 집 노라는 남자였다.

고양이라도 작을 때는 작다. 노라도 꿈만 같이 작았다.

하루 종일 담장 위에서 어미 고양이를 마주보고 있었다.

하루하루 자라더니 점점 여러 가지를 기억해가기 시작했다. 그러다가 우리 집 건조대 기둥을 타고 이쪽으로 내려와서 아내가 손에 쥐고 있던 국자에 장난을 치다가 물동이에 빠지곤 했다.

그 일들은 이전 원고 「노라야」에 자세히 써 두었지만, 그 복습을 하려는 게 아니라 쿠루와 이어지는 한 가닥을 노라를 통해 써보려고 이 원고를 기획한 건데 놀랍게도 벌써 6년이나 지난 당시의 노라를 떠올리기가 아직까지 힘들어서, 노라가 안쓰러워서 도저히 이어 쓸 수가 없다. 다른 날을 기약해 다시 써보기로 하고 중단한 채 붓을 내려놓는다. 담장 너머 스님 액자를 걸어두던 집이 철거되고 그 다음이 바로 지금의 이웃집 뒤뜰이다. 근처에서 키우던 고양이가 싸움에서 상처를 입어 이웃집 뜰에서 죽었다는 이야기를 듣고 돌아오지 않는 노라의 운명이 번갈아 떠올랐다. 그 고양이는 중상을 입은 채 처음 쓰러진 곳에서 조금씩 움직여 담장 근처까지 닿아 죽었다고 하는데 그건 아마 자기 집으로 돌아가고 싶었던 모양이라 가엾게 느껴지지만, 이 일을 돌아오지 않는 노라와 구별하며 그저 다른 고양이 이야기라고 넘겨 버릴 수만은 없을 것이다.

쿠루가 지나가는 길

현관 앞 이웃집과의 경계에 있는 담장 근처엔 커다란 중국 화분이 놓여 있어서 언제나 물이 한가득 담겨 있다. 화분 몸통 안을 떠다니는 듯 중국풍 용이 뛰놀고 있다. 그 근처에는 속새와 호접란이 무성해서 어느 쪽이든 가을이 되어도 마르지 않고 늘 푸릇푸릇하다.

그 주위에서 때때로 딸랑딸랑 고양이의 작은 방울 소리가 들린다. 지금 집에는 고양이가 없으므로 어딘가 다른 집에서 키우는 고양이가 지나가는 듯하다. 몇 번이나 들리길래 세면장 높은 창을 열어봤지만 한 번도 모습을 본 적이 없다.

아내까지 셋이서 거실에 모여 뭔가 이야기를 나누다가 우연히 그 이야기가 나왔다.

아내가 "그러고 보니 나도 몇 번이나 그 소리를 들었어. 창으로 보고 또 보아도 한 번도 없었어요" 하고 말했다.

그러자 식모가 "저도 조그만 방울 소리가 간간이 들리는데 그쪽으로 가봐도 고양이가 있던 적은 없었어요" 하고 말한다.

셋 중에서 누가 그 말을 꺼냈는지 분명하지 않지만, 셋이 전부 방울 소리를 들었는데 아무도 모습을 본 사람이 없다면 그건 쿠루가 틀림없다. 돌아오고 싶어진 쿠루가 늘 지나다니던 담장 옆 중국 화분 근처까지 오게 된 거라고 이야기했다.

재작년 여름 우리 바로 옆에서 병사한 고양이가 미련 없이 떠나지 못하고 헤매고 있다, 라는 식으로는 아무도 생각하지 않는다.

그런 게 아니라 그저 집으로 돌아오고 싶어진 게 분명하다. 쿠루가 돌아오고 싶어진 건 자연스럽고 당연한 일이다. 우리도 아직까지 계속해서 늘 쿠루를 떠올리고 이야기하고 있다. 나는 좀처럼 외출하는 일이 없지만 가끔 외출하게 될 때 언제나 현관에서 신발을 신고 있으면 그 낌새를 알아챈 쿠루는 집에 있을 땐 언제나 입구까지 나와 배웅해 주었다.

쿠루 자신은 멋대로 나돌아다녀서 사람들에게 걱정을 끼치는 주제에 집안사람들 누군가가 밖으로 나가는 건 마음에 들지 않았던 것 같다. 특히 나의 경우에는 아주 가끔 밖에 외출하지 않기 때문에 그 전부터 요란법석하게 준비를 하느라 집안사람들의 손을 번거롭게 하며 온 집안을 어수선하게 하는데 그 낌새를 눈치 챈 쿠루는 내가 어디로 가는지 살피며 자신도 가만히 있지를 못한다.

그러므로 현관에서의 배웅은 그가 좋아하지 않는 시간이었을 것이다.

내가 외출하는 건 대개 저녁이나 밤이라 돌아오는 건 아주 늦은 밤이다. 집안사람이 현관문을 열어 주러 나가는 소리를 듣고 쿠루도 그곳으로 나와 맞이해 준다. 돌아오는 모습을 봐서 기쁘다는 듯 고양이 얼굴에도 희색이 도는 걸 알 수 있었다.

우리가 고양이를 귀여워했다던가, 쿠루를 총애하게 된 건 특별히 그럴 생각은 없었지만 함께 아침저녁으로 생활하는 동안 그렇게 된 자연스러운 결과이다.

그래서 재작년 여름 그가 병상에 눕게 되자 온 가족이 총동원해 간호에 힘을 쏟았다. 전문가인 의사에게 내진을 청하고 11일 내내 매일 치료를 연이어 받았지만 약석(藥石; 여러 약제와 온갖 치료)의 보람도 없이 11일째 오후, 쿠루는 온 가족이 울부짖는 가운데 숨을 거뒀다.

태풍의 여파로 소나기가 씻겨 내리는 뜰 한구석에 미리 부탁해 둔 정원사의 손으로 쿠루의 작은 관을 묻었다. 납관은 내가 직접 내 손으로 했기 때문에 처리에 미련이 남지는 않는다. 쿠루는 그곳에 편히 잠들어 있다.

그러나 우리는 늘 쿠루에 대해 이야기한다. 쿠루가 있으면 좋을 텐데. 쿠루가 있으면 지금쯤 저쪽 방에서 나와서 여기 앉아 있을 시간이겠네. 쿠루가 있으면 이걸 줄 텐데.

그러나 다시 비가 거세게 내리기 시작했다. 이런 밤 쿠루가 아직 돌아오지 않았다면 정말 곤란해져 버린다. 어디에 있는지 알 수 없어서 데리러 가줄 수도 없고, 돌아오는 도중에 다른 집 처마 아래에서 비를 피하고 있을 수도 있지만 마중 나가고 싶어도 짐작이 가지 않는다. 바람이 세차게 불어 닥치는 것 같지만 쿠루가 없으므로 괜찮다. 지금 당장 물이 새는 곳도 없는 것 같고.

우리가 그런 식이라 쿠루도 돌아오고 싶을 것이다. 정원 구석 땅속에선 이미 그 형태가 사라졌겠지만 한 번 영혼을 받았는데 그 흔적이 남지 않을 리가 없다. 현관 앞 담장 아래 중국 화분 근처에서 고양이 작은 방울 소리를 내는 건 쿠루야, 너냐? 네 방울 소리인 게지?

「노라야」

　지금 이 원고를 쓰면서 3월 29일인 「노라야」의 날이 다가오고 있음을 생각해 본다. 노라는 3월 29일에 나갔으니 아마도 3월 30일 아침, 눈을 뜨고서 어젯밤 노라가 돌아오지 않았다는 걸 알게 된 순간 전혀 예상치 못했던 오열이 치밀어 올라와 스스로 의식하지 못한 통곡이 되어 금세 눈물이 억수같이 흘러내려 베개를 적셨다.

　지금 와서 생각해 보면 노라는 그때 죽었을 것이다. 텔레파시 현상을 믿는 것도 믿지 않는 것도 아니다. 노라가 내 머리맡으로 작별을 고하러 온 게 틀림없다.

　당시 나는 막 70세가 되려던 시기였지만 그사이 수십 년 동안 그런 체험을 해본 적이 없었다.

　혼자라면 주변을 신경 쓰지 않고 어디서든 울어댄다. 변소 안에서는 특히나 더 그렇게 혼자서 엉엉 울었다. 다소 정신을 차리지 않으면 근처로 들릴 거라며 아내가 타일렀다. 스스로 수습하는 건 불가능하다. 몇 해 전부터 펜을 잡은 이상 이 격동을 써둬야만 한다.

일념으로 몰두해 괴로운 감정을 몰아붙여서 「노라야」라는 한 편의 글을 썼다. 써나가는 내내 마음속에 그려지는 건 비젠(備前)의 오카야마 북쪽 교외에 있는 가네야마(金山)의 절(寺)이다.

가네야마 표고가 어느 정도인지 잘 모르지만 해봐야 6, 700미터일 것이다. 혹은 그것보다 낮을지도 모른다. 하지만 경치는 대단히 빼어나 남쪽 발밑으로 오카야마 전 도시가 펼쳐져서 한눈에 내려다보인다. 우리는 소학교 소풍으로 끌려가긴 했지만 올라가는 길이 그렇게 힘든 행군은 아니었다. 긴잔지(金山寺) 앞에 서서 눈을 깜빡깜빡이며 햇볕을 쐬다가 남쪽에서부터 불어오는 바람을 들이켜 엉겁결에 깊은 호흡을 들이쉬곤 했다.

「노라야」를 쓰던 사이 끊임없이 그 풍경이 마음속에 떠올랐다. 잡지에 실리고 난 뒤로 반향이 일어나서 본적도 알지도 못하는 많은 사람에게 자신들이 키우던, 역시나 실종된 고양이와의 비통한 추억을 묶어 쓴 편지들을 전해 받았다.

후에 「노라야」를 단행본으로 내서 한 권으로 묶을 때 그 편지들을 전부 책 안에 수록했는데 거기에는 특별히 광채를 반짝반짝 뿜는 금박을 눌러 넣었다.

그런데 그러던 중 깜짝 놀랄 정도로 많은, 손에 잡히는 바로는 300매, 혹 좀 더 많을지도 모르는 터무니없이 커다란 원고 소포가 도착했다.

무슨 생각인지 알 수 없다. 소포 부피 때문에 간이 떨어질 뻔해서 안을 열어 보지도 않았지만 나중에 생각해 보면 때때로 나쁜 버릇을 가진 사람이 우편법 위반을 감수하고 소포 안에 개인 편지를 봉입하는 경우가 더러 있다. 혹시 그런 경우라면 안을 열어본 뒤 무슨 생각으로 보낸 소포인지 알아낼 수 있었겠지만 그때의 나는 소포를 그대로 정리해 버렸다.

그 외에도 감촉으론 2, 300매 정도 될 것 같은, 혹은 좀 더 가볍게 200매 정도 될 것 같은 원고가 몇 번이나 도착했다.

열어보지 않아 알 수 없지만 이쪽은 한참 노라라는 큰 소동이 있어서 그런 상대를 해드릴 수 없었다.

노라 뒤에는 쿠루라는 고양이를 키웠다.

키웠다는 건 옳지 않다. 상대편에서 멋대로 우리 집에 들어와서 마치 노라의 형제 같은 얼굴로 눌러앉았다. 열심히 노라를 찾아다니던 중에 실로 노라와 닮은 털 모양의 고양이가 계속 이웃집과의 담장 경계를 넘어와서 눈에 익으며 꽤 친근해져 갔다. 그런 적절한 시기에 그는 우리 집에 들어와 눌러앉게 되었다.

그러므로 어디 태생의 고양이인지 전혀 알 수 없지만 항상 곁에 있다 보니 역시나 귀여워진다. 노라와는 달리 때론 예의 없는 짓도 했지만 혼내면 다시 온순해진다.

다만 몸이 늘 아파서 근처 고양이 병원 의사를 소개받게 되었다.

점점 기운이 없어지고 몸이 약해져서 고양이 병원 원장님에게 내진을 청하기도 했다.

원장님은 매일 아침 일찍 오곤 했다. 그게 10여 일이나 이어졌지만 효과를 보지 못했다.

　원장님은 오셔서 인사도 하는 둥 마는 둥 금세 조그만 주사 앰플을 여러 종류 늘여놓는다. 익숙한 손길로 앰플을 빼내 아내에게 안긴 쿠루에게 주사를 놓는다.

　어쩐지 쿠루는 경과가 좋지 않은 것 같다.

　내가 말했다. 아무튼 아직 이렇게 살아있으니까 이 생명의 불꽃이 꺼지지 않도록, 다시 한 번 기운을 차릴 수 있도록 해주세요. 수고를 강요하는 것 같지만 부디 부탁드립니다. 그렇게 말하며 고개를 숙였다.

　그건 큰 억지였던 듯 원장님은 병원으로 돌아가서 내 부탁을 위해 다 함께 의논했는데 쿠루의 태생을 전혀 알지 못해서 이미 나이를 먹어 수명이 벌써 다하고 있었다는 점에는 신경이 닿지 못했다. 고양이 의사 쪽에서도 마지막 하루 이틀을 남겨두고 "아니, 여기 이빨 상태를 보니까 꽤 나이를 먹은 것 같네요. 언제부터 키우셨던 겁니까?" 하고 묻기도 했다.

　쿠루는 온 집안이 울부짖는 가운데 마지막 숨을 거뒀다. 상명(常命; 제명대로 사는 수명)이라면 어쩔 수 없다. 고양이인들 사람인들 바꿀 수 없다.

　노라 이후의 쿠루, 그 뒤로 우리 집에선 고양이를 일체 키우지 않는다.

　차가운 바람이 부는 밤 등에 사립문이 스쳐서 삐걱거리는 소리가 나면 나는 마음이 덜컹 내려앉는다. 그 근방에 버려진 새끼고양이가 춥고 배가 고파서 낑낑 울고 있다면 나는 어떻게 해야 할까. 가만히 놔두면 죽어 버릴 것이다. 집으로 들이게 되면 노라, 쿠루와 같이 다시 고생을 반복하게 된다. 새끼고양이가 아니라 바람 소리였다는 걸 확인하고서 안심했다.

부록

고양이가 말을 했다

 발 한쪽이 안 좋다. 제대로 움직일 수가 없어서 그 탓에 전신에 영향이 미쳐 몸을 생각처럼 움직이기가 힘들다. 결국 1년 내내 누운 채로 지내야 하게 되었다.
 계속 누워 있는 침상에는 고양이가 있는데 그다지 방해가 되거나 하진 않지만 뭔가를 하던 사이 고양이가 자세를 경직시켰다. 경험상 고양이가 소변을 보려 한다는 걸 알 수 있었다. 곤란하다고 생각하자마자 과연 쏴아 하고 소변을 보고 말았다.
 이거야 정말로 곤란한데 스스로의 몸은 생각처럼 움직이지 않고 그 근처 어딘가가 젖어 버려 어떻게 해야 할지 모르겠다. 머리맡 침상 옆에는 휴지가 잔뜩 준비되어 있다. 고양이가 소변을 볼까 봐 마련해 둔 건 아니지만 계속 누워 지내면 뭔가 종이가 필요한 경우가 많다.
 그 화장지를 집어서 고양이가 한 실수 뒤처리를 한다. 아무리 겹쳐서 닦아도 부족하다.

  휴지도 이런저런 것들이 있지만 그런 식으로 사용하는 종이는 아내가 미리 마련하여 잘라서 준비해 준다. 그 휴지 조각, 다루기 어렵게 갈기갈기 찢긴 조각으로 고양이의 실수를 처리하려고 하는데 좀처럼 잘되지 않는다. 종이가 부족하다. 누운 채로 작업해야 해서 속이 탄다.

  하는 수 없구먼,

  하고 중얼거리자 발밑에서 뭔가가 말을 한 듯한 기분이 든다.

  아니?

  하고 생각한 순간 머리부터 물을 뒤집어쓰는 듯한 기분이 들었다.

  이 녀석, 방금 말한 거냐?

  그래 말했다

  이런 짐승 자식, 하고 생각이 들었지만 무서워 견딜 수 없다. 어떻게 해야 할지 모르겠다. 고양이가 내 발밑에서 말을 하기 시작했다.

  "그래 말했다고. 그게 어쨌단 건데?"

  "뭐라고 말했던 거야?"

  "당황해서 어쩔 수 없었어. 깔끔하게 정리해 둬, 주인님."

  고양이는 발밑에서 꼼지락꼼지락 움직이고 있다.

  고양이는 말하는 게 비교적 또렷해서 어딘지 들어본 적이 있는 말투였다.

  "다리가 안 좋다고 이렇게 누워만 있으면 언제까지고 낫지 못할 거라고 주인님. 다른 사람이 말하는 걸 듣고서 나을 수 있게끔 가슴에 새겨, 걷기 시작하면 밖으로 외출도 하고, 옛날처럼."

견딜 수 없이 기분이 안 좋아져서 누운 자세로 한 손을 들어 샴페인을 마시려 했다. 샴페인 잔을 든 내 손을 고양이가 여느 고양이처럼 부드러운 손끝으로 과할 정도로 세게 후려쳐서 이전의 소변뿐만 아니라 다시 그 근처가 잔뜩 젖어 버렸다.

"뭐 하는 거야?"

"고양이다, 고양이다, 말씀하시니까."

(에도시대 유행한 속요小唄 가사로 원 가사는 "고양이다, 고양이다, 말씀하시지만/고양이가 나막신을 신고/얼룩진 유카타浴衣를 입고 오겠는가/얼빠진 사람 같으니." - 고양이일리가 있겠냐며 놀리는 내용)

"어떻게 하란 건데?"

"주인님은 놀 거면 촌에서 놀아야 해."

"어디로 가란 거야?"

"바로 그런 걸 말하는 거지. 카바레나 카페에서 치근덕대면 칵테일 잔 따위 얼마인들 고양이 손으로 쳐서 떨어뜨려 버릴 거야. 주인님 알겠어?"

역자 해설

햣켄 선생이 사랑한
변치 않을 고양이들

1

1957년 문예춘추사(文藝春秋)에서 처음 간행된 『노라야』와 1963년 동도서점(東都書房)에서 간행된 『쿠루야, 너냐?』는 1971년 작가가 타계한 이후로도 여러 출판사에서 편집과 구성을 달리하여 다양한 판본으로 출간되었다. 이 책은 작중에도 자주 등장한 호세이대학 교수 시절 우치다 햣켄의 제자이자 철도청 직원, 작가였던 히라야마 사부로가 주도하여 중앙공론사(中央公論社)에서 간행된 『노라야』로, 작가가 세상을 떠날 때까지 약 15년에 걸쳐서 지면에 발표된 노라와 쿠루에 관한 작품을 대부분 수록하고 있다.

물론 노라나 쿠루를 언급했는데도 수록되지 못한 작품이 다수 남아 있는데, 가령 초판본 『노라야』에는 「노라 내간집(ノラ来簡集)」이라는 제

목으로 노라 실종 기간 동안 마찬가지로 고양이가 실종된 각지 여러 집에서 보낸 32통의 편지가 실려 있었다. 1965년 「윤무(輪舞)하는 병마」에선 실족사한 음악가 미야기 미치오와 고양이 노라를 회상하며 '고양이는 우리 가까이에 있는 조그만 운명의 덩어리 같은 것이다'라고 밝히는 한편, 1968년 「삐루 카만짱」에서는 고인이 된 미야기 미치오의 아무 의미 없던 말버릇 "삐루 카만짱"처럼 자신도 뭔가 걸리거나 석연찮은 기분이 들 때면 "노라야, 노라야" 하고 중얼거리게 된다고 고백한다. 히라야마 사부로는 당시 79세 고령의 핫켄이 밥상 위에서 갑자기 또 "노라야, 노라야, 노라야" 하고 중얼거리기 시작하면 '아, 또 시작했다' 하고 생각했다고 한다. 이 외에도 「속새 수풀을 빠져나가서」, 「직박구리」 등 노라와 쿠루와 관련된 다양한 작품이 남아 있다.

  자신은 결단코 고양이를 좋아하는 부류에 속하지 않는다고 작품 곳곳에서 밝혔지만 고양이라는 존재는 초년부터 가깝게 여겼는지 노라를 만나기 전에도 소설이나 작품 곳곳에 고양이를 등장시켰다. 나쓰메 소세키 아래 같은 제자이자 친한 후배였던 아쿠타가와 류노스케(芥川龍之介)의 자살 사건을 연상시키는 초기 단편소설 「중산모자」에서는 집안 고양이에게 이끌려 화장실로 가보자 다리가 무시무시하게 긴 각다귀가 퍼덕이는 장면을 발견하게 되고, 역시나 초기 소설 「흰 고양이」에서는 유명 단편이자 영화화되었던 「사라사테의 레코드」의 주인공, 후사라는 여자가 대형견만한 흰 고양이로 둔갑하기도 한다. 다른 출판사의 『노라야』 판본에서는 이런 초기 작품을 함께 묶어 목차를 구성하기도 했다. 초기에서 만년에 이르기까지 고양이를 가까이서 묘사

했기 때문에 저자 소개에 늘 '술, 기차, 샤미센 등과 함께 고양이를 사랑했던 문인'으로 소개되곤 하지만 스스로는 결코 고양이를 좋아하지 않는다고 말해 왔다.

2

그런 햣켄 선생이 노라와 쿠루로 인해 겪게 된 일련의 사건들은 선생의 일상에 생각보다 심각한 흔적을 남긴 듯하다. 평소에도 작품 내에서뿐만 아니라 작품 너머서까지 그 경계를 모호하게 만들며 문학 세계를 펼쳐 갔기 때문에 이러한 생생한 기록도 분명 어느 정도 각색이 첨가되었겠지만, 히라야마 사부로는 이에 대해 과거를 다음과 같이 회상하며 증언한다.

노라가 사라진 당시 선생님의 일상은 완전히 지리멸렬했다. 32년 (1957년) 3월 27일 이후의 극명한 나날의 기록을 설마 허구 또는 창작이라고 생각하는 「햣키엔 수필」의 독자는 없겠지만 실제로 처음 선생님의 사모님께 전화가 걸려 와서 선생님이 쓸쓸해하며 울기만 한다고 들었을 때 나는 속으로 '설마' 하고 생각했다. 그 까탈스럽고 근엄한 대스승이 고양이가 어디론가 떠나서 돌아오지 않는다고 안절부절못할 리가 없다고, 하물며 눈물을 흘리며 고양이의 이름을 불러대거나 한다니 상상할 수도 없다. 고 전화를 일소에 부쳐 버린 건 아니었다. 전후

사정을 알지 못한 채 그날 저녁 즈음 선생 댁에 찾아가 현관을 올라가려 하는데 사모님이 낮은 목소리로 주의시키셨다. "노라 이야기는 절대 하지 말아 줘. 부탁해." …… 평소와는 다른 분위기라 깜짝 놀랐다. 상에 앉아 언제나처럼 술판을 벌여도 어딘가에 막혀서 술기운이 돌지 않는 것처럼 보인다. 눈 근처를 붉히며 계속해서 코를 푸는 햣켄 주인장 쪽을 나는 가능한 한 보지 않으려 했다. 어쩌다가 이런 사태에 이르게 된 건지 알 수 없지만 아무튼 보다 심각하게 생각해야겠다고 술이 잔뜩 오른 머릿속으로 생각했다. 아니면 작년 미야기 미치오 씨 사건이 아직까지 충격적으로 분출되고 있는 걸까. 평소에 노라라는 고양이에 대해 그렇게 귀여워하는 것처럼 보이지 않아서 뭔가 잘못된 것처럼 의아한 기분이 맴돌았다. 휴지로 콧물을 닦으며 훌쩍훌쩍하는 선생님을 보면 온몸이 굳어 왔다. -「노라야 해설」

  우치다 햣켄이 익숙하지 않은 독자는 햣켄이 그저 익살스러운, 혹은 주책을 떨거나 막무가내인 할아버지로 다가올 수 있지만 다른 작품에서 보이는 우치다 햣켄, 그리고 실제 우치다 햣켄은 다른 느낌을 주는 인물이었다. 분명 장난기 많은 농담의 귀재였지만 섬뜩한 분위기의 기담이나 군국주의에 관한 냉철한 시대 진단을 내린 작품도 다수 남겼던 수필가로, 사진이나 남아 있는 음성 파일로도 어렴풋이 느껴지듯 실제 햣켄이란 인물은 그다지 웃지 않고 뻣뻣한, 쌀쌀맞다는 느낌까지도 드는 사람이었다. 물론 한 인물을 한 가지 사건이나 한 가지 모습만으로 규정지을 순 없겠지만 군관 교수 출신이었던 만큼 스스로 '관료

적 취미(官僚趣味)'라고 공언할 정도로 질서와 규율을 중시해서 소설가 오에 겐자부로(大江健三郎)는 우치다 햣켄이 작품에서 보이는 모습과는 다르게 규칙적인 운동선수 같은 사람이었다고 대담집에서 발언하기도 했다. 그래서 제자에게는 노라로 인한 일련의 모습이 더욱 충격적으로 다가왔고 당시 일본의 독자들, 심지어 현재의 독자들까지도 저명한 노령 수필가의 가감 없이 처절한 수기가 인상적으로 다가왔을 것이다.

여담으로 작품 내 두 번째로 수록된 「노라야」의 4월 20일 토요일 일기에 기록된, "고양이는 지금 죽어서 샤미센 가죽으로 만들었다", "햣키엔 늙은이 뒈져 버려라"라고 술에 취해 폭언을 퍼부은 범인은 문학평론가이자 햣켄의 제자였던 다카하시 요시타카(高橋義孝)였다. 그는 본인의 수필이나 기사로 곳곳에서 자신이 범인임을 밝혔는데 "댁에서 키우던 고양이 노라가 행방불명되자 선생님은 정신이 나가 버린 것처럼 슬퍼했다. 그 비탄하는 모습은 정상의 범주가 아니었다. 게다가 만나는 모두에게 너도 슬퍼해야 한다고 말하는 것만 같았다"라고 그 이유를 해명했다. 작품 내에서 묘사된 것과 달리 실제 그 폭언 전화는 햣켄의 아내가 아닌 햣켄 본인이 받아서 그 말을 듣자마자 비분강개한 나머지 쓰러져 오열했다고 한다. 그러자 다카하시도 후회가 몰려왔지만 이미 출입금지 처분이 내려진 뒤였다. 비록 나중에 출입은 허락되었지만 아무리 좋은 충고나 정당한 비판도 역시 상대의 상태를 헤아려 가면서 하지 않으면 아무런 의미가 없다.

3

앞서 말했듯 우리가 우리 스스로를 완벽하게 규정지을 수 없는 것처럼 작품과 작가가 동일해야 할 필요도 없을 것이다. 그리고 핫켄 또한 다양한 결의 작품을 통해서 사소설의 한계를 뛰어넘어 스스로의 존재와 일상의 폭을 다채롭게 넓힌 작가다. 고등학교 은사의 뒤늦은 문상을 가서 미망인을 만나고는 엉엉 울며 돌아오는 사람인가 싶었는데 비행장을 가르는 비행기들을 보며 저 아래에 자살하려는 사람들을 동동 매달아 바다에 떨구면 효율적이지 않을까 공상하고, 꿈처럼 등장하는 어두운 제방 위에서 가금류의 얼굴을 한 기괴한 인물을 등장시키는가 하면 그 제방 위에서 어린 시절 일찍 요절한 아버지를 만나 절규하기도 한다. 좀처럼 경계를 규정지을 수 없는 문장과 작풍과 인물이기 때문에 번역 작업 내내 그 모호한 여운 속을 깊이 헤매는 듯한 기분이 들었다. 그런 중에도 마치 핫켄이 「노라야」를 집필하면서 가네야마의 풍경을 내내 떠올렸다는 것처럼, 나 역시도 머릿속으로 핫켄의 장남, 우치다 히사요시(內田久吉)에 관한 짧은 단편이 계속 맴돌았다.

다소 이상한 부분이 있던 아이로 그거야 그 아비에 그 아들이라 당연했던 걸지도 모르지만, 자신의 물림쇠 지갑을 열어 봤는데 안쪽이 생각과 맞지 않는다. 돈이 부족한 게 아니라 스스로 정확히 세고 있던 것보다 지나치게 많아서 어중간한 게 쓸모없이 방해된다. 5전의 백동화 하나만 빼내면 그럭저럭 참고 넘어갈 수 있다. 옆에 있던 여동생이

나 남동생에게 5전 줄까? 하고 물어도 모두 필요 없다고 거절해서 그 백동화를 뜰에 던져 버리고 말았다. (중략)

　병에 걸려 죽기 하루 이틀 전 내 얼굴을 보며 "아버지, 멜론이 먹고 싶어" 하고 말했다.

　그렇게 용태가 나쁜 것 같지는 않아서 "사치스러운 소리 하지 마, 여름밀감이면 되잖아" 하고 말하며 멜론 부탁을 들어주지 않았다. (중략)

　지금으로부터 30년 전 일이지만 그 이후로 나는 일절 멜론을 먹지 않는다. 연회 등에서 테이블에 나와도 건드리지 않는다. 선물로 다른 사람에게서 받으면 호의를 저버리면서도 그대로 다른 사람에게 주거나, 격의 없는 상대라면 그 자리에서 돌려주고 다른 것으로 바꿔 받는다.

　멜론 따위 먹지 않아도 좋다. 그러면서 그때 사 먹일 걸 하고 푸념하거나 후회하려 해도 아무런 의미는 없다.

　그저 이것만이 세월에 흐름에 맡겨 봐도 전혀 사라지지 않고 옅어지지도 않는다. 그러므로 이 버릇 역시도 이대로 해둬도 괜찮다. ―「미다레 린제쓰 예행연습(亂れ輪舌FOT)」

　이별에 익숙한 사람이 얼마나 있겠냐 싶지만 왜 유독 이 단편이 가슴 아프게 다가오고 계속 떠올랐는지 모르겠다. 결국 고등부에 재학 중이던 장남은 하루 이틀 만에 갑자기 요절하게 되었지만 햣켄은 당시 계엄령 때문에 달려가지 못하고 임종을 지키지 못하게 된다. 그렇게 분통을 터뜨렸다는 햣켄이 겹쳐 보였던 걸까. 양조장이 도산하고 자신을 따라 상경했지만 극심한 가난 때문에 가장 역할도 해드리지 못하고 제대로 보살펴 드리지 못한 조모의 임종이나, 늘 넘어지거나 미끄러지는 실수가 잦아서 장난처럼 수필의 소재로 삼았는데 결국 달리는 기차에서 실족사한 벗이자 샤미센 스승인 미야기 미치오와의 이별도 충분히 가슴 아픈 이야기다. 그런데 노라와 쿠루의 이야기를 읽고 풀면서 나는 계속 햣켄에게 노라와 쿠루는 단순한 노라와 쿠루가 아니었을 것 같은 무책임한 감상이 들었다. 물론 더 이상 스스로 밝히거나 언급하지 않은 개인사이기 때문에 아무도 모를 것이고 아마도 햣켄 스스로도 알지 못하겠다고 했을 것이다. 우리가 우리 스스로를 규정하며 완전히 파악할 수 없는 것처럼, 그런 우리가 일상에서 스치는 사람들과 아주 사소한 사건 또한 명확한 의식과 기억 속에 단단히 정박시킬 수는 없을지도 모른다.

4

혹시 둔하지 않은 독자라면 마지막에 실린 작품 「노라야」에서 이상한 부분을 눈치 챘을지도 모른다. 노라가 실종된 건 1957년 3월 27일 수요일, 노라가 돌아오지 않았음을 직감하고서 오열한 뒤 밤이 되어 큰비가 내린 건 3월 28일 목요일이다. 작품 속에는 각각 29일, 30일로 적혀 있다. 거의 모든 작품에 '확실하지 않지만', '혹은 다른 곳일 수도 있다', '아마도 그즈음, 아니면 그보다 어렸을 때' 등등 기억을 흐리는 표현이 고집스럽게 반복되지만 이 책 마지막에 수록된 「노라야」는 1970년,

작가 나이 83세인 만년에 쓰인 작품이라 기억에 착오가 있었던 것으로 보인다. 이전 일기를 펼쳐 보거나 이미 간행된 단행본 『노라야』를 참고하여 정확한 날짜를 써야 했겠지만 그러지 못했던 이유를 독자들께선 이미 충분히 헤아리고 계실 것이라 믿는다. 햣켄은 2개월 뒤인 같은 해 7월, 「고양이가 말을 했다」를 발표한 뒤 펜을 내려놓고 절필하게 된다. 노쇠가 심해진 게 그 이유로 알려져 있고 이듬해 4월 20일 결국 자택에서 노환으로 타계한다. 요컨대 그 문학 세계도 결국 고양이로 마감한 것이다.

작가 생애 마지막 작품도 직접 노라나 쿠루를 언급한 건 아니지만 고양이가 등장하고 있다. 그래서 다른 판본의 경우 대개 「고양이가 말을 했다」를 마지막 작품으로 수록했는데 이 책은 해설에서 유고 문집 『일몰폐문(日没閉門)』에 실려 있다고 짧게 언급할 뿐 따로 수록하지는 않았다. 이에 3매 정도의 그 짧은 단편을 함께 소개하면서도 이 책의 마지막 수록작 「「노라야」」의 결말을 한 번 더 되새기게 된다.

가장 서두에서도 언급했듯 햣켄은 분명 고양이 일반을 좋아하진 않았을 것 같다. 그러나 낑낑 우는 고양이 소리는 여전히 그의 가슴을 덜컹하게 한다. 그 고양이가 그저 일반의 고양이가 아니게 될 거라는 예감 때문이다. 노라도 쿠루도 그저 고양이가 아니었다. 그리고 우리 또한 고양이를 좋아하든 좋아하지 않든, 노라와 쿠루가 고양이가 아니라는 예감이 든 순간에야 비로소 햣켄이 글로 옮기기 위해 혈투한 그 뼈 저린 경험을 온전히 함께할 수 있을 것이다.

수록 작품 발표 지면

(발표 지면은 전부 월간지 「소설신초」 내 매월 연재란 「핫키엔 수필」)

작품명	발표 시기	수록 단행본
그는 고양이로소이다	1956년 2월	조그만 대나무숲 いささ村竹 (1956년 2월, 치쿠마서점)
노라야	1957년 7월	노라야 ノラや
노라야 노라야	1957년 8월	(1957년 12월, 문예춘추)
센초(千丁)의 버드나무	1957년 9월	
노라에게 내리는 가을 소나기	1957년 11월	
노라 아직 돌아오지 않다	1958년 6월	도카이도 기리야역 東海道刈谷駅
고양이 귀에 가을바람	1959년 6월	(1960년 2월, 신초사)
고양이 로맨티시즘	1962년 5월	쿠루야, 너냐? クルや、お前か
쿠루야, 너냐?	1962년 12월	(1963년 7월, 도쿄서점)
울보	1963년 1월	파도가 넘실넘실 波のうねうね (1964년 8월, 신초사)
카터 쿠루쓰 부록	1963년 6월	쿠루야, 너냐? クルや、お前か (1963년 7월, 도쿄서점)
울타리 너머 이웃집	1964년 11월	파도가 넘실넘실 波のうねうね
쿠루가 지나가는 길	1964년 3월	(1964년 8월, 신초사)
「노라야」	1970년 5월	일몰폐문 日沒閉門 (1971년 4월, 신초사)

278

작가 연보

1889년　일본 오카야마(岡山) 시의 양조장 '시호야(志保屋)'의 외아들로 5월 23일 출생.
1905년　핫켄이 중학생이던 당시 아버지 히사요시(久吉)가 사망하고 양조장이 경영난으로 도산.
1910년　도쿄제국대학 문과대학 독문과 입학. 이후 소세키 산방의 '목요회' 회원이 되어 나쓰메 소세키 문하로 들어가게 됨.
1912년　친한 친구의 여동생이던 호리노 기요코(堀野淸子)와 초혼.
1914년　도쿄제국대학 졸업 이후 같은 소세키 문하생이던 아쿠타가와 류노스케의 소개로 육군 사관학교, 해군기관학교에 독일어 교수로 임관.
1916년　나쓰메 소세키 사망 이후 『나쓰메 소세키 전집』 편찬 교열 작업에 참여.
1920년　호세이대학 독문과 교수로 취임. 조모 사망.
1922년　소세키 임종 이후 발표해 온 단편을 모아 첫 작품집 『명도(冥途)』를 간행.
1925년　첫 번째 아내와 별거.
1929년　도쿄 우시고메로 이사하여 사토 고히토(佐藤こひと)와 동거 시작.
1931년　호세이대학 항공연구회 회장으로 취임해 학생 주도의 비행 조종을 계획 및 실시.
1933년　수필집 『햣키엔 수필(百鬼園随筆)』을 발간하여 큰 주목을 받으며 수필가로서의 이름을 알리게 되었으나 뒤이어 재직 중이던 호세이대학에서 이른바

	'호세이대학 소동'에 휘말려 모리타 소헤이 등과 갈등을 빚고 호세이대학 교수직을 사임. 이후 문업에 전념.
1934년	『속 핫키엔 수필』, 『핫키엔 하이쿠집』, 『핫키엔 일기첩』 등을 연이어 발간.
1936년	장남인 히사요시(久吉)가 24살의 나이로 사망하나 당시 계엄령으로 인해 임종을 지키지 못함.
1942년	전쟁을 앞두고 문학보국회 가입 요청을 거부.
1945년	도쿄 대공습으로 거주 중이던 주택이 소실됨. 이 시기의 경험을 수필로 남겨 훗날 영화 〈마다다요〉에서 「노라야」와 함께 중요한 작품으로 참고됨.
1950년	『바보 열차』가 첫선을 보여 2권이 1954년, 3권이 1956년 발간. 핫켄의 전후 대표작.
1957년	고양이 노라가 실종된 경험을 바탕으로 수필집『노라야』를 간행.
1967년	예술회 회원으로 추천되었으나 본인이 가입을 거절. 사유로 댄 "싫으니까 싫다"가 유명.
1970년	마지막 수필「고양이가 말을 했다」발표 후 노쇠로 인해 절필.
1971년	도쿄의 자택에서 4월 20일 노환으로 별세.

묘비에는

목련꽃 아래 담장 너머로 부는 별안간 바람
木蓮や塀の外吹く俄風

이란 자작 시구가 적혀 있음.
이에 핫켄의 기일을 목련기일(木蓮忌)로 부르기도 함.